ひとりひとりの福祉用具
－福祉用具支援概論－

市川 洌

まえがき　ひとりひとりの福祉用具

　高齢者や障害者のケアにおいては、一人一人の生活を支援することが目的になります。一人一人の生活は、環境や目標などそれぞれに異なりますから、一人一人に合わせて必要な支援を組み立てます。

　福祉用具はこれらの支援において必須のアイテムであるため、福祉用具による支援も一人一人に応じて適切な機種を選択し、適切な使い方をすることが肝要です。誰にでも同じケアをすることはありませんから、だれにでも同じ福祉用具を同じように使うということもあり得ません。

　私はいろいろな講演の時によく次のような例で福祉用具の考え方を説明します。

　「皆さんに3種類のサイズの靴（22cm,24cm,26cm）を準備して、お好きな靴をお選びください。これから皆でハイキングに行きましょう、といわれたらどうでしょう？行きますといえますか？」

　皆さんが靴を選ぶ時はまず目的に応じて種類を選びます。ハイキングなら運動しやすい靴を、仕事に行くなら革靴を、パーティに行くならハイヒールを選ぶ女性もいるでしょう。というようにまさしくTPO（time,place and occasion：時、所、場合）に合わせます。もちろんサイズは長さと（しかも5mm間隔で選びます）、幅も合わせて（2E,3E,4Eなど）購入しているはずです。これだけのことをしなければ1日靴を履いていることはできないでしょう。

　福祉用具も同じです。目的に合わせ、体の状況に合わせて選択します。このために世の中には多くの種類の車いすやベッドなどの福祉用具が市販されています。それぞれの福祉用具はそれぞれに固有の特徴を持っていますので、自分の条件に合った機種を選択することが必要です。

福祉用具の場合にはさらに、使い方が大きな問題になります。一般的な道具類、例えば洗濯機やはさみなどは誰でもその使い方は知っています。また、誰が使っても同じ使い方をしますし、ほぼ同じ効果が得られます。ところが福祉用具は今まで使い方を知らなかった道具であるとともに、一人一人の状況によって使い方が異なってきます。電動ベッドの背上げ機能を利用して起き上がる場合でも、利用者の身体機能やケアプランに応じて、背上げ機能の使い方や介助の仕方が異なってきます。このようなことは教わらなければできることではありません。

　福祉用具は「一人一人に合わせて選び、使い方を考える」必要があります。選び方を間違えると、また、使い方を間違えると福祉用具の効果が半減するどころか逆効果になって危険を生じかねないこともあります。福祉用具を適切に選び、適切な使い方をする、このことが福祉用具を使う上で忘れてはならないことです。しかしながら、今日のケアの現場を見ていますと、誰にでも同じ車いすを使い、だれにでも同じ介助の方法でベッドから車いすに移乗介助しています。

　ケアの質を高めるために、きちんと福祉用具を選び、正確な使い方を実践していきましょう。

市川　洌

まえがき …………………………………………………………… 2

総　　論

1. ケアとは ― 生活支援 …………………………………………… 18
2. 生活支援の3要素 ………………………………………………… 21
   ① 本人の能力を上手に利用する ……………………………… 21
   ② 介護力（人手）を利用する ………………………………… 22
   ③ 物理的環境を整備する ……………………………………… 24
   【CASE STUDY】ケアは「自分でできること」＋「福祉用具」＋「介助」…… 26
3. 福祉用具はインフラ整備（生活基盤整備）………………… 30
   【CASE STUDY】在宅ケアには多くの福祉用具が必須 ………………… 32
4. 福祉用具は誤解されている？ ………………………………… 44
   A）福祉用具を利用すると身体機能が低下する？ ……………… 44
   B）まだ福祉用具は要らない？ ………………………………… 45
   C）福祉用具のデザイン ………………………………………… 46
   D）福祉用具の数 ………………………………………………… 47
   E）福祉用具は誰でも使える？ ………………………………… 48
   F）福祉用具はどれでも同じ？ ………………………………… 50
   【CASE STUDY】福祉用具は可能性を奪うこともある ………………… 52
   G）福祉用具は安全である？－「見える危険」と「見えない危険」 54
   H）介護ロボットはすごい？ …………………………………… 54
   I）客観的な数字で示すのが「エビデンス」？ ………………… 55
   【CASE STUDY】車いすは駆動も移乗も大切 ………………………… 56

5．福祉用具は選び方と使い方が大切 …………………………………… 60
　5-1．福祉用具適合の手順 ……………………………………… 61
　5-2．福祉用具は使い方が命 …………………………………… 63
　　【CASE STUDY】福祉用具の使い方を伝える ………………………………… 65
　5-3．福祉用具の使い方は変化する － モニタリング ………… 67
6．福祉用具は誰のため？ ………………………………………………… 68
　　【CASE STUDY】自分でできることを増やす …………………………… 71
7．高齢者支援を取り巻く多職種の役割 ― 福祉用具支援に関連して … 74
　7-1．ケアマネージャー ………………………………………… 74
　7-2．福祉用具専門相談員 ……………………………………… 75
　7-3．介護職 ……………………………………………………… 77
　　【CASE STUDY】ヘルパーの悲鳴をいつまでも聞きたくはありません ……… 78
　7-4．理学療法士（PT）、作業療法士（OT）など ……………… 80
　　【CASE STUDY】生活領域におけるPT／OTの役割 ……………… 81

福祉用具支援概論

第1章　ベッドを使う— 寝具から起き上がり、離れよう

1．はじめに ………………………………………………………………… 86
2．構造と機能 ……………………………………………………………… 87
　2-1．ボトム（底板）構造 ……………………………………… 87
　　A）材質 ………………………………………………………… 87
　　B）形状 ………………………………………………………… 88
　　C）ボトムの大きさ（長さ） ………………………………… 89
　2-2．機能 ………………………………………………………… 90

Ａ）背上げ・膝上げ機能 …………………………………… 91
　　　Ｂ）昇降機能 …………………………………………………… 93

　　　【CASE STUDY】寝る位置を正確に ……………………………… 93

3．ベッド付属品 ………………………………………………… 95
　3-1．サイドレール・介助バー ………………………………… 95
　3-2．マットレス ………………………………………………… 96
　　　Ａ）マットレスに要求される機能 …………………………… 96

　　　【CASE STUDY】柔らかいマットレスで筋緊張を緩和する …… 97

　　　Ｂ）マットレスの種類 ………………………………………… 99

　　　【CASE STUDY】この柔らかいマットレスがいい ……………… 100

　3-3．ベッドサイドテーブル …………………………………… 102
　　　Ａ）ベッド上背上げ座位で利用するテーブル …………… 102
　　　Ｂ）端座位で利用するテーブル …………………………… 103

4．ベッドの機能を利用する …………………………………… 104
　4-1．ベッド上で体を動かす …………………………………… 104
　　　Ａ）ベッド上で上下方向へ身体を動かす ………………… 104
　　　Ｂ）左右方向の移動 ………………………………………… 106
　4-2．背上げ動作と背下げ動作 ………………………………… 106
　　　Ａ）ベッドの背を上げる …………………………………… 106
　　　Ｂ）ベッドの背を下げる …………………………………… 107
　4-3．起き上がりのために ……………………………………… 108
　4-4．端座位の安定 ……………………………………………… 110
　4-5．立ち上がり動作 …………………………………………… 111

　　　【CASE STUDY】利用者の能力を活かす介助 …………………… 112

5．ベッドの配置 …………………………………………………………… 114
　　【CASE STUDY】ベッドを生活の場にしない ……………………… 114

第2章　移乗動作を助ける— 安全に楽に移乗するために

1．移乗介助の原則 ………………………………………………………… 117
　A）人を持ち上げたり、抱え上げたりしない …………………………… 117
　　【CASE STUDY】利用者も介助者も快適な移乗方法を ……………… 117
　B）利用者ができることは行う …………………………………………… 118
　C）移乗動作の中に訓練要素は含めない ………………………………… 119
　D）利用者・介助者双方が楽で、安全で、安心な方法で ……………… 119
　E）力仕事は厳禁 …………………………………………………………… 120
　F）福祉用具を適切に利用する …………………………………………… 120
2．立位移乗 ………………………………………………………………… 120
　2-1．自立した立位移乗 …………………………………………………… 121
　2-2．ターンテーブルを利用した立位移乗 ……………………………… 122
　　A）自分で立ち上がれるが足踏みができない場合 …………………… 122
　　B）立ち上がれないが、立位をとれば膝折れしない場合 …………… 125
3．座位移乗 ………………………………………………………………… 127
　3-1．座位移乗の環境条件 ………………………………………………… 127
　　A）移乗元・移乗先いずれかが高さ調節できる ……………………… 127
　　B）移動経路に障害物がないこと ……………………………………… 127
　　C）利用者の足底が床についていること ……………………………… 128
　3-2．座位移乗の利用者の条件 …………………………………………… 129
　　A）骨盤が後傾していないこと ………………………………………… 129
　　B）頭の支持ができること ……………………………………………… 129

　　　　C）褥瘡（じょくそう） ……………………………………………… 129
　　　　D）股関節などに側方から力が加わっても問題がないこと …… 130
　　3-3．トランスファーボードを利用した座位移乗 …………… 130
　　　　A）トランスファーボードの種類 …………………………… 130
　　　　B）移乗動作の原理 …………………………………………… 130
　　　　C）後方からの軽い部分介助による移乗（ベッドから車いす） 133
　　　　D）前方から膝つき姿勢で全介助（ベッドから車いす） ……… 134
　　　　E）前方から全介助で移乗（介助者立位。ベッドから車いす）… 135
　　　　F）車いす上でボードを敷き込む …………………………… 136
　　　　G）車いすからベッドへ移乗する …………………………… 137
　　3-4．スライディングシートによる座位移乗 ………………… 137
　　3-5．座位移乗のまとめ ………………………………………… 139

第3章　リフトを利用して快適な移乗介助

1．移乗介助にリフトは必須 …………………………………… 142

　　【CASE STUDY】リフト賛歌 …………………………………… 145

　　【CASE STUDY】知らないからリフトを嫌う？ ……………… 146

2．リフトの利用場面と効果 …………………………………… 148

　　【CASE STUDY】食わず嫌い …………………………………… 150

3．スリング（吊具） …………………………………………… 151

　　3-1．スリングの種類 …………………………………………… 151
　　　　A）脚分離型スリング ………………………………………… 152
　　　　B）シート型スリング ………………………………………… 155
　　　　C）ハイジーンスリング ……………………………………… 156
　　　　D）シャワーキャリー型スリング …………………………… 158

E）その他のスリング …………………………………………… 159

　3-2．スリングの使い方 ……………………………………… 159
　　A）脚分離スリングの使い方 …………………………………… 159
　　B）シート型スリングの使い方 ………………………………… 162
　　C）ハイジーンスリングの使い方 ……………………………… 163
4．リフトの種類 ……………………………………………………… 164
　4-1．レール走行型 …………………………………………… 164
　　【CASE STUDY】架け替えタイプで入浴 ……………………………… 165
　4-2．マスト型 ………………………………………………… 167
　　A）ベッド固定型 ………………………………………………… 167
　　B）浴室固定型 …………………………………………………… 168
　　C）段差解消に利用する ………………………………………… 169
　4-3．床走行型 ………………………………………………… 169
　4-4．スタンディング・リフト ……………………………… 171
　◼ 電動タイプ……………………………………………………… 171
　　A）体幹を後傾させるタイプ …………………………………… 171
　　B）体幹を前傾させるタイプ …………………………………… 172
　◼ 手動タイプ……………………………………………………… 173
　　A）立たせるタイプ ……………………………………………… 173
　　B）体幹を前傾させるタイプ …………………………………… 175
　4-5．段差解消機 ……………………………………………… 175
　　A）設置方法 ……………………………………………………… 177
　　B）通過方向 ……………………………………………………… 177
　　C）ストローク …………………………………………………… 177
　4-6．階段昇降機 ……………………………………………… 178
　　A）いす式階段昇降機 …………………………………………… 178

B）独立型階段昇降機 …………………………………… 178

第4章　歩行補助用具

1．杖類 ……………………………………………………… 181
　　A）1本杖 ………………………………………………… 181
　　B）多脚杖 ………………………………………………… 183
　　C）ロフストランドクラッチ …………………………… 184
　　D）松葉杖（腋下支持クラッチ） ……………………… 184

2．歩行器・歩行車 ……………………………………… 185
　　A）シルバーカー ………………………………………… 185
　　B）歩行器 ………………………………………………… 186
　　C）歩行車 ………………………………………………… 186

　　【CASE STUDY】歩行車でトイレが自立 …………………… 187

第5章　車いすを選び、調節する

1．車いすとは …………………………………………… 190
　　A）姿勢が崩れるのは車いすのせい …………………… 190
　　B）介護保険で車いすは良くなったか ………………… 192
　　C）車いすの適合を行うために ………………………… 193

　　【CASE STUDY】車いす調節のプロセス ………………… 195

　　D）車いすの種類 ………………………………………… 196

2．車いすの調節 ………………………………………… 199
　　A）大きさを合わせる …………………………………… 199
　　B）座位姿勢に合わせる ………………………………… 202
　　C）駆動方法の相違による標準型車いすの適合 ……… 208

12

D）座位変換型車いす ………………………………………… 211
　3．最後に ……………………………………………………… 212

第6章　お風呂に入る

　1．在宅での入浴支援 …………………………………………… 214
　　1-1．自宅での入浴と施設浴（デイサービスなど）………… 214
　　　A）在宅での入浴と施設浴の利欠点 ……………………… 215
　　1-2．入浴の手順 ……………………………………………… 216
　　　A）脱衣室までの移動 ……………………………………… 217
　　　B）衣服の着脱 ……………………………………………… 219
　　　C）洗い場までの段差 ……………………………………… 219
　　　D）洗体 ……………………………………………………… 220
　　　E）浴槽に入る ……………………………………………… 221
　　　F）浮力をコントロールする ……………………………… 223
　　　G）浴槽から出る …………………………………………… 224
　　1-3．リフトで入浴する ……………………………………… 227
　　　A）リフトの種類 …………………………………………… 227
　　　B）手順 ……………………………………………………… 228
　2．施設におけるリフト入浴 …………………………………… 229
　　2-1．個浴でリフトを利用する ……………………………… 230
　　　A）利用するリフト ………………………………………… 230
　　　B）手順 ……………………………………………………… 231
　　　【CASE STUDY】個浴では軽い障害から ……………………… 232

　　　【CASE STUDY】下衣着脱を解決する ………………………… 234

　　　C）留意すること …………………………………………… 237

13

2-2．特浴でリフトを利用する ………………………………… 237
　　　　A）従来の機械浴にリフトを加える ……………………… 238
　　　　B）リフトによる機械浴 …………………………………… 238

第7章　その他の福祉機器・用具

　1．排泄関連 ……………………………………………………… 240
　　　A）集尿器に関して ………………………………………… 240
　　　B）大便失禁に関して ……………………………………… 242
　　　C）おむつのあて方 ………………………………………… 246
　2．食事関連 ……………………………………………………… 248
　　　A）食事の姿勢に関して …………………………………… 248
　　　B）ミキサー（ミルサー）食について …………………… 251
　3．手すり類 ……………………………………………………… 252
　　　A）浴室の手すり …………………………………………… 253
　　　B）動線を作るための手すり ……………………………… 254
　4．コミュニケーション・エイド ……………………………… 256
　5．多くの福祉用具を利用した支援 …………………………… 258

高齢者施設で福祉用具を利用するために

　1．はじめに ……………………………………………………… 270
　2．福祉用具を導入する目的は何か …………………………… 272
　3．福祉用具を利用したケアに変換するために必要なこと ………… 274
　4．推進組織を立ち上げる ……………………………………… 278
　5．福祉用具委員会の役割 ……………………………………… 282
　6．手順 …………………………………………………………… 285
　7．失敗する要因 ………………………………………………… 290

在宅生活で福祉用具を使う

1. はじめに ……………………………………………… 294
2. ケアプランを立てるにあたって ………………… 296
3. 福祉用具の考え方 …………………………………… 298

コラム

エビデンスが必要？ ……………………………………… 302
福祉用具は誰でも使える？ ……………………………… 306
リフトは難しい？ ………………………………………… 310
筋緊張を緩和させる① …………………………………… 314
筋緊張を緩和させる② …………………………………… 318
三人寄れば文殊の知恵？ ………………………………… 322
福祉用具は最初が大切 …………………………………… 326
福祉用具のちょっと危険な話 …………………………… 330
高齢者の電動車いす ……………………………………… 334
入浴支援は難しい ………………………………………… 338
特別養護老人ホームにはお金がない？ ………………… 342
プロとしての介護職とは ………………………………… 346
悲喜こもごも ……………………………………………… 350
福祉用具専門相談員は用具の使い方を教えることはできない？ …… 354
介護ロボットとは何でしょうか？ ……………………… 357
もしかしたら本当に怖い話 ……………………………… 366

まとめ ……………………………………………………… 370

あとがき …………………………………………………… 372

総　　論

1. ケアとは ― 生活支援

　介護の場面では、「自立の支援」、「介護の軽減化」ということがよくいわれます。

　介護を考えるにあたって、まずは利用者（本書では各種の支援が必要となった高齢者・障害者をこの表現で記述します）が自立できるように支援するということが強調されます。何はともあれひとまずは自分でできるようにがんばりましょう、そのためにはどのような支援が必要でしょうか、というわけです。介護保険関連の表現でも「自立」ということが頻度高く、強く表現されています。

　数十年前（1970年頃から）に障害者支援がようやく社会的な問題になってきた頃にも、「自立」がスローガンになり、障害者は自立するための努力が要求されました。私自身も重度の障害者が自立して日常生活が可能となるような福祉機器の研究・開発に関わっていました。

　しかし、そのときにある障害者がこんなことを言いました。

　「自立、自立、といわれるが、私のように障害が重度で、自分では何もできない場合には、私は社会的な落ちこぼれということですか」

　「自立」という言葉が「自分でできるようになる」という主旨で使われると、障害が重くなれば自分でできることがなくなったり、少なくなり、種々の介助を受けなければならなくなります。自分でできることが目標であるなら、多くのことが自分でできなくなればまさしく「社会的な落ちこぼれ」です。そうなると、今度は介助者の負担を少なくするために「介護の軽減化」が必要になる、ということになります。重度な障害者は社会のお荷物で、自分でできるようになった障害者が優等生と思われかねない表現でした。

このことから「自立」ということは「自分で自分の生活を律すること」という主旨から「自律」という表記も使われました。生活に介助が必要になっても自分で自分の生き方をコントロールできればそれが自律だということです。これも確かに立派な自立です。しかし、これもまた、次の問題が生じます。すなわち、自分で自分の生活を律することができないほど障害が重い場合はまさしく社会の落ちこぼれかということです。

　これらの議論を聞いてから、私は安易に「自立」という言葉を使わないようにしています。私たちは障害の有無にかかわらず、共に一つの社会で生活する「人」であり、それぞれの個性が発揮され、それぞれが思うような生活ができるように、支援が必要な場合には適切な支援が供給されるような社会を目指したいと考えるようになりました。自立が目的ではなく、介護の軽減化が目的でもなく、すべての人が自分の可能性を発揮し、自分が送りたい生活ができるように支援していきたいと思っています。「自分らしい生活」を実現できるように支援するということです。

　ということから考えると、ケア（以上の主旨から以下本書では特に介護という必要がある場合を除き、ケアと表現します）は個々人の生活支援という概念で把握するのがもっともわかりやすいと思います。障害があってもなくても、年齢にもかかわらず、人はそれぞれに過ごしたい生活があり、それを実現できる当たり前な社会を目指したいということです。

　ある人にとっては障害を克服して、自分でできるようになることが目標になることもあるでしょうし、ある人にとっては障害は障害として受け入れて、自分ではできなくとも人の手を借りて自分が思い描く生活を作りたいと思うこともあるでしょう。自分で表現できない人の場合には周囲の人が丁寧にその人の状態を理解しながら支

援を構築していくことになります。

　人は一人一人異なるということが、高齢者・障害者支援といっても、まさしく一人一人異なった支援が要求される所以です。この「人の多様性」を理解することが支援者にとって最初に必要となることでしょう。とかくケアにおいても、また、後述する福祉用具の開発などにおいても、人を抽象化し、平均化して、一つの状態を想定しがちです。移乗が自立できない人にはこのような方法で介助する、自分で入浴できない人にはこういう福祉機器があればよい、というような短絡的な発想で支援を考えがちです。このように単純化して考えれば介助が楽になり、福祉用具の設計が容易になります。移乗ができない人はこの方法で介助すればよいというように、一つか二つの介助方法を知っていれば問題が解決できますので、介助者の教育が容易になります。実際に我が国の介助の現場では一人一人に合わせるのではなく、このような誰にでも同じ介助の技術で対応しています。その結果は、利用者の可能性を奪ったり、恐怖感を与えたり、場合によっては危険が生じたりしています。

　人は皆一人一人異なり、個性も生活も異なります。支援する側は一人一人の相違に留意し、その個性を尊重した支援が必要になります。

2. 生活支援の3要素

　具体的に生活支援を考える場合には三つの要素、ないしは手段があると考えています。
　その三つの要素とは、

① 本人の能力を上手に利用する
② 介護力（人手）を利用する
③ 物理的環境を整備する

　これらの要素・手段を適切に組み合わせて、個人個人の生活支援を考えていきます。

① 本人の能力を上手に利用する

　生活上の動作は基本的には自分でできることが望ましいと誰もが考えます。この結果自分でできなくなると、何はともあれ自分でできるようにと、利用者の身体機能を改善しようとします。
　しかし、身体機能だけではなく、人にはいろいろな能力があります。障害がある状態で、周辺の環境を上手に使い、利用者が持っているその他のいろいろな能力を上手に利用すれば、できなかった動作ができるようになることは多々あります。「本人の能力を上手に利用する」とは、身体機能に限定することなく、持っている能力を上手に使おうということです。
　巷間ではよく「リハビリ」という言葉がいわれます。ひとたび障害を有すると、まずは「リハビリをがんばろう」です。本来リハビリテーションとは「社会的な復権、社会的な参加」という概念でと

らえられるものであり、非常に広い意味で定義されるものです。しかし、一般的にはきわめて狭義に、身体機能の回復訓練を指していることが多いようです。とにもかくにも身体機能を改善すれば問題は解決できる、だからがんばって訓練をしよう、日常生活の中でもできるだけ訓練を、といわれます。もちろん身体機能が回復することはすばらしいことですが、誰しもが回復するわけでもなく、どんなにがんばっても回復しないこともしばしばあります。回復するとしてもがんばっただけの、意味のある回復が得られないことも多々あるでしょう。それでも「がんばれ！がんばれ！」とむち打って、何かといえば「訓練」。それでよいのでしょうか。

　病院から退院して、在宅で生活をはじめれば、生活の主人公は利用者本人です。自分で送りたい生活をする、というのは当然のことであり、生活そのものが訓練になってはとてもやりきれないと考える人はたくさんおられるでしょう。

　というわけで、ここで言う本人の能力を上手に使うという概念の範疇には訓練要素は入っていません。現在の身体機能を含めて、いろいろな能力を上手に使って生活ができるように支援していくということです。身体機能という側面から考えれば、障害があることをそのまま受け入れ、その身体をどう使えば何ができるかを考え、そこに環境の整備や介護力を上手に加えて、やりたい生活を構築していきます。

② 介護力（人手）を利用する

　ここで言う「介護力」とは人手による支援の手段です。自分でできないことをもっとも容易に解決する手段は人に頼むことです。かといって、何から何まで人に頼むような依存的なことでは、とても

ではありませんが生活が豊かになるとは思えません。しかし、いろいろな解決策を考えても解決できなかったり、望む生活にはならないということはしばしばあることであり、介護力に依存した方がよいことはたくさんあります。

　一方、介助者がすべてのことを行ってしまう、ということもおかしなことです。何かの動作ができなくなっても、すべてができないわけではなく、ある部分は自分でできるけれど、ある部分ができないから全体として動作が自分ではできない、ということが一般的です。このようなときに介助者がすべてを介助してしまっては、利用者の生活はどんどん依存的に、そして消極的になっていきます。人が日常生活を送る上では、自分でできることは自分でするというのは当然のことです。できない動作があったとき、その一連の動作の流れの中で何ができないかを見極め、できないことを介助するというのが介助の基本です。

　介助する側は利用者の生活を理解することがまず大切です。一人一人の相違を理解し、それぞれに必要なことをそれぞれの状況に応じた方法で支援していかなければなりません。誰にでも同じ方法で支援するということはあり得ません。ということは介助する側はとても大変で、それぞれの利用者の状況をきちんと理解し、それぞれに固有な、最適な方法で支援していくことが必要になります。福祉用具の使い方一つとっても、一人一人異なる使い方をするということはよくあることですし、機種が異なれば使い方も変わってきます。

　これらのことは後ほどいろいろな場面で何度も同じことを説明するかと思います。ケアや介助ということは巷で考えられているほど単一なものではなく、多様性に富み、きちんと考えて行わなければならないことであり、容易な仕事ではないといえます。介護職が決まりきった介助方法だけで支援できると考えるのは間違いです。

③ 物理的環境を整備する

　物理的環境を整備するということの中には、住環境を整備するということと、福祉用具を上手に利用するということが含まれます。一括して「物理的環境を整備する」と表現しています。

　福祉用具は多くの種類が市販されており、それぞれに機能が異なります。生活目標を実現するために利用しますが、生活目標自体が一人一人異なり、住環境も異なり、身体機能や介助者の状況も異なっていますから、機種の選択や使い方が簡単ではありません。誰にでも最適な福祉用具というものはなく、誰もが使える福祉用具もありません。極論すれば、一人一人に合った福祉用具はそれぞれに異なり、それぞれが異なる使い方をするといえます。

　しかしながら、このことはケアの専門家の間でも理解されていません。そもそも介護福祉士の教育の中で、福祉用具を利用した介助はわずかしか教育されておらず、介護ベッドの正確な使い方すら知らないということもある現状です。

　また、住環境の整備が大切なことは「バリアフリー」という言葉は誰でも知っていることからも理解されるでしょうが、これもまた誤解がある言葉です。床が平らで段差がないことがバリアフリーと思われていたり、定番のモデル住宅であれば誰もが便利に住むことができると思われている節があります。これもまた一人一人の生活目標は異なり、既存の住環境も異なっていますので、ワンパターンの理想的な住まいがあるわけはなく、一人一人に応じて最適な住環境があります。

　また、生活上の問題点を解決するという視点で見たとき、住環境を整備して解決することと、福祉用具で解決するということは、しばしば両方とも可能であり、どちらが適切であるかはケアプラン次

第ということもよくあります。簡単な例で示しますと、玄関の外に段差があるとき、スロープを作るという住環境の整備で解決することもできますし、段差解消機を設置するという福祉用具で解決することもできます。どちらを選択するかは個々の条件をよく考えて決めます。

　このような三つの要素・手段を上手に組み合わせてケアプランを構築していくことになりますが、それぞれの要素が時間的に変化しやすく、また、それぞれが密接に関連していますので、何かが変化したら全体が影響を受け、すべてのプランを考え直さなければならなくなることもよくあることです。
　一般的には、ケアプランをよく考えたうえで、ひとまずは利用者自身が自分でできることは何かを考えます。利用者が自分でできることは可能な範囲で自分で行います。ケアプラン上要求されないことまで介助者が手を出すことは厳禁です。
　できないことがある場合には、なぜできないかを考えます。よくいわれる「アセスメント」です。例えばベッドから起き上がれないという場合には、なぜ起き上がれないかを考えます。この理由は一人一人異なります。その理由がわかったら、まずはその部分を福祉用具で補完することを考えます。例えば、筋力が不足することによって体幹を起こせないなら、ベッドの背上げ機能を利用して起こせば起き上がれる場合があります。この場合には自分でベッドのスイッチ操作ができれば、起き上がりが自分でできるようになります。
　福祉用具を利用してもできなければ最後の部分は介助者が支援します。例えば、前述した場合で利用者がスイッチ操作もできないとすれば、介助者がスイッチを押す操作をすることによって起き上がりを介助します。この際に利用者は自分で側臥位になるなど、でき

ることは自分で行います。

　自分でできること、福祉用具の助けを借りること、最後に介助者の人手です。したがって、介助者は利用者の状況をよく理解し、その人が必要としていることを手助けします。介助の方法はきわめて多様になり、福祉用具の多様な使い方を理解していなければ介助はできません。

　このことの具体的な事例を記述してみます。

CASE STUDY　ケアは「自分でできること」＋「福祉用具」＋「介助」

　Aさん（85歳、女性）はある特別養護老人ホームで生活しています。変形性膝関節症のため、医師から立位が禁止され、自分でも膝に体重をかけると痛みが生じますので、決して膝に体重はかけません。したがって立位は取らない、取れないということです。

　彼女は食べることが大好きで、間食も含めてよく食べます。一方、立てませんので、運動はもちろんできません。結果として、体重が増加してしまい、筋力が衰え（廃用症候群）、日常生活の多くの場面で介助が必要になりました。

　まず、ベッドからの起き上がりです。自分で起きあがれなくなったので、介護職は得意（？）の力まかせで起こします（図1）。起きあがることができなったらこの方法という、「ワンパターン」介助の基本です。

　Aさんは膝関節で体重支持ができませんので、車いすへの移乗介助は脇の下に手を入れて持ち上げるようにして介助します（図2）。これもまた移乗ができない人の「ワンパターン」介助です。しかし、彼女はこの移乗介助を嫌います。自分にとっても辛いことであるのと共に、介護職が大変な思いをしていることを理解しているからです。介護職が言う、「よいしょっ！」とか、「ふうー」というため息

2. 生活支援の3要素

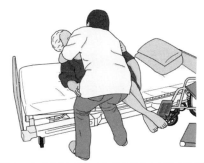
図1：よく見られる力まかせの起き上がり介助[※1]
（※は出典。P371参照。以下同様。）

図2：これも力まかせの移乗介助[※1]

を聞くと、彼女は申し訳ないと感じるようです。

　Ａさんは介護職に迷惑をかけたくないということから、可能な限り移乗頻度を減らすという努力をします。すなわち生活をベッド中心にしました。ベッドから出なければ移乗介助が不要になるというわけです。「トイレへ行くから移乗介助が必要になる。ならばおむつにすればよい」とＡさんは考え、自分からおむつを選択したそうです。この結果、彼女はますます身体を動かせなくなり、だんだん尿意もなくなっていったそうです。そして自分で起きあがれなくなるところまで廃用症候群が進んでしまいました。

　この状態ではじめてＡさんとお会いしたのですが、この状態でも彼女は自分でやれることは自分でやりたいと強く思っていることがわかりました。しかし、できないので「情けない」と言います。

　自分に自信を持つことが大切ですから、支援の方針は少しずつでも自分でやれることを増やしていくことです。

　まずは起き上がりです。まず側臥位になって、電動ベッドのスイッチを操作し、ベッドの背を10度程度あげます。起き上がりのために、サイドレールの使い方と肘と掌の動かし方を教えると、自分で起きあがることができます（図3）。

　ベッドの背上げ角度は彼女の身体機能を考えて設定した角度です

が、1ヶ月たって様子を見てみると、ベッドの背をかなり高くして起きあがっています。彼女は電動ベッドを利用して楽をして起きあがろうとしたわけです。このことは、「日常生活動作の中に訓練を」というようなことを主張なさる方からは認めがたいことでしょう。しかし、私は「日常生活動作は楽にやって当たり前」と考えています。無理をして、起きあがることが嫌になるよりは、楽をして頻度高く起きあがる方がよい、と考えています。

　さて、次は移乗です。膝が悪くて立ちあがれないだけで、他に疾患も障害もありませんので、トランスファーボードを利用した座位移乗ができるはずです。実際にやってみると、すべてを1人でやることはできませんが、できない部分だけを少し介助することで移乗することができました。ボードや車いすの準備は介護職がし、Aさんは一生懸命お尻を滑らせようとしますが、少し力が足りません。彼女が動こうとしたときに介護職が少し力を貸して、2人の力を足し算してお尻を移動させます。介護職は力もいらず、腰痛の心配もなく介助ができ、Aさんは自分で移乗したという満足感が得られました（図4）。

　この例でおわかりのように、まずは利用者が自分でできることは

図3：ベッドの背を少し上げれば自分で起きあがれる※1

図4：トランスファーボードを利用した部分介助による移乗※1

自分で行い、できない部分は福祉用具を利用することによって自分でできるようにします（電動ベッドの背上げ機能を利用した起き上がり）。

　福祉用具を利用してもできなければ、そのできない部分のみを介助者が助けます（トランスファーボードを利用した移乗介助）。

　これが介助の基本的な考え方です。

　この状態はどこかが変化すれば全体が影響を受けます。例えば彼女の身体機能が変化すれば、福祉用具（電動ベッドやトランスファーボード）の使い方が変わりますし、場合によっては福祉用具の種類自体も変化します。介助する人はこれらの変化に応じて多くの手段を持っていなければなりません。持っている手段の種類が多ければ多いほど質の高いケアが行えるということになります。

3. 福祉用具はインフラ整備（生活基盤整備）

　福祉用具を整えるということは、私たちの生活で考えればインフラ整備（生活基盤整備）と同じです。生活を快適に過ごすためには電気、ガス、上下水道、道路・交通網などの基盤整備がなされていることが必要です。これらの生活基盤が不十分だと都市生活に慣れた者にとっては不便この上ないことになります。もちろん、これらの生活基盤より自然などの環境条件の方が大切だとお考えになる方もおられるでしょう。人それぞれですが、生活の便利さを求めればインフラがしっかり整備されている方が生活しやすいことは確かです。

　加齢や障害により生活に各種の不便を感じるような場合には、種々の福祉用具が整備されていることが必須です。これらが整備された環境の元にケアが始まるといえます。福祉用具は生活基盤です。ケアの基本理念は極めて崇高なものであり、容易には実現できない世界を目指しています。利用者一人一人の生活を考え、多様な支援が要求されます。ケアの担当者である家族や介護職は、とてつもなく多くのことを考えながらケアを実施することが求められます。人の生活を支えるということは単純な作業では決してありません。

　例えば、移乗介助という日常的に当たり前の動作を行うときに、福祉用具もなく、介助者の身体的な労力を基本にした介助を行っていては、介助者はその後のケアを考える余裕すらなくしかねないということがいえます。肉体的には楽に介助ができることが必要です。一方、利用者から考えてみますと、移乗介助の方法が苦しい、辛い方法であれば、できるだけ移乗することはやめたいと思うようになって当然でしょう。結果として、ベッドに閉じこもった生活を余

儀なくされることになってしまいます。

　ベッドからの起き上がりを介助するのに力ではなく、電動ベッドの背上げ機能を利用すれば、介助者は容易に、利用者も快適に起き上がることができます。歩くことが難しくなった時には電動車いすがあれば、自分で外出することができるようになる場合もあります。福祉用具は利用者が自分でできるように、介助が必要な場合は介助者・利用者双方が安心して容易にできるようにする道具です。

　移乗介助に関していえば、一人一人の状態に応じて、福祉用具を利用した、容易に移乗介助できる環境が整ってこそ、次の本来の支援に思いをはせることができます。移乗介助は支援の目的ではなく、あくまでも過渡的な動作支援であり、移乗した後の生活をどうするかが問題なのです。また、この場合のインフラは移乗介助に伴う各種の福祉用具とともに、それらを適切に利用する知識と技術です。福祉用具というモノとともに、それらを適切に利用する知識と技術というソフト部分が伴って初めて基盤が整備されたといえるでしょう。

　もちろん移乗の問題だけでなく、移動、起居、食事、排泄、入浴、整容など日常生活動作のすべてで福祉用具が必要になります。私たちの生活が道具なしでは成り立たない上に、障害があることによってさらに工夫を凝らした用具類が必要になってきます。もちろん住環境を整備するということも必要になります。まさしくインフラ整備が必要になります。

　福祉用具はケアに必須の道具であるということは実際にはなかなか理解されていないようです。これを高齢者施設の移乗場面に限定して見てみますと、移乗介助に利用するターン・テーブル、トランスファーボード、スライディング・シート、リフトなどの福祉用具類が十分に整っているかといえば、ほとんどの施設で存在さえしな

いという現状があります。また、たとえモノはあったとしても、その適切な使い方がその施設でなされているかといえば、そうではないことも多く見かけます。多くの介護職は福祉用具を利用した介助の教育をほとんど受けてきていません。

一方、在宅の高齢者は介護保険を利用すれば、比較的安価に適切な福祉用具を準備することができます。しかし、利用者本人や家族には福祉用具に関する知識がないのは当然ですから、支援者が丁寧に説明しない限り、福祉用具を選択すること以前に、導入を考えることすらできないといえるでしょう。ケアマネージャーをはじめ、支援にかかわる人々が丁寧に説明することが求められています。

CASE STUDY　在宅ケアには多くの福祉用具が必須

具体的な事例で考えてみましょう。ここでは我が家の例を示します。

私の妻の母親が同じ敷地内の2世帯住宅（3階建ての3階）に住んでいました。

10数年前にアルツハイマー型の認知症が見つかりました（82歳頃）。それから10数年、在宅で生活し、最後の10年間は独居し、自宅で自然に他界しました（95歳）。

A）ケアの方針

当時、アルツハイマー型認知症のケアに関する知識は私も妻もまったく持っていませんでした。いろいろな本を読みながら試行錯誤でケアをしていきますが、ほぼすべてのケアは妻が行いました。わがままな義母に上手につきあってくれたヘルパー、訪問医療をしてくれた精神科医、訪問診療をしてくれた内科医など、とてもよくしてくれた多くのサポーターのおかげで最期まで在宅生活を全うす

ることができました。

　ケアに関しては、まずいくつかの基本を考えました。その一つは「決して怒らない」ということです。何か義母が失敗をしたときに怒っても意味がない、悪い感情を残すだけだということが参考にした書籍に記述されていましたから、どのような失敗をしても怒らないことにしました。

　次は「理解する、認める」ということです。義母が何か私たちが理解しにくいことをしたとしても、通常考えればおかしなことをしたとしても、何とかその内容を理解し、認める方向で考えるということです。無断外出（俗に言う徘徊ですが、どうもこの言葉を使いたくないのでこのように表現します）をしたとしても何か理由があったことであり、その理由を探そうと考えました。

　次は「本人の意思の尊重」です。昔から他人が家に来ることを好まず、知らない人と上手につきあうような人ではありませんでした。最初の頃、デイサービスに連れていったら、「なぜ私があんなことをしなければならないの」と怒り出しました。このようなことからデイサービスなどには行かず、家でケアをするという選択になりました。また、初期の頃はヘルパーが家に来ても逃げ回っており、なかなかヘルパーを認めてくれませんでしたが、なんとか気の合うヘルパーが見つかり、この人ばかりにお願いするというようなこともありました。

　認知症が少し進んだときに、入院する必要が生じました。このときに病院で拘束まがいの状態になったことから精神的に錯乱状態になり、直ちに退院させました。これらのことで施設入所も病院入院もせず、最期まで家で生活するということを選択しました。

　認知症が進んでからは本人の意志は明確にはなりませんが、様子を見て、また昔の生活を思い出して、できるだけ彼女がしたい生活

をするという配慮をしました。ケアマネージャーが表現した生活目標は「気ままに暮らす」でしたが、まさしく1人で気ままに暮らすことになりました。

　一方、2世帯住宅とはいえ、独居をするということはいろいろな危険も除外できません。かなりの頻度で転倒しましたし、転倒すると誰かが行くまでそのままの状態になっていることになります。骨折の心配もあります。無断外出に関しては、あまり頻度高くはしませんでしたし、そのきっかけは便がたまったときということがわかってからは、多くの場合あらかじめ対応することができました。しかし、それでもたまには外出してしまいますが、外出をできないようにすることはしませんでした。この転倒や無断外出に伴う危険はやむを得ないものと考えました。義母が自分で選択した生活の中で生じる危険は自己決定に伴う自己責任の範疇であるという考えです。もちろん危険は最大限除去する努力はしますが、それでも独居である限り大きな危険はつきまといます。義母の場合は顔に大きな裂傷と打撲傷が生じ、「お岩さん」のような顔になったことはありましたが、骨折がなかったことが本当に幸いでした。

　このようなことは、はじめに基本的な方針を立てたというよりは、日々ケアをしている中でいろいろ考えているうちに自然にこのようなケアになったということです。

B）使用した主な福祉用具類
　利用した福祉用具を以下に説明します。
① いす式階段昇降機
　敷地が狭く、エレベーターが設置できなかったので、屋外階段にいす式階段昇降機を設置しました。活動量の低下が感じられたとき（要支援になる前）に設置し、他界する寸前まで10年以上利用して

いました (図5)。

　これによって、歩けるときも安全に容易に、歩けなくなった時も介助者が苦労することなく外出することができました。近くの公園のお花見や好きだったコーヒー店にも行くことができました。

② 介助用電動車いす

　我が家の周辺は坂が多く、どこに行くにも斜度のある坂を下らなければなりません。歩ける距離が短くなった時に介助用車いすを試してみましたが、介助する妻が、「坂を下るのが怖い」、「登るのも大変」と言います。確かに坂を下るのはかなりの恐怖感があります。そのため、介助用電動車いすを導入しました。これなら坂の下りは安心して、上りは容易に介助することができます。ちなみにジョイ・スティックがついていたので自走の仕方を教えたのですが、認知症のため、まったくできませんでした。この介助用電動車いすの導入も要支援になる前でした。この車いすの導入によって、介助者は容易に、安心して移動介助ができ、義母は介助者に迷惑をかけているということを考えずに出かけることができました (図6)。

図5：いす式階段昇降機
　　　要支援以前は自分で操作

図6：介助用電動車いす（要支援以前から）

3. 福祉用具はインフラ整備（生活基盤整備）

③ 浴室にリフト

　デイサービスなどは最初から拒否していましたので、入浴も自宅で行います。11×16（ユニットバスの表記；内寸で縦1,100mm×横1,600mm）という極端に狭い浴室でしたが、最初のうちは手すりや滑り止め、シャワー・ベンチなど標準的な福祉用具を利用して、妻1人で介助していました。

　要介護3になったとき、浴槽から出るのが難しくなり始めました。そのため、浴室にリフトを設置しました**（図7-1、7-2）**。狭い浴室で、建物の制約から機種も限定されましたが、1人介助で最期の最期まで自宅で入浴することができました。身体機能の変化に応じて介助方法はその都度部分的に修正しました。

　妻はリフトによる入浴介助など経験がありませんでしたので、少し早めに設置しました。いよいよ必要になってから導入するのでは使い方も難しくなりますし、時間的な余裕もなくなりますので、本人の身体機能にまだ余裕がある段階で導入しました。これによって妻もゆっくり学習する時間を取ることができ、安心して利用できました。

図7-1：脱衣場から吊り上げて　　図7-2：浴槽まで（要介護3の頃）

④ 食事の姿勢

自分で食べ続けられるように、初期から食事の時の姿勢には配慮しました。

今まで利用していたテーブルといすで、姿勢が崩れるようになった初期にはビーズクッションを体幹が傾く側に挿入して姿勢を作りました。

さらに崩れるようになったときに、いすを変更して低くし、それに合わせて食卓の脚も切って低くしました (**図8**)。

これでも姿勢が崩れるようになったとき、背中に車いす用のバックサポートを入れて姿勢を維持しました (**図9-1、9-2**)。

図8：いす・テーブルともに脚を切る (要介護3)

図9-1：車いす用バックサポート（要介護4） 図9-2：体幹が崩れない

3. 福祉用具はインフラ整備（生活基盤整備）

　さらにこれでも姿勢が崩れるようになったときは、車いすを調節し、クッションをきちんと選定して座位を安定させました。この車いすで、正確な着座姿勢を作るためにリフトを導入しました (図10)。この頃はまだ歩くことができていましたが、食事の姿勢のために車いすやリフトを使用しました。

　これらの努力によって、他界する2〜3ヶ月前までは自分で食べ、他界する前日まで口から食べることができました (図11)。また、介助者は力を使うことなくきちんと座らせることができました。

⑤ リフト（寝室）

　前述した車いすへの着座姿勢を正確にすることと、床に倒れたと

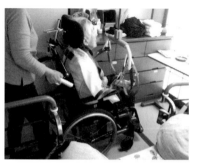

図10：車いすで姿勢を作り、リフトで正確な着座（要介護5）

38

3. 福祉用具はインフラ整備（生活基盤整備）

きに元に戻すために寝室にリフトを設置しました**(図12)**。介助者が腰痛になっては十分なケアは望むべくもありません。床に倒れた義母を元に戻す方法は軽い介助で可能なうちはその方法を妻に教え、介助が重くなってきそうになった時にリフトの導入を行いました。車いすを移動の手段に使うようになった時にはもちろんその威力が十分に発揮されました。

図11：自分で食べる

図12：転倒したときはリフトを利用（要介護5）

⑥ 手すり類

　歩行が不安定になることを想定して、早い段階でいす付き歩行車（ローレータ）(図13) を試しました。先行き屋内で歩行が不安定になった時にこれを利用したいと考えていましたが、義母は受け入れてくれませんでした。認知症の人は慣れていないものは受け入れてくれないということがよくわかりました。義母が受け入れた歩行補助の方法は手すりです。手すりは自然に手が伸びて躊躇なく利用しました。

　亡くなる日までトイレまでは手引き歩行でいきましたが（ほんの2～3mですが）(図14)、移動はすべて手すりで動線を作りました。壁などに設置した縦手すりや天井に突っ張る手すり、床に置いた平行棒 (図15) など各所に手すりを設置し、すべての動線がつながるようにしていました。家族がいるとじゃまな手すりもありましたが、独居の利点でした。

図13：歩行車は受け入れられず
　　　（要介護1）

図14：最期までトイレへは手引き歩行

3．福祉用具はインフラ整備（生活基盤整備）

図15：突っ張り手すりや平行棒の手すり（要介護3）

図16：高いいすに腰をちょっと乗せると上肢が安定して使える（要介護2）

⑦ その他

　洗面所では座面が高いいすを利用して自分で顔を洗ったり、髪を梳かしたり、できることは自分でしていました(図16)。できなくなった時には介助者がこのいすに座って介助していました。

　歩くための室内履きも便利でした。ヘルパーが在宅訪問時に利用することを目的に市販されていたものですが、これを着用すると不安定だった歩行が安定し、距離も長く歩けるようになりました (図17)。

　日中はベッド端座位で過ごしていたのですが、端座位が崩れるようになった時に端座位を維持するためにクッション類で姿勢保持を図りました (図18)。義母は最期の最期まで日中ベッドに寝ることはなく、この姿勢で過ごしていました。日中で半日を寝て過ごすようになったのは亡くなる1〜2か月前からでした。

　最期の方では見守り装置を利用しました。スマートホンで赤外線カメラの映像を見ることができるシステムです。各種の警報は使用しませんでした。妻は時々様子を確認したり、ケアに行く前に状態

3. 福祉用具はインフラ整備（生活基盤整備）

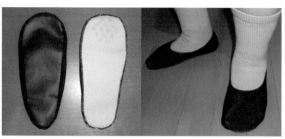

図17：足カバー（ヘルパー用ルームシューズ）
　　　内側に滑り止め：歩行が安定する（要介護3）

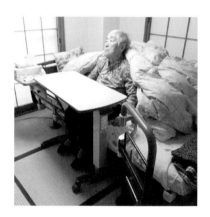

図18：クッションを積み重ねてバックサポートを作る

を確認し、ひどい状態になっているか事前に知ることが大切だと言っていました。

　この他にも数多くの福祉用具を利用しました。シャワーキャリーやスライディング・シート、褥瘡対応の静止型マットレス、ベッドの介助バーなどなど、多種多様な用具をその時その時の状態に応じて使い分けていました。終わってみれば福祉用具の展示場かと思えるほどいろいろな福祉用具が取り残されましたが、その一つ一つはその時々でとても効果を発揮してくれたものばかりです。10年を越える長期にわたって使い続けたものもありました（いす式階段昇降機、介助用電動車いす、介護ベッドなど）。

　これらの福祉用具を利用することで妻は腰痛にもならず、最期までケアを行うことができました。もちろん福祉用具はケアの主役ではなく、あくまでも黒子ですが、福祉用具なしでは在宅でケアするなどということは不可能です。ましてや妻は仕事をしていましたので（最期の方はかなり制約を受けていましたが）、福祉用具なしで、アルツハイマーの認知症を在宅で、しかも独居で、最期を看取るまでケアをするのは不可能だったでしょう。

　補足ですが、義母は在宅で、静かに、自然に他界することができました。最期まで口から食べていて、食べることが難しくなって、さあどうしようと思案に暮れているときに、頃合いを見はかったように亡くなりました。経管栄養などはしないと決めていたので家族としてはさあどうするというときだったのですが、家族の困惑を理解してくれたかのごときタイミングでした。

4. 福祉用具は誤解されている?

　実際のケアの場面で福祉用具はなかなか利用されていません。理由はいくつもありますが、基本は福祉用具に関する誤解だと思います。具体的に考えてみましょう。

A）福祉用具を利用すると身体機能が低下する？

　福祉用具を利用してしまうと、身体機能を使わなくなり、廃用症候群など身体機能の低下につながると考えている利用者や家族がおられます。何はともあれ「リハビリ」が大切で、自分でできるようにがんばれ、日常生活動作の中に訓練を、というようなことがいわれます。

　まずは、身体機能の訓練を行えば、どこまで回復するのかということを、利用者や家族は理解することが大切です。無理な目標設定は生活そのものを壊しかねません。人の可能性は無限ではなく、がんばれば何でもできるようになるということはありません。客観的にどこまで回復可能なのかはきちんと医療系の関係者に確認する必要があります。

　誰もが訓練をすれば元の身体機能に戻れるわけではありません。障害の実際を理解し、その状態を受け入れることがその後の生活にとってはとても大切です。障害者の場合には身体機能的なリハビリテーションが行われるのと並行して、障害を受容するよう支援が行われます。現実の障害を受け入れ、障害がある状態で自分の生活をどのように構築していくかということを考えるための支援が行われます。高齢者の場合にはこの支援はあまり行われません。多くの場合はあきらめるか、訓練への過剰な期待です。あきらめてはいけま

せんが、過剰な期待はかえって危険です。

　その上で、がんばれば回復するとしても、そのがんばりにはどれだけのがんばりが要求されるのでしょうか。私たちの日常生活は訓練で成り立っているわけではありません。いろいろやりたいことがあり、過ごしたい生活スタイルがあります。健常者でさえ、日常生活ではできるだけ楽をして生活し、自分自身がやりたいことをやっています。エスカレータがあれば階段を歩いて登る人は少数派ですし、買い物などちょっとした外出でも自動車を使う人も多くいます。人は自分自身の送りたい生活を第一に考えます。障害を持った人でも同じことです。「リハビリテーション」の意味は身体機能の回復ではありません。社会的な参加です。自分自身で自分自身の生活を作れるように支援することが大切で、その場面では福祉用具は必須のアイテムです。障害があるからこそ、いろいろな福祉用具を上手に使って、生活を構築していきます。

B）まだ福祉用具は要らない？

　このセリフは利用者自身が言う場合と介助者が言う場合があります。特に高齢者の場合には福祉用具を利用するのが恥ずかしかったり、自分の身体機能の低下を受け入れられないことがしばしばあります。

　「転ばぬ先の杖」という格言はまさしく福祉用具の利用でいえることです。転倒して骨折してからでは遅く、転倒のリスクが出てきたり、先行き身体機能の低下が考えられるときは早め早めに福祉用具の利用を考えるべきです。「まだ必要ではないが、そろそろ」という頃から福祉用具の選択を考え、使い始めることが大切です。余裕がある段階から使い始めればその用具にも慣れ、使い方も覚えやすいといえます。いざ必要になってから考えるのでは適切な選択が

できなかったり、福祉用具の使い方に慣れていなかったりして受け入れることが難しくなることもあります。

　一般的にわが国の支援者は福祉用具を使うのが遅すぎたり、障害が重くなってから合わない福祉用具を無理して使おうとする傾向があります。福祉用具は一般の方々が思うよりはるかに症状が軽い状態から使うものだという認識が必要です。このことが福祉用具を上手に利用でき、容易な介助が可能となるキーポイントともいえるでしょう。

C）福祉用具のデザイン

　利用者が使いたくないという場合、福祉用具にも少し問題があります。福祉用具のデザインはあまり芳しくないものもあります。どちらかといえば機能中心的に考えられており、機能がよければ十分というような考え方がかつては支配的でした。その考えは今も残っています。結果的に福祉用具はみっともないという概念でとらえられてしまいます。最近は障害者の社会的な進出が当たり前になってきましたから、以前と比較すれば改善されてきているとはいえ、明らかに受け入れがたいデザインのものも多くあります。

　新しい福祉用具を開発するときはその機能の議論も大切ですが、まずはデザインを考えるべきだ、という主張がなされています。しかし、福祉用具の設計段階で、まずはデザインから考えるということはなかなか受け入れられません。福祉用具は「使って楽しい」ということがとても大切です。デザインを考えて成功した例も見かけられるようになってきましたので、あと一歩かもしれません。そうすれば一般的な利用者の考えも変わるかもしれません。

　この福祉用具に対するデザインという考え方も障害者の間では少し変化してきているように感じます。以前は「障害を隠す」あるい

4. 福祉用具は誤解されている？

図19-1：彫刻を施した杖

図19-2：とっても気に入っていた柄

は「障害を感じさせない」というようなイメージのデザインが求められていましたが、最近は「機能的な美しさ」が求められているように感じます。陸上競技で利用する義足のような機能的な美しさを車いすのデザインにも感じるようになってきました。高齢者の世界では花柄の1本杖のような、まだ少し古い感じのデザインが要求されているように思いますが、これからどんどん変化していくかもしれません。花柄の1本杖は作る側の勝手な思いこみであり、利用者側はもっとデザインのよいものを望んでいるのではないかと私は考えています。私自身が怪我で杖が必要になったときは、田舎の家に古くからあった彫刻を施したすばらしい杖（図19-1、19-2）や、わざわざ杖専門店に妻に買いに行ってもらったシンプルで私自身が気に入った杖を使っていました。何本かの杖をそのときの気分に合わせて使い分けた記憶があります。福祉用具のデザインのあり方は設計者をはじめもっと考えられてしかるべきだと思います。利用者の皆さん、声高く要求しましょう、「もっとましな、使いたくなるデザインの福祉用具を作ってください！」と。

D）福祉用具の数

家族など介助者が福祉用具を嫌う理由は本当に福祉用具に対する誤解であることが多いといえます。前述の通り、福祉用具を利用すれば廃用症候群などで身体機能が低下してしまうと考える家族はたくさんいます。利用者も同じ誤解ですが、ともすれば利用者本人以

上に「リハビリ」に傾注するのは家族であるともいえます。利用者本人は苦しさが伴う場合には避けようとしますが、家族は自分自身は何も苦しくないので、「がんばれ、がんばれ」と平気でいえます。

　一方、福祉用具は使う場面が限定されていますので、日常生活で使用する福祉用具はとかく数が多くなりがちです。あれもこれもと揃えていくと、家の中が福祉用具であふれかねません。これはこれで大きな問題です。特に我が国の住環境は狭くて暮らしにくい環境であることが多いといえます。ベッドを置いただけで車いすの移動スペースがぎりぎりの状態で、リフトを使ったり、ポータブルトイレが必要だったりします。その他にも狭い浴室にシャワーキャリーを置かなければならなかったりと数え上げれば限りないくらいです。上手に福祉用具の選択をし、必要なものから揃えざるを得ない場合もあります。

E）福祉用具は誰でも使える？

　福祉用具はモノさえあれば誰でも使えると考えられています。私たちはテレビなどの電気製品を購入すれば取扱説明書を読んで、すぐに使い始めることができます。福祉用具も同じだと考えられています。しかし、福祉用具は多くの人にとって今まで見たことはあっても使ったことはないものです。生活の中でなじみのないものですから、いきなり生活場面で使えといわれてもおいそれとは受け入れがたいでしょう。慣れない用具を使うことは精神的にストレスを感じるものです。場合によってはこのストレスだけで使わなくなったりします。支援する側は丁寧に教えていく必要があります。普段から使い慣れているテレビや洗濯機などとは異なります。福祉用具は使い方が伴ってはじめて効果を発揮するものです。使い方がわからなかったり、不適切であれば、不要なものどころかかえって害を与

えるものになってしまいます。

　また、一人一人の身体機能や環境、使用目的がそれぞれに異なりますから、簡単な取扱説明書を読んだだけでは十分に使いこなすことができないことが多いでしょう。ベッドの使い方すら多くの介護職は十分に知識を持っているとは言い難い状況です。

　福祉用具は一人一人の使用条件によって使い方が変わってきます。ある人はベッドの背上げ機能を起き上がりのために使用しますが（それも自立と介助で使い方が異なる）、ある人はベッド上で食事をするためやテレビを見るために使います。当然これらではベッドの選び方や使い方が変わってきます。このような使い方は教わらなければわからないことだといえます。

　しかし、介護保険を考えてみますと、用具のレンタル料や購入費は給付されますが、使い方を教える時間に対する人件費は給付対象ではありません。電動ベッドやリフトなどは丁寧に使い方を教わらなければその機能を十分に使うことはできません。1時間や2時間では教えられないこともしばしばあります。しかも教える側はきちんと使い方や教え方の講習を受けなければ正確には教えられませんが、これらのことにかかる経費は給付対象にはなりません。

　一方、介護業界は価格競争が激しくなってきています。良心的なケアマネージャーは少しでも安い方を選ぼうとします。そうなるとレンタル事業者は人件費を安くするために、使い方などお金にならない部分には時間や経費をかけようとしなくなります。事業者が宅配便業者と同じになって、ケアマネージャーから指示された用具を配送し、組み立てて、簡単な使い方だけを教えてさっさと次の仕事に行こうとするようになります。これでは「福祉用具専門相談員」の名が廃るというものです。宅配便事業者と代わったほうが安くなるでしょう。福祉用具は使い方が命ですから、丁寧に使い方を伝え

ることが最も大切で、価格にはサービスの質も含まれることを関係者の皆さん、心に銘記しましょう。

F）福祉用具はどれでも同じ？

　福祉用具はいろいろな種類が市販されていますが、どれでも機能は同じだと考えられています。

　このことを一番顕著に表しているのは「車いす」です。高齢者施設にある車いすは、自分でこぐ人のための後輪が大きな自走用、介助者が押すための後輪が小さな介助用、バックサポート（背もたれ）が倒れ、シート（座）角を変えられる座位変換型車いすの3種類です。大きさは皆同じです。これはどういうことを意味しているかというと、まえがきでも書いた通り、皆さんにサイズが3種類（例えば23cm、25cm、27cm）の靴の中からどれでも好きなものを選んで履きなさい、ということと同じです。

　皆さんは靴を選ぶ時、自分の足のサイズに合わせて長さや幅を合わせます。また、使用目的に応じて、革靴、スニーカー、登山靴などを選びます。どうして高齢者はあてがわれた車いすにしか乗れないのでしょうか。自分でこぐ場合でも体に合っていなければこぎにくくて仕方ないでしょうし、座っていても苦痛しか感じないでしょう。それでいて「起きて生活しましょう、寝ていてはだめです」といわれます。車いすが必要な人にとっては自分に合った車いす・クッションでなければ、座らされていること自体、極端な表現をすれば虐待です。一度自分で体を動かせない状態を想定して車いすに座ってみればよくわかります。15分と座っていられないでしょう。

　一方、車いすが必要な障害者の場合には自分の体の大きさや障害の程度、使用目的に合わせて、オーダーで自分専用の車いすを作ることができます。どうして車いすが必要という点では同じなのに、

障害者は自分に合わせた車いすを利用でき、高齢者は合わない車いすを我慢して使わなければならないのでしょうか。

　高齢者やその家族は車いすがどのようなものかをまったく知りません。ですから与えられた車いすが車いすだと思ってしまいます。ましてや、どのような車いすが自分に合っているのかというようなことは想像すらできません。与えられた車いすのことを「車いすとはこういうものだ」と思っています。ですからきちんと適合した車いすや適切なクッションを使ってみると、本当に顔色が変わります。今まで介助で移動していた人が突然自分でこぎ出したり、すぐにベッドへ戻りたがっていた人がいつまでも車いすに座っていたりします。知らないということは恐ろしいことです。支援する側がきちんと福祉用具の特徴を教える必要があります。

　福祉用具は一人一人使う目的も異なりますので、一人一人のケアプランに応じて適切な福祉用具を選ぶ必要があります。そのために介護保険では福祉用具がレンタルになっており、用具の種類もたくさん市販されています。試してみて合わなければ機種を換えられます。自分自身に合った福祉用具を選ぶために、専門的な知識を持った支援者が必要です。それが「福祉用具専門相談員」です。

　一方、高齢者施設では原則福祉用具を準備するのは施設側です。施設側は福祉用具に対する誤解から、安価なものを数多く購入して、経費を削減しようとします。まさか車いすが利用者に耐え難い苦痛を与えているなどとは考えもしません。

　私は特別養護老人ホームなど高齢者施設のコンサルティングをしていますが、まず最初に行うことはこれらの誤解を解くことです。福祉用具は人によって異なる機種が要求されること、一人一人に合わせて利用するものですからできるだけ調節機能がたくさんついているものを選んだ方がよいこと、使い方を教えることが何より大切、

4. 福祉用具は誤解されている？

などという基本を教えることに時間を費やします。もちろん福祉用具の導入には費用がかなりかかることを了承していただかないと何も始まりません。

CASE STUDY　福祉用具は可能性を奪うこともある

　Bさんにお会いしたのは私がコンサルティングをしている施設でした。前を通りかかったとき何となく違和感を覚えました（**図20**）。それは彼女が体幹バランスが悪そうでもなく、頭の支持もできるのにリクライニングの車いすに座っているからでした。ちょっと考えたら原因が想像できました。たまたま居合わせた理学療法士に股関節の可動域をチェックしてもらったら、**図21**のように十分に屈曲しません。この状態で標準型車いすに座ったら、お尻が前に移動した姿勢になり（**図22**）、多分時間と共にさらに前に滑り、最終的には落下してしまうでしょう。昔ならY字帯で車いすに縛り付けていたかもしれませんが、今は拘束になりますからそれはできません。そこでどなたかは知りませんが、考えたのがリクライニング車いすです。股関節が屈曲しないなら背もたれを倒して座れば腰は深くなるだろうというものです。それが**図20**の車いすでした。これで彼女はハッピーかというと実はそうではありません。彼女の上肢はかな

図20：違和感を覚える車いす

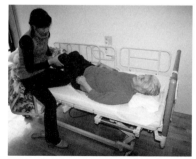

図21：股関節可動域制限（屈曲制限）

り動きます。しかし、この車いすでは自分でこぐことはできません。すなわち彼女は座るために自分で動くことができなくなってしまったのです。問題はどこにあるのでしょうか？それは車いすの選択です。標準型の後輪が大きな自走用の車いすで、背もたれの角度が調節できる車いすにすれば、彼女はきちんと座れて、なおかつ、自分で車いすをこぐことができます **(図23)**。すなわち、車いすの選択を間違えたことによって、彼女は自分で動くことができなくなってしまったのです。このように福祉用具は利用者の可能性を発揮するものであると共に、選択や使い方を間違えると、可能性を奪ってしまうものでもあります。福祉用具の選択や使い方はきちんとした知識がなければできないものですから、専門家のアドバイスをきちんと受けて適切な使い方をしましょう。

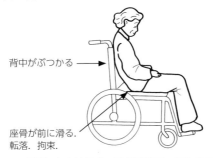

図22：いわゆるずっこけ姿勢になってしまう[※2]

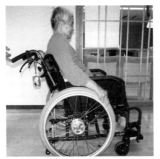
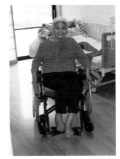

図23：車いすが適切であれば自走できる

G) 福祉用具は安全である？－「見える危険」と「見えない危険」

　福祉用具は道具である限り完全に安全ではありません。必ず危険はあります。そのため可能な限り道具による危険をなくし、安全策を講じることになります。しかし、福祉用具の場合には障害がある人が使うか、障害がある人に対して使いますので、一般的な道具と比較してどうしても危険が多く存在します。機器そのものの危険度はゼロにはできないまでも、可能な限りゼロに近づける努力はできます。一人一人状態が異なる中で、個々に合わせた使い方をしますので、使い方を間違えれば危険を回避することができなくなることがあります。したがって、選び方と使い方を適切にすることが必要になります。

　また、一般的に現象がはっきりしている、「見える危険」のほかに、「見えない危険」も存在します。例えば車いすを使っていてぶつかって怪我をするのは見える危険です。一方、車いすの不適合によって関節変形が生じたり、褥瘡を形成したりすることがあります。これらはまだ多少は見える危険ですが、車いすに乗るのが苦痛でベッドにいるようになったら生活が不活発になってしまいます。これはなかなか気がつかない危険です。電動ベッドを導入したら絶えず寝具が準備されており、寝心地がよいのでいつの間にか寝たきりになっていたというような危険は、危険とさえ認識されない場合があります。

　ケアプランをしっかり考え、適切な用具を適切に利用することが大切です。

H) 介護ロボットはすごい？

　最近「介護ロボット」という言葉をよく聞きます。我が国はロボットの研究開発では先進国ですから、介護ロボットはとても役立つも

のだと考えられがちです。また、一般的な「ロボット」のイメージから、何でもできると思われがちです。ましてや国を挙げて「介護ロボット」が最重要課題であるかのような宣伝がなされますと、知識がなければ本当にすごいものだと考えてしまいます。

　介護ロボットに関しては後述するコラム（P.357）で議論しますが、決して役立つものばかりではなく、とんでもないものもかなりあるということだけはここで記述しておきます。また、一般の人が考えるような「ロボット」の概念とは少し異なるものを含めて「介護ロボット」と定義しています。「アトム」や「鉄人28号」（少し古いですか）のようなロボットは今のところ夢のまた夢です。

1) 客観的な数字で示すのが「エビデンス」？

　近年医療の世界でもケアの世界でも「エビデンス」（科学的な客観性、証拠）に基づいた支援を原則としようということがよくいわれます。支援する側が勝手に思い込んだ結論を押し付けるのではなく、科学的に、客観性を伴った証拠を絶えず示す努力をすることによって、支援の妥当性を主張できるということです。

　その通りなのですが、どういうわけか、数字で示せば「エビデンス」だという異様な誤解があります。何事も測定して、その数値を処理して表示することが大切だというような風潮です。これは教育場面や学会などで特に強調されます。

　そもそも私たちの領域は個々人の生活支援という多様性に富んだ、また、かなり主観的な領域での支援です。したがって、なかなか数値化することが難しいのですが、種々の統計処理を施して、何とか数値化しようとする試みがよく行われます。このこと自体が悪いことでも不適切なことでもないのですが、数値化されていないと「エビデンス」ではなく、数値化することが「エビデンス」である

かのごとき誤解があるのも事実です。統計処理には種々の過程が含まれるものであり、データは場合によっては処理の仕方を変えれば全く逆の結論を導き出すこともありうるというようなことにも留意しつつ、いろいろなデータを見ることが大切です。

また、この領域では、数値化できなくとも事象として積み上げられた事実は明確な「エビデンス」であることも確認しておいた方がよいでしょう。

CASE STUDY 車いすは駆動も移乗も大切

福祉用具はどれも同じではないという事例をあげてみます。

施設の介護職から男性の利用者（Cさん）の移乗方法の相談を受けました。Cさんは座位の維持は可能で、介助用車いすに乗っていました。介護職からの要求は座位移乗の可能性です。現在は脇の下に手を入れて抱え上げて移乗介助しています。Cさんは立ち上がることも立位を維持することもできません。

介護職はトランスファーボードを利用して、前方からの全介助でやってもよいかと聞いてきます。Cさんの気力のない雰囲気からうっかりいいだろうと言ってしまいました。この直後に気がついたのですが、Cさんは両手が動きます。全介助ではなく、自分で動ける部分と介助を足した部分介助で移乗できるかもしれないと思いました。

また、もしかしたら両手こぎで車いすが駆動できるかと思い、両手こぎの車いすはないかと確認しました。介護職はCさんの座位移乗を行うために車いすを介助用車いすにわざわざ変えたと言います。考えてみれば後輪径が大きい車いすよりは小さい車いすのほうがトランスファーボードは使いやすいといえます。この介護職は私と同様にCさんが車いすを自走できるとは思わず、介助移動が当然と受

4．福祉用具は誤解されている？

け止めていました。ですから座位移乗をしやすくするために後輪径が小さな介助用車いすを準備したわけです。

　自走の可能性を確認するために、後輪径が大きな車いすを準備してもらいましたが、アームサポートが溶接されているタイプの車いすしかありませんでした。これでは座位移乗ができません。着脱できるタイプは車いす適合時に利用する試乗用の調節できる車いすしかないと言います。とにもかくにも、ひとまずこの試乗用の車いすで試してみることにしました。

　この車いすをＣさんの状態に合わせて調節し、両手でこぐこぎ方を教えます。こういう場合、多くの人は何となく車いすをこぐ方法は知っているものですが、Ｃさんはまったく駆動方法がわかりません。ハンドリムを握らせ、その手に手を重ねて前方にこぐ動作を教えます(図24)。これでこぐことは何とかできるようになりましたが、ハンドリムから手を離しません。そのまま手を戻しますから車いすは後ろに動き、元の位置に戻ってしまいます。こいだら手を放すということを一つ一つ丁寧に教えます。手が離せるようになったら、ハンドリムを握る位置を可能な範囲で後方になるようにし、こぐと

図24：車いすのこぎ方を手取り、足取り、
　　　丁寧に教えました

4. 福祉用具は誤解されている？

きの1回のストロークで進める距離を大きくなるように教えます。高齢者がよくこぐこぎ方（私はちょめちょめこぎと言うのですが）、すなわちハンドリムを握っているストロークが短く、わずかずつ進む方法では時間がかかりそうだったので、Cさんができる範囲でストロークを大きくするように教えました。

次は方向を変えることです。Cさんの上肢筋力は左右差があり、左が弱いので少し左にカーブしてしまいます。この時に右手を休んで、左手だけでこぐと進行方向が修正されることを教えます。これができるようになると、大きな方向転換、すなわち左右の車輪を逆回転させる方法を教えます。このように少しずつこぎ方を教えていくとゆっくりですが自分で駆動することができるようになりました（図25）。この間15分程度でしょうか。

Cさんに「自分で動かせて楽しい？」と聞いたら、今まで無表情だった彼が破顔一笑してうなづきます。ものすごくうれしそうです（図26）。無表情で、無関心だった時がウソのようです。よほど車いすが駆動できたのがうれしかったのでしょう。

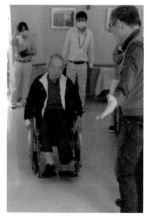

図25：少しずつこげるようになったので、方向を指示してこぐ練習をします。

図26：本当にうれしそうな笑顔でした

考えてみれば当たり前のことです。他人に動かしてもらうのでは自分が行きたいところに行けません。自分で動かせれば自分が好きなところ、行きたいところに行けます。それがものすごくうれしかったのでしょう。

　残念ながら試した車いすは評価用の車いすで、日常的に使用することはできず、自走用でアームサポートが着脱できる車いすはこの施設にはありませんでした。「なるべく早く購入してもらいましょうね。そしたら練習すればもっと楽に動けますよ」ということで、このときは介助用車いすで、移乗介助だけを座位移乗にするということになりました。移乗を従来通り腋の下を抱え上げて、自走を優先した車いすにするか、移乗介助をトランスファーボードにして、介助移動の車いすにするか、迷うところではありますが、今回は介助者の身体を護り、利用者の筋緊張を亢進しない方を優先しました。もちろん後輪径が大きな車いすを利用して、トランスファーボードを利用した座位移乗は可能です。手でこぎやすい車いすに正確に座るためには介助する介護職の介助技術も影響します。車いすに要求されることを可能な限り充足するためには最適な車いすを選択するということが必要になります。何が要求されているかを的確に理解し、最適な車いすを選択するということが必要です。しかし、お金がかかりますので、施設では容易なことではありません。

5. 福祉用具は選び方と使い方が大切

　福祉用具は多くのメーカーから市販されています。例えば介護ベッドで考えてみればいくつかのメーカーがあり、それぞれのメーカーが何種類もの電動ベッドを市販しています。メーカーによって用具の仕様は異なりますし、同じメーカーでも異なる仕様の用具が市販されています。個々の用具はそれぞれに特徴を有し、利点もあれば欠点もあります。福祉用具支援は多くの機種の中から何を選べばよいかということが最初の問題になります。

　福祉用具は一人一人のケアプラン＝生活目標を実現するために利用されます。一人一人の生活目標はそれぞれに異なりますから、その目標を達成するために必要な福祉用具に要求されることもそれぞれに異なります。介護ベッドが必要な場合でも、生活目標からベッドに要求されることが異なりますので、必要なベッドの仕様もそれぞれに異なります。

　この一人一人の条件に合わせて福祉用具を選択し、調整し、適用するプロセスを「適合（Fitting）」と言います。

　一般的に福祉用具の適合というと、利用者の身体機能と福祉用具の機能を合致させるという視点が強調されます。しかしながら、福祉用具はケアプランで立てられた生活目標を実現する手段の一つとして利用されるものです。したがって、福祉用具を適合するということは、身体機能と福祉用具の特性とのマッチングのみならず、ケアプランで目標として立てた生活のあり方に適合させることが必要になります。このことは、福祉用具の適合に当たって必要となる知識・技術が、単に障害を持った身体機能に関連する領域や福祉用具の特性に関する領域だけではなく、広範な領域にまたがる知識・技

術を必要とすることを意味します。ややもすると身体機能に対する造詣が深い医療職が担当する領域のように考えられがちですが、私はどちらかというと生活を一番よく知っている職種が主体となって適合すべきものと考えています。

このようなことから、福祉用具の適合は単に一つの職種・領域で考えるのではなく、ケアチーム全体として考えるという視点を持つことが大切になります。

5－1．福祉用具適合の手順

福祉用具の適合は次のような手順で行います。

A）ケアプランを確認します。

生活目標は何か？本人の能力は？介助者の状況は？住環境は？現在どのような福祉用具を利用しているか？問題はあるか？などなど、すでにアセスメントされているであろう項目・内容を確認します。

B）ケアプランから福祉用具に求められる機能を確認します。

福祉用具はケアプランを実現する手段の一つですから、ケアプランから福祉用具に求められていることを正確に把握します。福祉用具でどのようなことができなければならないのか、どういうことが起きてはならないかなど、一人一人のケアプランから福祉用具に要求されていることを確認します。

C）必要に応じ、より詳細なアセスメントを行います。

福祉用具を考える上で必要な情報がすでにアセスメントされていればそれを利用しますが、個々の福祉用具を適合するにあたっては

より詳細なアセスメントが必要になることがあります。一例をあげれば、車いすの適合をする上で必要な身体機能の情報は一般的なアセスメントではほとんど得られていないことが多く、改めて各関節の可動域や変形、筋緊張の状態などを確認する必要がありますし、そもそも車いすを使用する目的は何か、利用環境に問題はないかなどは詳細にはわかっていないことが多いといえます。

D）求められている機能を実現するための福祉用具の仕様を確認します。

ケアプランから要求される項目を福祉用具の仕様に落とし込み、どのような仕様が必要か整理します。

E）要求項目に順位をつけます。

ケアプランから要求される項目の中には相反する仕様・特性を必要とする場合があります。例えばベッドの幅を考えたとき、寝返り動作からは1,000mm幅が最適とされるが、起き上がり動作を考えれば900mmがよい、などということがおこります。このような場合には、要求項目に優先順位がついていないと、どちらをとるか決定できません。優先順位はケアプランから決まることです。

F）可能な限り多くの要求に応えられる機種を選択します。

すべての要求に応えられる機種はほとんどありません。要求項目に優先順位がついていれば選択が可能です。ただし、最初からすべての項目に優先順位をつけることは容易なことではありませんので、一般的には相反する仕様が必要になったときにケアマネージャーなどと相談することになります。

このような選択をしますと、どうしても福祉用具で実現できな

かった項目が残ります。このことは、当該の福祉用具では解決できなかった問題ですから、別な方法・手段で解決を図らなければなりません。例えば、車いすの適合で、移乗の容易さと姿勢保持の両方が必要となり、姿勢保持を優先した結果、移乗の容易さが実現できなかった場合には、移乗介助の問題を車いす以外の手段で解決することを考えます。リフトを導入する、スライディングシートなどの移乗補助用具を使う、ヘルパーを派遣するなど、代替手段を講じる必要があります。

G）条件にあった機種が決まれば、条件に応じて調節すべき部分を調節します。

　福祉用具は調節できる場合があります。きちんとした適合を行うためには、調節できる部分があれば、利用条件に合わせて調節します。

　高齢者の車いすでは調節もできない車いすをそのまま利用すれば２次障害などを引き起こす原因となってしまうこともあり得ます。必要な部分が調節できる車いすを選択し、必要な調整を行うべきです。

　このあとは福祉用具の使い方を教え、その後の使用状況を確認するという流れになっていきます。

５－２．福祉用具は使い方が命

　道具は使い方が大切であることはよくいわれることです。私たちは日常生活で多くの道具を使っていますが、自然に、特に考えることもなく使いこなしています。はさみなどは誰でも考えることもなく自然に利用できます。これははさみが幼い頃から生活の中に存在し、よく使っているため身体になじんでいるからです。同じ道具で

も包丁やドライバーは誰でも使えるとはいえ、上手・下手があります。上手な人はよく使う人です。

　一方、福祉用具は使い方を教えてもらわなければ利用することができないことが多いといえます。車いすの介助を頼まれても、段差を乗り越える方法を知らなければ苦労しますし、少し急な坂道を下るときは介助の仕方を知らなければ乗っている人を落下させかねません。日常的に使ったことがない用具はきちんと使い方を教わらなければ使えなかったり、危険が生じたりします。

　福祉用具はケアのインフラであり、なくてはならないものなのに、その使い方がケアの教育の中ではほとんど行われていません。さすがに車いすの介助の仕方などは行われますが、教育されていることの多くが画一的なことや方法であり、個々人の状態に応じて福祉用具の機能をどのように利用するかというようなことはあまり教育されていません。また、ケアの現場でも多様性に富んだ使い方という考え方はないといってもよいほどです。

　総論2「生活支援の3要素」の最後に記述した【CASE STUDY】のAさんを思い起こしてください。ベッドの背上げ機能を利用すれば自分で起きあがれる人なのに、介護職は電動ベッドの機能を使わずに、全介助で起きあがらせていました。ベッドの背上げ機能に関してはどのスイッチを押せば背があがるかは当然知っています。しかし、利用者の状況に応じて、この背上げ機能をどのように利用すれば、何ができるかということは理解していません。この施設ではほぼすべての介護職が知りませんでしたし、このほかの多くの施設でも同様です。全介助で起きあがらせる場合でも、背上げ機能を利用すれば利用者がより快適に起きあがることができ、介助者も容易に介助できるのですが、そんなことすら日常的に行われていません。

　何故このようなことが起こっているのでしょうか。それは福祉用

具に対する誤解が原因の一つになっているのだと思います。誰でも使える、だから福祉用具は導入しさえすればよい、という考え方が、どこででも見られます。もっともこの考え方を表しているのが介護保険の福祉用具のレンタル料に関連することです。介護保険でレンタルされる福祉用具の費用はモノのレンタル料として決められており、その使い方に関しては費用が考えられていません。

例えば、移乗介助で利用するトランスファーボードやスライディングシートに関して私が経験した例を記述してみましょう。

CASE STUDY　福祉用具の使い方を伝える

あるケアマネージャーからＤさん（88歳女性）の座位移乗を考えて欲しいという依頼を受けました。娘さんが腰痛になりそうだと訴えていることと、腋の下を持ち上げられてＤさんが痛がっているということです。

お宅を訪問して、まずは娘さんが移乗介助している方法を拝見させていただきました。これは私がよくやることなのですが、現在行っている方法を観察させていただきますと、身体機能の概略が把握できますし、何をしてはいけないかもわかります。この観察から、トランスファーボードを利用して座位移乗が可能そうだと思いました。そこで、Ｄさんをモデルにして、実際に私が座位移乗を介助してみました。最初は全介助で、一番安全な方法を試して様子を確認します（**図27**）。このときに、予想よりもＤさんは体幹バランスがよくなく、部分介助の方法は難しそうなことがわかりました。そのため、最初に試みた全介助の方法を採用することにしたのですが、そうでなければ**図28**のようないくつかの方法を試みてみるつもりでした。

さて、方法がほぼ決まったので、この方法を娘さんに教えなければなりません。娘さんは理解力がありそうでしたので、いきなりＤ

5. 福祉用具は選び方と使い方が大切

図27：全介助で、介助者・利用者双方が安心して移乗介助できる方法※3

図28：後方からの部分介助の例。利用者は自分で移乗しようとし、できない部分のみを介助者が助ける※3

さんをモデルにしましたが、もし不安なら健常者をモデルにしてやり方を練習してもらいます。娘さんは予想通り、すぐに方法を修得することができましたが、車いすからベッドに移乗する方法だけ終わった段階で、Dさんが「くたびれた」と言います。ではということでベッドに寝かせて、この日はこれでおしまいです。

翌日お伺いして、ベッドから車いすへの方法を教えます。Dさんは着座姿勢をきちんとするということが必要になりますので、前日の車いすからベッドより少し難しくなります。しかし、娘さんはこれも難なく覚えてくれました。

このプロセスに私はどれくらい時間をかけたかと言いますと、最初の日が約2時間、次の日が約1時間です。移動の時間は含んでいません。トランスファーボードの価格は2万円位ですから、私が販売事業者だとしたら、人件費を考えたら赤字どころではありません。しかし、もし私が使い方を教えずに、このトランスファーボードを販売しただけだとしたらどうなるでしょう。結果は明らかで、娘さんはまったく使えずにトランスファーボードはほこりをかぶるか、かなりいい加減な使い方をして苦労するかのいずれかでしょう。

事故がないように丁寧に教え、後日確認に訪問するということを

考えたら、用具の販売やレンタル料だけではとてもやり切れません。まして、何人かのヘルパーにも教えるとなったら、商売にはならないでしょう。まじめに福祉用具の利用を考えていたら介護保険では採算は取れないといえるかもしれません。この結果、福祉用具が適切に利用されず、ケアの質が高まらず、介助者は腰痛になり、利用者は苦しい思いをしなければならないことになります。場合によっては福祉用具を利用した事故にもなりかねず、そうするとさらに福祉用具は使われなくなっていきます。

　何はともあれ、福祉用具を供給したらその使い方をきちんと教える、ということをしなければなりません。腰痛予防ということで施設にリフトがようやく導入されはじめていますが、リフトだけ導入しても、その使い方が伴わなければ意味がないでしょう。

5－3．福祉用具の使い方は変化する － モニタリング

　福祉用具は利用者の能力、介助者の能力、環境条件、生活目標などによって使い方が決まります。しかし、これらの要因は時間経過と共に変化する可能性があります。何かが変化すれば福祉用具の使い方も変わります。ということはいわゆるモニタリングといわれる利用者の生活の状態を観察することが絶えず必要になります。時間が経過すると、生活は変化します。適切な福祉用具の適用の結果、生活が良い方向に変わるということが起きれば福祉用具支援という視点からは大成功です。生活が変われば、当然福祉用具に要求されることも変わります。新たな福祉用具が必要になることもあり、身体機能が変化したことによって生活が変わらざるを得ないというようなこともあります。このようなときには、もう一度福祉用具の適合を考え直すことになります。

6. 福祉用具は誰のため?

　近年介護職や医療職の腰痛予防がいわれています。これらの職種はそのほかの職業と比較して、特に腰痛の有訴率が高く、なかなか減少しません。特に介護職は多くの調査で2/3以上が腰痛を訴えるという悲惨な状況になっています。このことが高い離職率につながっているとの指摘もあります。

　このことから厚生労働省は「職場における腰痛予防対策指針」を2013年に見直し、「介護職は原則として人を持ち上げる介助はしてはいけない、リフトなどの福祉用具を利用すること」としました。

　確かにリフトや福祉用具を利用すれば介護職の力仕事をなくすことができ、腰痛予防になると考えられます。しかし、ひとたび腰痛になってしまうと、福祉用具は腰痛の治療には効果を発揮できません。ただ、腰痛になってもケアを続けることはできるということはいえます。このことから腰痛は予防が大切で、腰痛になる前から十分な注意を払ってケアをするべきだということがいえます。

　一方、このように福祉用具は腰痛予防に役立つということが強調されると、心優しい介護職の中には「福祉用具を使って腰痛予防になるのはよいけれど、利用者さんは苦しい思いをしてかわいそう。私だけが楽をするのは心苦しい」というような発想をなさる方がいます。このセリフは私自身が介護職から聞いた言葉でもあります。リフトによる移乗介助は利用者にとっては苦痛な介助だと考えているわけです。よくいわれるセリフに「機械で吊り上げられるなんてかわいそう。まるでモノ扱いね」というものもあります。リフトによって持ち上げることはモノ扱いなのでしょうか。利用者に苦痛を与えるものなのでしょうか。

リフトに関して誤解があるようです。リフトで人を持ち上げるときは、スリングと呼ばれる布で包まれるように持ち上げます。人が持ち上げる動作よりはるかに広い面積で体重を支えますから、体重が分散され、圧力はかなり小さくなります。脇の下で抱え上げるときのような一部分に圧力が集中することはありません。また、特別なスリングを除いて、人の関節部分はスリングで覆います。関節部分が支持されないと体重によって屈曲し、苦痛を感じやすくなるのですが、スリングではそのようなことはおこりません。どうも「食わず嫌い」と言いますか、経験でなく、先入観で、見た感じで発言しておられるように思えます。

　本来福祉用具は誰のために利用されるものなのでしょうか。当然のことながら利用者のためです。利用者のケアの質を高めるために利用するということが目的です。例えば、移乗介助で脇の下に手を入れて抱え上げるようにして介助している姿をいやというほど、どこででも見かけますが、あのような移乗介助を受けて利用者は快適でしょうか？

　高齢者の肋骨は骨折しやすい骨です。肩関節もさほど丈夫ではありません。そのような状態の人に対して、脇の下で利用者の体重を支えるようなことをして、利用者が快適なはずがないということを理解していただきたいと思います（**図29**）。

　このような移乗介助はやってはいけない介助の代表的な例なのですが、どこででも見かけます。リフトを使えば、利用者も広い面積で身体を支えられ、快適な移乗介助を受けることができます。また、介助者は力を使わずに楽に移乗介助ができます。

　また、ベッド上で身体を動かす場合で考えてみましょう。自分で身体を頭方向に動かすことができない場合には介護職は横から抱き上げるようにしたり、利用者の身体を頭側に引きずりあげるような

6. 福祉用具は誰のため？

図29：このような介助を受けて利用者は、快適でしょうか？※3

介助をしたりします。このとき、利用者は果たして快適でしょうか。一度経験してみればわかりますが、ベッド上を引きずりあげられるのはとても不快な介助です。背中が引きずられるのはいやなことなのですが、介助する側はやられた経験がないものですから、この不快感に気がつきません。身体とベッドの間によく滑る布（スライディングシート）を敷けば、利用者はとても快適に動かされ、介助する側もわずかな力で動かすことができますから、とても快適です。双方が快適になるということは質の高いケアが実現できているということです。

　種々の介助において、介助者は力仕事をしてはいけないというルールが必要です。介助者が力仕事をすれば、その力はすべて利用者に加わりますから、利用者にとって快適な介助ではありません。一方、介助者は力仕事をすることによって腰痛になったり、筋や関節を痛めたりしてしまいます。双方にとって快適で安心できる介助は福祉用具を利用した介助です。

　人を持ち上げなければならない場面では各種のリフトを、横に移

動させたりするときはよく滑る布（スライディングシート）やボードを、寝ている身体を起こすときはベッドの背上げ機能を、など福祉用具を上手に利用すれば、利用者は快適に安心して介助を受けられますし、介助者も容易に、安心して介助をすることができます。

CASE STUDY　自分でできることを増やす

　Eさん（女性、78歳）はできることとできないことが日によって変わってしまう人です。調子がよいとベッドから自分で起きあがれますが、調子が悪いと自分では起きあがれません。特別養護老人ホームで生活していますが、このような人の場合、他の施設の多くの介護職はいつも全介助で起きあがらせてしまいます。今日は自分で起きあがれるのか、起きあがれないのか、見極めるのが面倒なのか、そのようなことには無頓着なのでしょうか。いつも同じ方法で、介護職がすべてをやってしまえばかえって楽だからと考えているのでしょうか。

　しかし、この施設ではいつもEさんの状態を見ながら介助します。自分で起きあがれそうになければベッドの背を上げていきますが、その日の状況を見て、Eさんが起きあがれる程度に背を上げ、必要以上には背を上げません(図30)。これでいつもEさんは自分で起きあがった気持ちです。

　車いすへの移乗もある時は立ちあがれ、ある時は立ちあがれないなどと不安定だったのですが、移乗介助はその日の調子を見るために試してみることは危険を伴いがちです。そのことから、安全を優先してトランスファーボードを利用した座位移乗にします。介護職は準備をするだけであとは安全を見守るだけです。車いすをセットし、トランスファーボードを敷き込むと、あとはEさんに移乗を促します。Eさんは自分で上手に体を使って車いすへ移乗していきま

6. 福祉用具は誰のため？

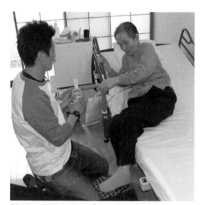

図30：様子を見ながら、背を上げる

す。この方法は安定してやれるようになりましたし、Ｅさんの身体の動かし方は座位移乗の基本原則をそのまま体現した教科書通りの方法でした (図31〜33)。

　また、車いすからベッドへ戻ったときは、必ず頭方向に身体を移動させなければなりません。これは次にベッドの背を上げるための準備でもあり、ベッドからの落下を防止するためでもあるのですが、Ｅさんはこれも上手に自分の身体を利用してベッドの頭方向に移動していきます (図34)。もし自分でできなければスライディングシートを利用した部分介助の方法も準備していたのですが、杞憂でした。

　このように福祉用具を利用して種々の動作を自分で行う部分を増やしていくと、だんだん自信を持って行動することができるようになり、介護職は見守るだけなど余裕を持ったケアができるようになります。

6．福祉用具は誰のため？

図31：体幹の前傾重心の移動（進行方向）

図32：体幹の前傾を維持して重心の掛け替え

図33：正確な着座姿勢

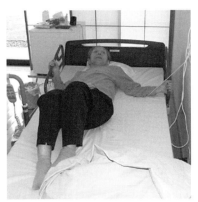
図34：自分で寝る位置を正確に

7. 高齢者支援を取り巻く多職種の役割
― 福祉用具支援に関連して

　高齢者支援は多くの職種によるチームアプローチが原則です。最初に述べましたが、高齢者支援では私たちチームは三つの手段を持っています。すなわち、①本人の能力を上手に利用する、②介護力（人手）を利用する、③物理的環境を整備する（福祉用具と住環境）　の生活支援の３項目です。
　チームに所属する各職種と福祉用具との関連を考えてみましょう。

７－１．ケアマネージャー

　このチームのリーダーはケアマネージャーです。ケアマネージャーは上記生活支援の３項目を上手に組み合わせて、利用者の生活目標を達成していきます。したがって、すべての項目に関して相当に詳細な知識を有している必要があります。しかしながら、実際にケアマネージャーになっている方々の前職を見てみますと、介護職や看護師、相談員など福祉用具領域ではない方々がほとんどです。これらの職種の養成過程や現業における研修でも、福祉用具に関する知識や技術はほとんど教育されません。また、ケアマネージャーの研修課程を見ても福祉用具に関する部分は介護保険がらみの費用関連に関することがほとんどです。
　これらのことからケアマネージャーは福祉用具の実務的な知識や技術はほとんど持っていないと考えた方が良さそうです。実際にケアプランを立てていくプロセスでは実務的な知識や技術が必要になるわけではありませんが、どのような福祉用具を利用すれば何ができるか、どのような場合に利用すると利点があり、欠点は何かなど

という概念的な知識は必須です。その上で、実務的な知識や技術は他の領域の専門家に依存すればよいということになります。

　福祉用具に関する専門家に限らず、多職種で構成されるチームを運営し、質の高い支援を実施したい場合には、各専門領域で質の高い知識と技術を有するメンバーを集めることが大切です。可能な限り多くの専門家と一緒に仕事をし、メンバー個々人の能力を正確に把握しておくことが求められます。個々の領域の専門家といえどもそれぞれに能力は異なり、少数の専門家しか知らないと偏った選択・支援になりがちです。よくいわれることに、「能力の高い人の回りには能力が高い人が集まる」ということがありますが、できるだけ高い知識と技術を有する専門家を周辺に確保できるか否かということは、チームリーダーとしてチームを運営していく上では大切なことだと思います。介護保険が始まってかなりの時間が経過しましたので、介護保険開始当初のような、経験が少ない人が多いということもなくなり、経験豊富で能力の高い方々がたくさんおられる時代になってきました。質の高いケアを提供できる人や企業が選ばれ、質の低いケアしか提供できない場合は淘汰されていく時代にしなければならないといえます。また、チームリーダー自らが質の高い支援を提供できれば周辺も必ず向上していくものですから、多くの職種の方々が切磋琢磨し、絶えず質の高い支援を目指せば、我が国の現状もどんどんよくなっていくことでしょう。

7－2．福祉用具専門相談員

　福祉用具専門相談員はその名前からもわかるように、福祉用具に関する知識と技術を専門的に有している職種です。しかしながらこの資格は比較的容易に取得できるにも関わらず、この職種に要求さ

れている内容がかなり高度な知識と技術を要することから、必ずしも「専門」という言葉がふさわしいとはいえない方々もいます。

福祉用具専門相談員は主として二つの役割があり、一つは各商品の特徴、利欠点などを知っており、ケアプランに応じて多くの機種の中から最適な機種を選択することです。

もう一つの役割はケアプランに応じて選択された用具の使い方をきちんと利用者・家族に教えることです。

福祉用具の種類や特性に関する知識は比較的容易に獲得可能です。それぞれの仕様をカタログや実際の商品からきちんと確認すればよいことです。しかしながら、福祉用具の使い方は容易に獲得できる知識・技術ではありません。それぞれの利用者の状況や介助者の状況など、まさしくケアプランごとに使い方が異なることがあり、それらをきちんと説明できなければなりません。しかしながら、この知識を獲得するプロセスに関しては大きな問題が残されています。

福祉用具は利用者を対象に使いますので、人の身体に触り、動かすことが必要になります。しかも障害があり、一人一人異なる状態の人に対して、最適な使い方を教えなければなりません。しかし、福祉用具専門相談員は多くが高齢者や障害を持つ人に触れること自体が問題になります。これは所属する企業の多くが社員に対して、利用者の介助をすることを禁止しているからです。障害を有する人を介助するための資格を何も有していない社員が高齢者や障害者などの介助をして、事故が起きた時の責任などの問題から禁止しているものと思われます。この指示があるために、彼らは利用者に触ることができません。

利用者の身体に触れずに、どうやって福祉用具の使い方を伝達できるのでしょうか。たとえ健常者で一生懸命練習したとしても、障害を有する高齢者などにそのままその技術が応用できるとは限りま

せん。高齢者は同じように見えてもそれぞれに身体機能に特徴があります。関節の拘縮や可動域制限があったり、筋緊張の程度も人によって異なります。その時々の状況に応じて臨機応変に技術を修正しなければなりません。これは実際に高齢者に対応した経験の中から蓄積できるものです。家族から見れば実際に家にいる対象者に対して技術を使うわけですから、その人にあった技術を教わらなければ意味がありません。

　利用者の状態は多様であり、一筋縄ではいかないということなのですが、外から眺めている人たちは何かというと利用者を抽象化したり、平均化したりしてとらえようとします。福祉用具専門相談員に対しても健常者をモデルにして技術を獲得し、それを家族にきちんと伝えられたら、それで家族はその福祉用具を十分に使いこなせるものだと思ってしまっているような気がします。どうしたらこの問題を解決できるのか、容易には答えは出ないようですが、今後避けては通れない問題だと思います。

７－３．介護職

　福祉用具はケアを楽にするためにも使われます。本来の目的は利用者のためにケアの質を高めることに利用されるものですが、介助者の腰痛を防いだり、腰痛などの問題があっても容易に介助できるようにするものでもあります。

　しかしながら、介護職の教育ではこれまで道具を利用したケアの教育はほとんど行われてきませんでした。極端な場合には福祉用具を利用するケアは冷たいケアだなどといわれていた時代もありました。このような歴史があることから、ケアを教える側が福祉用具に関する理解が薄く、結果的に教育する側が教育する資源を有してい

ないという状況が生じています。

　一方、ひとたび介護職が現場に出てしまいますと、なかなか研修の機会が得られません。施設職員の場合にはまだ多少は研修の機会がありますが、在宅支援をしているヘルパーはまったくといってよいほど研修の機会がありません。そのため、従来通りの人力による、力仕事のケアが行われています。

　福祉用具はケアの質を高めるものであり、利用者にとっても福祉用具を利用したケアの方が快適であり、介助者にとっても自分の身体を護るために必然の用具であることを理解すべきです。その上で、福祉用具を利用したケアの研修をしっかり受ける機会を作る必要があります。まずは介護職になる人の教育現場を変えていくことが必要だともいえます。

CASE STUDY　ヘルパーの悲鳴をいつまでも聞きたくはありません

　介護職の腰痛を予防するために、厚生労働省では職場における腰痛予防の指針を発表しています。ここでは「原則として人が人を抱え上げるのは禁止」としています。そしてその代替策として、リフトを利用するか、重心を水平面内で滑らせるトランスファーボードやスライディングシートなどを使おうと記述されています。

　このことに関して、入浴サービスを提供している事業者のスタッフから相談を受けました。在宅を訪問して、浴槽などを持ち込んで入浴介助する訪問入浴をしているそうです。その場面で、いつも人を抱えて浴槽に入れており、2人で抱えていても身体が辛いので何かよい方法はありませんか、というのが質問の内容でした。

　入浴場面では持ち上げなければならなくなったらとにかくリフトです。在宅であっても施設であってもリフトがあれば、そして手順を適切にすれば、一切人が人を持ち上げなくて介助できます（図35）。

最大の問題はリフトを導入するための費用です。

　施設では施設側が理解すればリフトの導入は可能です。では相談があったような在宅支援ではどうすればよいでしょうか。リフトを導入しようとすれば、介護保険を利用して利用者にその費用の一部を負担してもらうことになります。そもそも利用者およびその家族から見れば、介助するのが大変だから費用を払って入浴介助を依頼しています。その上で介助スタッフが大変だからリフトを導入してくれとは事業者側からは言い出しにくいでしょう。ケアマネージャーもなかなか言ってくれません。せっかく腰痛予防対策が提示されていても、事業者のために利用者がリフトを導入しなければ、介助スタッフは相変わらず腰痛になりかねない介助を続けざるを得なくなります。リフトを導入することが利用者にとっていかに快適かということを口頭で説明するのもなかなか大変です。入浴場面では家族をモデルにして入浴してみるということはできません。体験せずに口頭だけで快適ですよ、といくらいわれても家族は容易には納得できないでしょう。なんといっても浴室用のリフトは他のリフトと比較して高額になりますから。

　ヘルパーの身体を守るためだけにリフトを導入してくれる利用

図35：施設の個浴でもリフトを設置すれば
１人で容易に介助できる

者・家族はどれくらいいるでしょうか。入浴介助では他に代替策はほぼありません。

　法律で「リフトを使わなければならない、使わなければ罰則がある」とでも規定しない限り、今回のような場合にはリフトは導入されないかもしれません。社会一般の認識が人を持ち上げるときにはリフトを使うことが当たり前であるということにならない限り、この問題は解決しないかもしれません。

　国と、ケアマネージャーと、このような依頼をなさる利用者・家族へのお願いです。ヘルパーを腰痛から守るために、リフトの導入をお考えください。我が国から労働災害をひとつなくしましょう。リフトを利用した入浴にすれば、利用者にとっても人に持ち上げられるよりも快適に、安全に、安心して入浴することができます。ヘルパーの悲鳴をいつまでも聞きたくはありません。

7－4．理学療法士（PT）、作業療法士（OT）など

　特別養護老人ホームなどの高齢者福祉施設ではほとんどの場合、理学療法士（PT）、作業療法士（OT）は配置されていないか、いても１人職場です。老人保健施設では比較的数多く在籍しますが、その職務内容は身体機能の訓練を中心としたリハビリテーションです。

　福祉用具は身体機能に障害がある人を対象にして、生活場面で利用しますので、身体機能の訓練とは直接の関連はありません。しかし、障害に関する知識や技術を有していた方が支援には役立つということもいえます。福祉用具には身体機能に応じて用具を合わせていく部分がありますので、障害をよく理解しているPT／OTは大きな戦力となり得ます。しかし、今もまだ多くのPT／OTたちは身体機能に依存する支援に執着しがちです。医療領域ではなく、生

活支援領域で働くPT／OTたちでさえ、身体機能の訓練には大きな執着心を見せます。

　生活支援を行っている立場の私としては、身体機能を訓練することよりも現状の身体機能や福祉用具などを適切に利用して、生活の質を上げる方法を考えて欲しいと思っています。障害がある身体の使い方に関してはPT／OTはどの職種よりも理解しているはずです。そこに福祉用具を利用し、介助者が介入することによって利用者の生活をどのように快適にしていくか、という視点で議論に参加して欲しいと絶えず思っています。

CASE STUDY　生活領域におけるPT／OTの役割

　ある特別養護老人ホームで体験した事象です。Ｆさん（男性、85歳）は脳血管障害による左片まひです。介護職からＦさんの立位移乗を安定させたいという相談がありました。現状の立位移乗を確認してみました。手すりを利用し、立ち上がることを促しますが、容易には立ちあがれません（図36）。重心を前方に誘導することで立ちあがれなければ、立位移乗は難しくなります。この施設では両脇を抱え上げて強引に立たせる介助は厳禁です。そこで一言アドバイス。健側の足をほんのわずか手前に引き、ベッドを少し高くしました。これで重心を前に誘導したら、すっと立ち上がります（図37）。

　さて、立位移乗は立ちあがれればいいというものではなく、足踏みをして回転しなければなりません。Ｆさんはこの回転が十分ではありません。また、着座も回転が不十分なためか、ゆっくりきちんと着座することができません。そのため、着座には介助が必要になります（図38）。

　これらの問題を解決するためにターンテーブルを使ってみることにしました。足の下にターンテーブルを置き、手すりを使ってゆっ

7．高齢者支援を取り巻く多職種の役割 ― 福祉用具支援に関連して

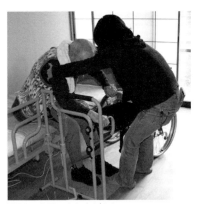
図36：容易に立ち上がれない

図37：健側の足を少し引けば・・

図38：足の回転と着座が不十分

　くり立ち上がってもらいます (図39)。立ち上がったら、しっかり立位を維持し、介助者が後方に回って、お尻を持ち、回転させます (図39)。十分に身体が回転したところで、ゆっくり着座してもらいます。
　これで移乗介助は安全に可能となりましたので、この方法でいいかなと思いました。Fさんは立ち上がったとき、とてもうれしそうな顔をしました。やはり自分の足で容易に立ち上がるということは

7. 高齢者支援を取り巻く多職種の役割 ― 福祉用具支援に関連して

図39：ターンテーブルを利用する

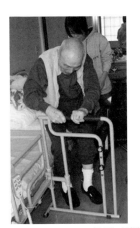

図40：訓練の結果、自立

とてもうれしいことなのかなと感じましたので、この施設のPTに立位移乗の訓練をして欲しいというオーダーを出しました。どのような訓練をするかは専門家であるPTが考えることですから、素人の私が口出しすることではありません。

　１ヶ月たって、Ｆさんは安定した立位移乗ができるようになっていました (**図40**)。介護職は見守るだけで大丈夫です。どのような訓

83

練をしたのか、PTに確認したところ、朝起きたときに居室に行って、動作を教えたそうです。どこを持って、次にどうして、・・・というような身体の障害を確認しながらできることを順次教えて、一連の流れとして移乗動作ができるように繰り返し教えたそうです。日中、Fさんが車いすからベッドに戻って休むときは必ず呼んでもらい、居室で同じように動作を教えました。1ヶ月たったら、すべての動作を自分でできるようになっていました。

　PTは訓練で筋肉トレーニングをしたわけでも関節可動域訓練をしたわけでもありません。現状の身体機能をどのように使えば何ができるかを教えただけです。しかも訓練室で行ったのではなく、実際に生活をしている場面に出向いて教えています。生活場面での訓練とはこのようなことを言うのであり、PTやOTに要求されていることはこういうことだと思います。実際の生活場面で、環境条件を考え、適切に福祉用具を利用してできることを増やしていく。このことが自信につながり、積極的な反応を利用者から引き出すことができるようになります。生活領域における彼らの役割は医療領域における身体機能の訓練では決してありません。このような視点で支援ができるPTやOTはさほど多くはいません。

福祉用具支援概論

第1章
ベッドを使う
― 寝具から起き上がり、離れよう

1．はじめに

　福祉用具の中でもっとも普及している用具は電動ベッドでしょう。多くの要介護高齢者や障害者が電動ベッドを利用しています。ベッドは寝具であり、一般的によく知られていますので、いわゆる介護ベッドも選び方や使い方が問題になるとはあまり考えられていません。このために、電動ベッドはモーターの数だけ考えればよいとか、マットレス幅を選べばよいなどと短絡的に考えられているように感じます。支援者によってはモーターの数と価格だけで選択するというような人も多くいらっしゃいます。

　ベッドは寝具ですから、「寝る」ということだけを考えれば、それでもよいのかもしれません。しかし、介護ベッドに要求されることはそれだけではありません。起居動作といわれるように、寝ている状態から、寝返り、起き上がり、端座位をとり、立ち上がるという一連の動作がしやすいということが要求されます。

　また、ベッドから次の場所に移動する移乗動作がしやすいということも大切です。立位移乗、座位移乗、リフト移乗、臥位移乗などあらゆる移乗動作のしやすさはベッド選択の大切な要因です。

　さらに、各種の介助動作が介助者にとってしやすいということも要求されます。寝返り介助、おむつ交換、陰部洗浄や清拭介助などベッド上で種々の介助動作をしなければならなくなったときには、これらの介助動作がしやすいことや背上げ姿勢でよい姿勢を維持できることなどが要求されます。

それぞれの人の生活目標を実現するためにベッドを使うわけですから、ベッドに要求される仕様は個々に異なります。一方、ベッドメーカーはいくつかあり、各社がそれぞれに特徴のある機種を、数種類販売しています。各社・各種のベッドの特性をよく知り、個々の生活目標の実現に最適な機種を選択し、使い方を考える必要があります。

2．構造と機能

2-1．ボトム（底板）構造

ボトムの構造と材質は各社それぞれに工夫を凝らし、主張のある部分です。ベッドの特徴をそのまま表しているとさえいえるかもしれません。

A）材質

ボトムの材質には主として、鋼線を溶接したもの（図1）とプラスティック成形板（図2）があります。

鋼線を溶接したタイプは、通気性がよいことを主張しています。日本は湿度が高く、マットレスの下がカビることがあります。鋼線の溶接がもっとも通気性がよいといえるでしょう。ただし、通気性がよいということは冬には寒さを感じやすいということでもあります。

図1：鋼線を溶接したボトム[※1]

図2：プラスティック成形のボトム[※1]

プラスティック成形板は冬の寒さは緩和されますが、形状によっては湿度が高くなります。防カビ処理がされていたり、形状を工夫して通気性をよくするように設計されていますが、このような配慮がないと蒸れたり、カビたりする可能性があります。

B）形状

ボトム（底板）の形状と枚数は各社特徴的です。この形状と枚数によって、ベッド上で背を上げた時の姿勢に対する各社の考え方が表現されます。

全体の構成は、体幹部（背）、臀部、大腿部、下腿部の4枚のボトムで構成されるのが一般的です**(図3)**。それぞれの接合部に回転軸（関節部分）があり、体幹部ボトムをモーターで上げて背を上げ、膝関節部をモーターで上げることによって膝を屈曲させます。体幹部を上げるときの回転中心は一軸とは限らず、体幹部を上げるときに寝ている人に加わる圧迫やずれを小さくするために、多軸で回転させているものもあります。

特殊な例として、体幹部ボトムを2枚に分けて、寝た人の骨盤部上部にも回転軸を設けた機種（軽い背上げ姿勢時の安楽さを求めたものと推察される）**(図4)** や、頸部に回転軸を設けて頭を起こせるようにしたもの（嚥下のしやすさを求めて）**(図5)** などがあります。

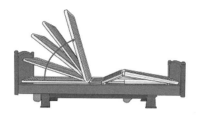
図3：4枚のボトムで構成されるベッド[※1]

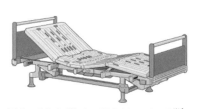
図4：5枚のボトムで構成されるベッド[※1]

第1章　ベッドを使う — 寝具から起き上がり、離れよう

図5：頸部が屈曲できるベッド

　このボトムの上にマットレスを敷いて、その上に人が横たわります。ベッドの背を上げたり、膝を上げたりするわけですから、ベッドの構造的な回転軸と人の関節位置が合っていることが必要になります。しかし、マットレスの厚みがあるために、常時回転中心が一致することは難しく、このことがベッドの背を上げたときの身体とベッドとの間のずれや、ベッドから人に加わる圧迫の原因となります。

　そのため、ベッドメーカーによってはボトムの動きに種々の工夫を加えています。ある機種は体幹部ボトムが上がるとき、回転軸の回転につれてボトムが引き上げられるような動きをするように設計されていたり、背上げに伴って回転軸を後ろ側に移動させ、臀部が後ろ側に引かれるような動きをするタイプもあります。いずれも身体の回転軸とベッドの回転軸を一致させようとする試みであり、ずれと圧迫を小さくするための工夫です。

　頭だけを起こせる構造(図5)は、背上げ時に嚥下しやすくする工夫です。

C）ボトムの大きさ（長さ）

　ベッドの回転中心と人の関節位置を合わせるという視点で考えると、人の股関節と膝関節との距離がベッドのそれとあっている必要

89

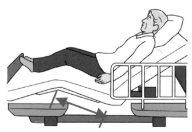

図6：適切な股関節の位置[※1]

があります（**図6**）。このためには、大腿部ボトムの長さを寝る人の体格に合わせて調節する必要があります。その場でこの長さを3段階で調節できるベッド、長短2種類が準備されており、ベッド購入時に指定するベッドや、日本人の体格に合わせて短く設計されており、この長さは「小は大を兼ねる」と考えているベッドなどがあります。

また、股関節の位置をベッドの回転中心に合わせると、寝ている人の頭がヘッドボードに近づきすぎることから、体幹部ボトムを長めにしているベッドもあります。

本来臀部ボトムの幅も寝ている人の臀部の肉付きに合わせるとよいのですが、この部分が調節できるベッドはありません。

2-2．機能

多くのベッドは背上げ、膝上げ（足上げ）、全体の昇降の3機能が電動化されています。機種によっては一つの機能のみ（全体の昇降か背上げ）を電動化しているものや、二つの機能（全体の昇降と背上げ・膝上げ連動）を電動化しているものなどがあります。

また、一つのスイッチを押すと、各モーターがある順番で駆動され、仰臥位から背上げ座位まで連続して各モーターが駆動されるタイプもあります（詳細は後述します）。

A）背上げ・膝上げ機能

　ベッドの背を上げるときに人の身体にどのような力が加わるか考えてみましょう。背だけを上げると、図7に示したように背板に垂直にFという力がモーターによって人体に加わります。このうち、水平方向成分であるFsinαは身体を前方に押し出す力です。もし、背だけを上げるとこの力によって人の身体は足側に滑ってしまいます。そのため、背を上げるときにはまず膝を上げて、身体が前に滑らないように臀部でブロックしてから背を上げます。このような操作をすると、身体の足側へのずれは軽減化できますが、水平方向成分の力（Fsinα）によって、人の身体は体幹部ボトムと大腿部ボトムとで挟まれ、圧迫感を生じます。

　また、図8に示すように、体幹部ボトムと大腿部ボトムが蝶番で結合された一軸を中心に回転しますと、回転につれてずれが身体と背板の間に生じます。

　これらの問題を解決するために、各社は前述したように体幹部ボトムの動きにいろいろな工夫をして、圧迫やずれを軽減化しています。

　一方、背上げや膝上げの動きをあらかじめ決められた順番で駆動し、背上げ座位姿勢を自然に作れるように工夫した機種も市販され

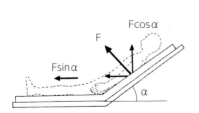

図7：ベッドの背を上げたときに人に加わる力[※1]

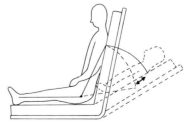

図8：ベッドの背を下げたときの身体のずれ[※1]

ています。一般的にはまず膝を上げ、ある角度になったら背上げが始まり、背がある程度の角度になったら膝が止まるというような順番で駆動されます。いちいち膝を上げ、それから背を上げてというような操作をしなくとも、一つのスイッチを押し続けることで、圧迫やずれを最小にした背上げ・背下げ動作ができるように工夫されています。

　この動きをさらに洗練した機種もあります。ベッド全体のティルト（斜めに傾ける）ができる構造を利用して、臥位から背上げ座位まで複雑な動きを一つのスイッチで操作するものです。ベッド上背上げ座位で安楽な姿勢を取る必要があるような場合（一般的にはターミナル状態などかなり身体機能が低下した状態が想定されます）には便利な動きだと思いますが、この動きを介助者がきちんと理解していないと、戸惑うこともあるようです。このような特殊な機能は必要な人にとってはとても便利な機能ですが、不要な人にとってはかえって煩わしい機能になりかねません。このベッドを利用している人の多くがこの機能を利用していないともいわれています。

　膝を上げると膝だけが上がる場合（図9）と、足先も水平に上がる場合（図10）を切り替えられる機種があります。下腿部が水平に上がる場合は、高齢者に多い下腿部の鬱血やむくみを治療・予防する効果があります。

図9：膝の部分だけが上がる※1

図10：下腿部が水平に上がる※1

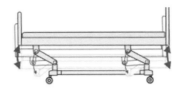

図11：まっすぐ昇降せず、昇降軌跡が円弧になる[※1]

B）昇降機能

　ベッド全体を昇降させたとき、昇降軌跡が円弧を描く機種（図11）と垂直昇降する機種があります。円弧を描く軌跡ではベッドが頭方向・足方向にも若干動きますので、壁との隙間に注意する必要があります。垂直昇降する機種の中にはベッド下に大きなスペースがあり、掃除などが容易になるものがあります。

　ベッドからの転落が怖いということから、最近のベッドでは低床化が求められることが多くあります。認知症の人が転落したり、立ち上がってしまって転倒し、骨折事故などが起きる可能性がありますので、このような要求があるようです。しかし、本来はベッドからの転落がなぜ起きているのかを考え、まずは解決できることから始めることも大切です。次の事例に示しますように、少しの工夫で事故を減らすことも可能です。特に超低床になるベッドでは背上げ機能などに制約を受ける機種もあり、ベッド全体をどのように使うのか、よく考えてから選択した方がよいでしょう。一般的に福祉用具は利点があれば必ずといってよいほど欠点もあります。利点と欠点をよく理解して、利点を生かし、欠点を表面化させないような選び方・使い方が求められます。

CASE STUDY　寝る位置を正確に

　ある特別養護老人ホームであったことです。ベッドで寝ている位

置を確認したところ、**図12**に示すようにかなり不適切な位置に寝ていることが多く見かけられました。これは移乗介助をして横に寝かせた時、そのまま上から布団をかけて寝かせていただけということを意味しています。

この施設では、その後背を上げた時に利用者に加わる圧迫力を軽減し、安楽な背上げ姿勢を作るために (図13)、ベッドに寝る位置を正確にするということを徹底しました。ベッドへの移乗介助をしたら、体全体を頭側に移動させます。利用者の体格によって適切な位置が決まりますので、この位置を目標にして移動させます。もちろん力仕事はせず、スライディングシートを利用します (図14)。

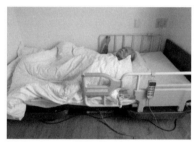

図12：寝ている位置が不適切

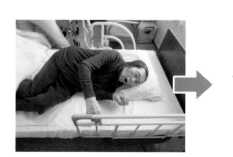

この位置から背上げをすれば

股関節ではなく、脊椎が曲げられ

圧迫が大きく、骨盤が寝た姿勢[※4]

図13：寝ている位置が不適切だと…

第1章　ベッドを使う ― 寝具から起き上がり、離れよう

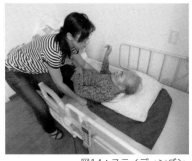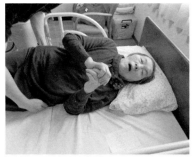

図14：スライディングシートを利用して適切な寝位置に

　この結果、半年たった時にベッドからの転落事故が減少していることに施設長が気がつき、事故報告をチェックしたら、なんと転落事故が1／3になっていました。別な見方をしますと、不適切な寝る位置によって多くの転落事故が起きていたということになります。

3．ベッド付属品

3-1．サイドレール・介助バー

　サイドレールとはベッド柵のことですが、よく利用されるものは、差し込んだだけのものです。長さもいくつか種類があり、最長でベッドの縦長さの半分です。これを4本利用しますと、ベッド全体を囲むことになり、利用者を拘束しかねない状態になります。

　差し込んだだけのサイドレールは寝返りなどをするときの手がかりとして利用することはできません。あくまでもふとんや身体の落下防止が目的です。寝返りをするときなどに手がかりとして利用しますと、はずれるおそれがあり、怪我をしかねません。

　介助バーと呼ばれているものは(図15)、ベッド端座位の時に姿勢の安定に利用したり、立ち上がるときの補助として利用します。立ち上がりを補助するときは、利用者はこの介助バーを上肢で押して立

 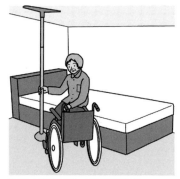

図15：介助バーと呼ばれるサイドレール[※4]　図16：天井で突っ張る縦手すり
（ベッド付属品ではありません）[※4]

ち上がります。このサイドレールはネジなどできちんと固定されますので、寝返りや立ち上がりの支持に利用できます。人によっては引く動作で立ち上がったほうが容易に立ち上がれますが、そのような場合には縦の手すり (図16) を利用します。

　ベッドの背上げ時などに身体の一部をサイドレールで挟み込んでしまう可能性があります。頭が挟み込まれないような工夫はなされていますが、上肢の挟み込みは防止できませんので、背上げ動作時には注意が必要です。

3-2．マットレス

A）マットレスに要求される機能

①寝心地

　ベッドは寝具ですから当然のこととして寝心地がまず必要になる条件です。マットレスは寝心地に大きく影響し、個人の好みに影響されます。このことから他者が選択することはなかなか難しい用具の一つです。

　一般的なベッドで使われているスプリングマットレスは寝心地に関する研究も進み、寝心地がよいベッドを選択できる環境が整って

います。しかし、電動ベッドの場合にはベッド自体が背上げ・膝上げなどの動きをしますので、その上に乗っているマットレスは可撓性（たわむこと）が要求されます。このため、スプリングマットレスはほとんど使用されません。また、このためにマットレスを厚くすることができず、どうしても寝心地が悪くなりがちです。

　マットレスの幅も寝心地に影響する要因です。一般的なベッドの幅（1,000mm）と比較して830mmとか900mm程度のマットレス幅です。ベッドの高さに慣れていない人がこの幅の狭いマットレスに寝ると、転落への恐怖心が強調されることがあるようです。

②身体の動かしやすさ

　介護ベッドは身体機能が低下した人の起居動作を容易にするという役割があります。すなわち、寝返り、起き上がりなどがしやすくなければなりません。

　一般的に硬い目のマットレスの方が身体を動かしやすいと考えられていますが、起き上がり動作だけを考えると柔らかい方が起き上がりやすいことがあるなど、利用者の身体機能もよく考えて選択する必要があります。また、自分で体を動かせなくなったら硬い目のマットレスではない方がよいといえます。次の事例に示したように、硬いマットレスに寝ていて、筋緊張が高まるという例も多く見かけられます。

CASE STUDY 柔らかいマットレスで筋緊張を緩和する

　Ｇさんはほぼ四肢まひの状態です。ベッドに寝ているときは、上肢、下肢ともに屈曲した肢位になり、丸まった姿勢で寝ています（図17）。このために仰臥位では寝ることができず、いつも側臥位で寝ています。介護職は皆、Ｇさんは関節拘縮によって手足は伸ばせな

図17：筋緊張が強く、側臥位で寝ている

図18：リフトで吊り上げたら膝が伸ばせた

図19：褥瘡対応マットレスに変更したら筋緊張が緩和した

いものと思っていました。

　ある介護職が講習会でこの異常筋緊張のことと、その緩和策を聞いてきました。まずGさんをリフトで移乗します。シート型のスリングで吊り上げたら、Gさんの膝が伸展できることに介護職が気がつきました (図18)。肘を伸ばしてみたら、抵抗なく伸ばすことができます。硬いマットレスが筋緊張を強めるということから、マットレスを静止型の褥瘡対応マットレスに変更し、ベッドに寝かせてみたら、股関節も伸び、上肢、下肢も伸びています (図19)。筋緊張が緩和されたのです。この筋緊張が緩和される理由はよくわかっていません。現象としてこういうことが起こることがある、という経験があるだけです。

筋緊張を強める要因の一つにマットレスの硬さがあることは最近多く指摘されるようになってきました。体を自分で動かしにくくなったら、マットレスを柔らかくすることも大切なことのように思います。

③圧力分散機能
　体動ができなくなってくると、褥瘡のリスクが高くなってきます。褥瘡は圧力（体圧）のみならず、ずれ力や栄養状態、湿度など多くの要因の影響を受けますが、体圧を小さくすることはもっとも大切なことです。体圧を分散させるためにマットレスには適度な弾性と粘性が必要になります。

B）マットレスの種類
　多くの種類のマットレスが市販されています。表と裏で硬さを変えたものもあり、選択に迷うほどですが、自分で意思表示できない利用者の場合には選択が難しいかもしれません。

① 合成繊維系のマットレス
　薄くする必要と、レンタルで使用するため消毒のしやすさを考えて、合成繊維系のマットレスがよく利用されます。このタイプのマットレスをどこのメーカーも標準的なマットレスと位置づけています。私の感覚では硬すぎて、とても自分自身が使う気にはならないマットレスです。とかく福祉用具は自分自身で体験することが少なく、ついつい利便性のみを考えて選択しがちですが、マットレスに限らず福祉用具は一度体験してみると、利用者はこんなものを使っているのかとびっくりすることはよくあることです。

② ウレタンを利用したマットレス

　ウレタン素材のマットレスはウレタンの種類を組み合わせることによって柔らかさと反発性を適切に組み合わせることが可能になります。よく低反発ウレタンが柔らかくて気持ちがよいといわれますが、低反発ウレタンだけでは沈み込んでしまい、場合によっては底づきしてしまいます。低反発ウレタンだけを利用する場合はオーバーレイ（上敷き）として利用した方がよいでしょう。

　低反発ウレタンと高反発のウレタンを適切に組み合わせたマットレスは褥瘡対応のマットレス（静止型褥瘡対応マットレスといわれる）としても利用されています。一般的にこの褥瘡対応マットレスは身体の沈み込みが生じがちですので、この場合には寝返り動作など身体を動かしにくくなります。しかし、寝心地はとてもよいといえます。

CASE STUDY　この柔らかいマットレスがいい

　Hさん（女性、60歳、CP：脳性まひ）からベッドの選択に関する相談を受けました。今までいわゆる平ベッドを使用していたのですが、そろそろ電動ベッドを使いたいということから、どのようなベッドがよいかと相談に来ました。生活のあらましをお伺いし、ベッドの機能をどのように利用するかを想定しましたが、格別特殊な機能が必要になることはなさそうで、ベッドの選択自体は比較的広い範囲からできそうでした。

　機種を概ね決めてからマットレスの話になります。日常的に使用しているベッドは板のボトムの上に布団を敷いているような雰囲気で、きわめて硬い状態です。

　「硬すぎませんか？」と訊くと、「これでいい」と言います。新しいマットレスもこの程度の硬さでよいというお話でした。しかし、

ベッド上で体を動かすことは難しい身体機能でしたので、念のために、褥瘡対応の静止型マットレスに寝てもらいました。このマットレスに寝た瞬間に彼女の顔色が変わります。

「こんなに快適なベッドに寝たことがない。これがいい」と言います。しかし、マットレス選びは短時間寝た感覚だけで選択すると間違いを起こすことが多いことは経験的に知っていましたので、ひとまずマットレスを借りて、数日寝てから最終的に決めようということにしました。数日後に確認しましたが、「この柔らかいマットレスがいい」と言います。

結局この褥瘡対応の静止型マットレスを選択しましたが、彼女はベッドのマットレスは経験的に硬いものだと思い込んでいて、柔らかいマットレスがどれだけ快適かということを知らなかったということです。周辺の人たちもマットレスは硬いほうが体を動かしやすくなるという「迷信？通説？」を信じていて、体が動かなくなってもそのままでいたというわけです。

③エアマットレス

褥瘡対応のマットレスとしてよく利用されます。隣り合うエアセルが吸気と排気を一定時間ごとに繰り返すタイプが多く使われています。吸気時にその部分で体重を支えますが、空気の有する弾性と粘性で圧力を小さくすることができると共に、排気時の抜重によって接触圧を解放し、皮膚表面の毛細血管の血流を維持確保します。

吸気時にはエアセルがふくらんでいるため、静止型マットレスよりは身体を動かしやすいといえます。ただ吸気と排気を繰り返しますので、船酔いのような感じになる人もおられます。

利用者の体重に応じて自動的に空気圧を調節したり、ベッドの背上げをしたときに、臀部への荷重の増加による底づきを回避するた

めに、臀部の空気圧を自動的に高める機能があったり、このマットレス上で身体を動かしやすくするために空気圧を高める（一般にリハビリモードといわれる）機能や寝ただけでその人の体重や体型に応じて自動的に空気圧分散を最適にする機能があるなど高機能なエアマットレスが市販されています。

3-3．ベッドサイドテーブル
A）ベッド上背上げ座位で利用するテーブル
　ベッドの背を上げた姿勢で利用するテーブルです。

　ベッドの背上げ角度は最大で70度程度です。体幹が少し後ろに倒れている姿勢です。このため、このテーブルでは食事動作はきわめてやりづらくなります。大腿部よりも高い位置にテーブルがありますので、背上げ座位の姿勢では食器の中が見にくいことと、体幹が少し寝ているために上肢機能が制約を受け、箸などでつかみにくいことが一番の理由です。食事動作の時には主として介助で食べさせてもらうときに使うことになります。自分で食事をする場合には端座位で使用するテーブルが適しています。

① 両側のサイドレールにさし渡すテーブル

　サイドレールの上に置くテーブルです。テーブルの高さ調節ができませんので、利用者が作業するには使いにくいテーブルです。一時的にものを置く場合に利用します。

② 片持ちの差し込みテーブル（図20）

　高さ調節はできますが、片持ちの形態ですので、重量のあるものは載せられません。

図20：ベッドに差し込んで利用する片持ちのテーブル[1]

図21：ベッドをまたいだ形のテーブル[1]

③ オーバーテーブル（図21）

両脚でベッドの上を通りますので、安定しています。重量物も載せられます。ベッドの両側にスペースが必要になります。

B）端座位で利用するテーブル

食事をしたり、何か作業をするためには、端座位になって行うと作業しやすくなります。このテーブルは端座位で使用することを想定した形になっています（図22）。高さも調節できます。

そもそも端座位がベッド上での起きた姿勢です。背上げ座位は起きた姿勢ではなく寝た姿勢です。理由は脊柱起立筋を使うか否かで決まります。背上げ座位では起立筋は使わず、体幹はせいぜい70度程度までしか起こせません。

前述した片持ちの差し込みタイプを端座位で利用することもできますが、片持ちなので不安定になりがちであり、できれば両脚があるタイプを利用した方が安定します。

座位バランスが悪く、端座位を維持できない人を対象とした端座位保持テーブルもあります（図23）。端座位の状態で、前側からテーブルを差し込み、背中のプレートを固定して背もたれを作ります。背もたれの角度が背中に並行ではなく、45度の角度を持っていることから側方への安定性を維持します。

第1章　ベッドを使う — 寝具から起き上がり、離れよう

図22：端座位で使用するテーブル※1

図23：端座位を保持するテーブル※1

4．ベッドの機能を利用する

4-1．ベッド上で体を動かす

　ベッドの機能を適切に利用するためには、まずは寝ている位置が問題になります。不適切な位置では転落しやすいことは前述したとおりです。また、頭方向（長軸方向）はベッドの回転軸と寝ている人の関節位置が合っていなければ、ベッドの背上げなどで苦しい思いをします。このためにはベッドへ移乗し、横になった後、頭方向に自分で、あるいは介助で移動させることが必要になります。また、寝返りをしたり、起き上がったりするときは左右方向で寝ている位置を調節する必要があります。

　このようにベッドに寝ていると、身体を頭・足方向や左右方向に移動させることが必要になります。

　ここでは主として介助でこの動きを行う方法に関して記述します。

A）ベッド上で上下方向へ身体を動かす

　健康な人に対して、ベッド上で頭方向に身体を動かすように言うと、膝を曲げ、足の裏を支点としてお尻を浮かせて、肩の下を滑らせて（あるいは肩で歩いて）、移動しようとします。体重が一番かかっているお尻を浮かせることによって、摩擦をなくして動きやすくし、膝を伸ばす筋力によって肩を滑らせます。筋力が低下してこの動き

方がしにくくなってきたとき、どこを助ければよいでしょうか。

　最初に助けるのは利用者の下肢筋力を有効に利用するようにすることです。すなわち、介助者が本人の足を押さえる、あるいは足の下に滑り止めを敷きます。これによって足裏の摩擦が大きくなりますので小さな力でお尻を浮かせやすく、また、肩で滑りやすくなります。

　さらに楽に動くようにするには、肩の下の摩擦を小さくします。スライディングシートを肩の下に敷き込めば、小さな力で身体を滑らせることができます。

　スライディングシートには円筒状になっているものと、1枚のシートを折りたたんで重ねて利用するものがあります。いずれもこのシートの布と布の間で滑らせることによって摩擦を小さくし、楽に体を動かそうというものです。ここでは表・裏ともに摩擦の小さな円筒状のスライディングシートを利用する例を説明します。枕の下から、下に引っ張って肩甲骨程度まで敷き込みます。お尻を自分で浮き上がらせ、体を頭方向に移動させます。お尻を浮き上がらせることができる人ならほぼ自分で移動することができ、難しい場合は介助者が軽く押すだけで移動することができます（図24）。

　自分で動けない場合には介助者が動きを助けます。ベルトなどを座骨部にかけ、斜め上にあげれば身体が滑ります。

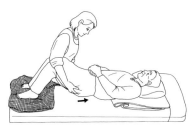

図24：介助者が軽くお尻を浮かせるように補助する※1

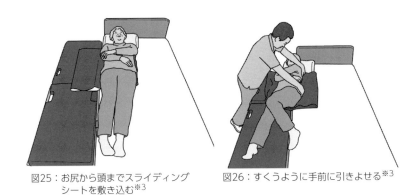

図25：お尻から頭までスライディングシートを敷き込む[※3]

図26：すくうように手前に引きよせる[※3]

B）左右方向の移動

ベッド上で左右方向に移動することはストレッチャーなどへの移乗時に必要です。

移動方向と反対向きの側臥位になり、お尻から頭までスライディングシートを敷き込みます（図25）。

進行方向の足だけあらかじめ移動させ、進行方向向きの側臥位になり、介助者は骨盤と肩に置いた手を仰臥位に戻すようにしながら、下から進行方向に力を加えます（図26）。

スライディングシートの上に身体が乗ると、驚くほど軽く動きます。

4-2．背上げ動作と背下げ動作

A）ベッドの背を上げる

ベッドの背を上げるときには、前述したように圧迫とずれの問題があります。ベッドの背を上げるときには必ず、まず膝（足）をあげて、臀部の滑りを止め、それから背を上げます。このとき、電動モーターが働くことによって生じる、身体を前方に押す力によって、寝ている人の身体を挟み込むような力が働きます。これによって胸や腹部を圧迫されるような強い不快感を覚えることがあります。

この不快感はベッドのボトム構造、ボトムの動き方、人の体格とベッドのボトムとの適合、寝ている位置、マットレスの柔らかさなどによって異なります。不快感を軽減化させるためには、まずベッドと寝る人の大きさ、すなわち、寝る人の大腿長とベッドの相当する部材の長さを合わせることが大切です。人の股関節の位置とベッドの該当する部分を合わせ、膝関節の位置が一致するのが理想です。
　寝る位置も大切です。足側に寝ていると強い圧迫感があります。頭側に寝ていると体幹を起こしたときに足側に滑りますが、圧迫感は小さくなります。最適な寝る位置を確認しておくことが大切です。
　また、背上げ時にはマットレス表面と身体の間にはずれが生じます。このずれは不快感につながるとともに、場合によっては褥瘡の原因ともなりかねません。ベッドを起こすときの圧迫感と滑りを防ぐためには、身体を自分で動かせる人なら、もぞもぞ身体を動かして、圧迫やずれを解放させます。身体を自分で動かせない人の場合には介助者が体幹を起こすような介助をします。この介助動作は少なくとも背上げ30度程度から10〜15度間隔くらいで必要になります。スライディングシートをあらかじめ胸から頭まで敷き込んでおいてからベッドの背を上げると、身体が上方に滑り、圧迫感とずれの両方を解消することができます。

B）ベッドの背を下げる

　ベッドの背を下げるときには二つの問題があります。一つはずれです。一般的に背を上げるときには圧迫感があるので、介助者が何らかの介助動作を行って、圧迫を除去しますが、このときにずれも同時に解消されます。しかし、背を下げるときには圧迫感がないので、多くの場合そのまま放置されます。自分で身体を動かせれば、もぞもぞしてこのずれを解消しますが、自分で身体を動かせない場

合には介助動作が必要になります。背を下げたら側臥位にしてずれを取りますが、両側の側臥位をとることが必要です。

　もう一つの問題は、ベッドの背を下げると、ある角度になったときにベッドが平らになったと感じ、それ以上下げ続けると頭が下がった感じになる人がいることです。個人差が大きく、まったく感じない人もいますが、30度程度になると平らだと感じてしまう人もいます。この問題を避けるためにはベッドが下がってきたときに介助者が本人の首の下に手を入れて、少し頭を起こすような介助をすると感じなくなります。

　何はともあれ、ベッドを動かせば寝ている人には種々の不快感が生じます。介助している側はまったく気がつきません。この問題を解決するためには、介助する側が一度ベッドに寝て、種々の動きをしてもらい、この不快感を経験してみることです。自分が不快であれば、介助するときには気をつけてベッドの操作をすることになるでしょう。もちろん、健常者と障害を有する人とでは感じ方が異なりますので、健常者は感覚を鋭くし、自分が身体を動かせない人として経験してみることが大切です。

4-3．起き上がりのために

　寝返りや起き上がりがしにくくなったら、まずはベッド柵を上手に利用します。手がかりがあれば動作がずいぶん容易になります。身体機能の状態によって、また、寝ている位置と柵との距離などによって、柵をつかむ位置や手の方向が問題になります。どの筋力が強く、どの関節を使うと痛むのかなど個々の状態によって動作も変わりますから、基本的には動作がよくわかっている理学療法士や作業療法士に相談するとよいでしょう。

第1章　ベッドを使う — 寝具から起き上がり、離れよう

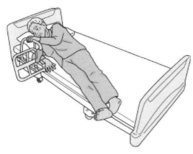

図27：柵をつかんで側臥位になる[※1]

図28：肘と手でマットレスを押して起き上がる[※1]

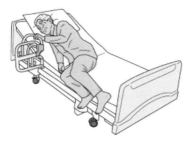

図29：側臥位になってからベッドの背を上げる[※1]

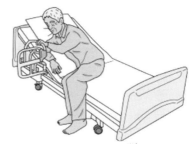

図30：足を下して起き上がる[※1]

　一般的には寝返りや起き上がりのときには寝返る側から遠い手で柵をつかみます。柵まで手が届けば、上肢筋力を利用して寝返りがしやすくなります（図27）。寝返りをした側の肘をつき（図28）、柵を引き寄せることによって起き上がり動作ができます。

　これでも起き上がりにくいときは背上げ機構を利用します。仰臥位のまま背を上げ、側臥位になって足を降ろし、柵などを利用して起き上がる方法と、まず側臥位になり（図29）、背を上げてから足を降ろし、柵などを利用して起き上がる方法（図30）とがあります。仰臥位のまま背を上げるときには角度が大きくなると足側に身体が滑りやすくなり、骨盤が後傾して起き上がりにくくなることがあります。先に側臥位になると身体のずれが小さくなり、背を高く上げ

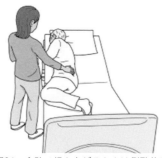

図31：介助で起き上がるときは側臥位にしてから背を上げる[※1]　　図32：早めに足を下して起き上がらせる[※1]

れば上げるだけ起き上がりやすくなります。一般的には起き上がり動作は楽な方がよいことが多いため、側臥位になってから背を上げることが多くなります。

　全介助で起き上がらせるときにも同様の方法をとります。仰臥位のまま背を上げた場合は、介助者がそのまま回転させて端座位をとらせるような動作をしますと、利用者の骨盤が後傾した状態で回転させられますので、仙骨部のずれが大きくなり、褥瘡のリスクが高い場合はこの方法は禁忌になります。特に介助者が非力な場合には先に側臥位にしてから背を上げますが、このときに本人の骨盤をできるだけ起こし（垂直にし）(図31)、比較的早めに足を降ろした方が本人には楽になります（図32）。

4-4．端座位の安定

　端座位を安定させるということには二つの姿勢があります。一つは、端座位で食事をしたり、何か作業をするような場合で、この場合にはベッドの高さを調節するとともに、比較的深く座り、介助バーを利用すると安定します。ベッドの高さは足裏がしっかり着地し、両大腿の裏側が均等にマットレスと接触する高さが適切です。

　もう一つの端座位姿勢は立ち上がるための準備姿勢です。この場

合には少し腰を浅く座り、足の裏が床につく範囲でベッドの高さを高めにします。

4-5．立ち上がり動作

　容易に立ち上がるためにはいくつかのポイントがあります。まず足を引くことが大切です。重心位置を基底面（足裏で構成される面）内に移動させないと容易に立ち上がれないので、この重心移動を容易にするために足を引きます。足を引くためには端座位で腰が浅めにならないと引けません。したがって、端座位を安定させる位置とは異なります。臥位から起き上がってきて端座位になったとき、自然に足が引ける位置だとそのまま立ち上がり動作に移行できますが、端座位の腰が深いときには腰を移動させる動作が必要になります。

　腰が浅くなるか否かはマットレスの幅が大きく影響します。すなわち、マットレスの幅が広ければ腰が深くなり、狭ければ腰が浅くなります。マットレスの幅を選ぶときの考慮すべき要素の一つです。

　足が引けたら次に体幹を前傾させる必要があります（図33）。これも重心位置を基底面内に移動させるためです。体幹を前傾させる手助けに介助バーを利用することがあります。介助バーの前方を持って、体幹が前に傾きやすいようにします。場合によっては前方に手

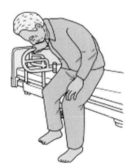
図33：足を引き、体幹を前傾させる[※1]

図34：介助者が前から覆いかぶさると、自分では立ち上がる努力ができなくなる[※1]

すりを準備したり、いすを置いて座面に手をついて立ち上がらせたりします。この体幹を前傾させるということが理解できていれば、立ち上がり介助をするときに介助者が本人の前面に立ちふさがり、本人の前傾を阻害するような介助動作をしてはいけないことが理解されるでしょう（図34）。しかしながら、介助者の多くは前に立ちふさがり、本人には何もさせないようにしながら立ち上がり介助をしていることをしばしば見かけます。

最後に、立ち上がりを容易にする要素は重心の位置をあらかじめ高くしておくことです。昇降機能がついたベッドだからこそできることですが、ベッドを高くして重心位置を高くすれば、立ち上がり動作も容易になります。

CASE STUDY 利用者の能力を活かす介助

ある特別養護老人ホームで見かけた光景です。Ｉさん（女性）は自分１人では立ち上がることはできませんが、立位をとらせてもらえば膝折れをすることはなく、つかむ場所があれば立位を維持できます。また、移乗するときは、少しですが踏みかえることもできます。彼女はベッドの幅が狭いと怖いということから、施設にあるベッドの中で一番幅の広いベッド（マットレス幅1,000mm）を使っていました。

介護職は彼女が端座位になるのを介助した後、**図35**に示すような方法で立ち上がらせ、移乗介助をしていました。この図をよく見るとわかりますが、Ｉさんの端座位はベッド幅が広いことから腰が深い端座位になっており、足が引けていません。その上に介護職が覆いかぶさってきますので、体幹を前傾させることはできません。すなわち、この介護職はＩさんの身体機能をすべて使えないようにしておいて、立ち上がれないなら私が介助しますと言って、脇の下

第1章 ベッドを使う ― 寝具から起き上がり、離れよう

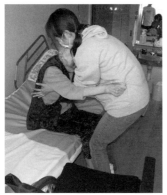

図35：介護職が覆いかぶさっているので、全介助になっている

図36：重心を前方に誘導すれば立ち上がれる

を上に引きずりあげています。

　別の介護職が車いすからベッドへの移乗介助をしましたが、**図36**に示すように背中を押して重心を前方に誘導することによって立ち上がらせています。介助者はとても楽ですし、Ｉさんは自分の力で立ち上がっています。

　すべての介助で大切なことは利用者のできることは自分でやってもらい、できない部分のみを介助するということで、それが大前提

113

です。このような介助をすればIさんはだんだん能動的になっていきますが、すべてを介助されているとどんどん受動的になっていって、あらゆることに受け身で対応しがちになります。

5．ベッドの配置

　ベッドを部屋のどこに置くかということも大切なことです。まひや筋力の程度によっては、起き上がりやすい方向があります。一般的に片まひの場合には健側に起き上がります。したがって、そちら側が移動方向となります。

　部屋から出る動線は生活・介助において大切な要素ですし、押入などの位置も問題になります。方位を気にする人もいます。その上、ベッドは一般的に大きく、我が国の部屋は比較的小さいことが多いです。仲のよい夫婦の場合にはできれば寝室を分けたくないということもあります。いろいろな要因を考えて決めなければなりませんが、もちろんすべての条件を満足させることは困難です。よく家族や本人と話し合って、利点・欠点を明確にして決めることが大切です。

CASE STUDY　ベッドを生活の場にしない

　Jさん（男性、85歳、要介護4）は脳梗塞（左片まひ）になり、入院したのち、家に帰ってきました。介護ベッドを右側が壁の位置に配置しています。介助者は本人の左側（まひ側）から種々の介助をします。この位置はいわゆる北枕になりますが、もともと無頓着な夫婦で気にしなかったそうです。

　なぜこの位置にしたのか確認すると、ベッドから庭がよく見えるようにということから決めたそうです。しかし、この位置にしたために、ベッドから出る際には患側に起き上がらなければなりません。

これが腰痛があり、非力な奥さんには大変な作業で、だんだん起こすことをしなくなり、結果的にいわゆるベッドに寝たきりの生活になってしまいました。

　庭を見たければ車いすに乗って見ればよいと思うのですが、車いすへの移乗介助が奥さんには難しいことからこの位置に決めたそうです。

　ベッドの位置を変え、奥さんの介助で起き上がりやすくし、できるだけ体を起こした生活に切り替えていただきました。その結果、少しずつ元気になり、端座位でオセロをやれるまでになりました。

第2章
移乗動作を助ける
── 安全に楽に移乗するために

　移乗とは、ある位置、ある姿勢から、隣接する場所まで移り、姿勢を維持するまでの、一連の動作を言います。

　立ち上がることができ、歩くことができれば、移乗という概念の動作はありません。すべてが移動動作であるといえます。ところが立ち上がりがむずかしくなり、すぐ隣の場所に容易に移動できなくなると、この移乗動作の大切さが身にしみて感じられるようになります。

　人が立ち上がり、歩くということは物理的に考えれば非常に困難な動作です。多くの筋を神経系が上手にコントロールして、立位を維持し、物理的には不安定な歩行を安定して行っています。ところが加齢により、あるいは障害により、筋または神経系に障害が生じると、人はたちどころに物理的特性が優位になって不安定になったり、倒れたりしてしまいます。本来、人の骨格構造は立位を安定して維持するような構造ではありません。したがって、無理に立位をとらせようとすると、途端に危険が生じます。

　移乗動作がむずかしくなってくると、今まで立って歩いていた人ですから、周辺の人たちは当然立たせよう、立てるようにしよう、と考えます。このような希望を持つということはとても大切ですが、きちんと状態を把握し、客観的に見て無理のないような動作を求める必要があります。

1．移乗介助の原則

A）人を持ち上げたり、抱え上げたりしない

　人を持ち上げたり抱え上げたりすれば、介助者は腰痛など体を痛めかねません。介助者の犠牲の上に成り立つような方法はやってはいけない方法です。また、抱え上げらえる利用者も大きな苦痛を感じます。脇の下を抱え上げられれば、肋骨を痛めたり、肩関節を痛めたりしかねません。

　厚生労働省は2013年に「職場における腰痛予防対策指針」を見直しました。この中ではじめて医療福祉分野の職場を取り上げ、腰痛発生要因のチェックから、リスクの評価、その対策など一連の流れとして腰痛予防対策を考えています。その中で移乗介助などに関連して、人が人を抱き上げるのは原則禁止し、リフト、トランスファーボードなどの福祉用具を利用することを明記しています。

　私たちは「原則として」ではなく、「決して」人を人が持ち上げない、抱え上げない、という意識を持ってケアに携わるべきです。介護職の腰痛は間違いなく労働災害です。プロはプロらしく、自分の身体を守ることをまず第一に考えるべきでしょう。

CASE STUDY　利用者も介助者も快適な移乗方法を

　Kさんは脳血管障害の女性です。介助はお嫁さんが行っています。Kさんが車いすに移りたがらない、お嫁さんが腰痛で困っている、何とかなりませんかという相談がありました。

　まずは座っている姿勢を確認するために、車いすへの移乗介助をお願いしました。その時Kさんは「いやだ、ベッドにいる」と言います。お嫁さんは「1回だけなら」と言います。少し無理を言って何とか車いすへの移乗を行ってもらいました。脇の下を抱え上げて

第2章 移乗動作を助ける ― 安全に楽に移乗するために

図1：介助者は腰痛になり、介助される側は苦痛を感じる介助方法[※3]

いますが、Kさんは力がないのでだらんとしてしまいます (図1)。それを抱え上げているお嫁さんは腰痛がひどいのですが、何とか無理してがんばっています。

　Kさんはこの移乗介助を受けることがいやで、ベッドにいつもいたがるそうです。お嫁さんはこの介助などによって腰痛になり、できれば移乗介助はしたくないと思っています。

　介助を受ける側、介助する側、双方が苦しむような方法をなぜいつまでもやっているのでしょうか。双方が楽で容易に移乗できる方法をなぜ今まで我が国の介護現場は考えてこなかったのでしょうか。介護現場の怠慢だといわれても仕方がないかもしれません。

B）利用者ができることは行う

　すべてを介助するのではなく、部分的でもあれ利用者が自分でできることは自分で行います。何ができるかをよく考えて、できることは極力自分でやってもらいます。わずかなことであっても自分でできるということは利用者を能動的にします。

自分で移乗ができなくなると、直ちに全介助にするということはしてはならない介助です。まずは移乗動作の流れの中で、何ができて何ができないかを見極めます。できることはどんなに些細なことでもやってもらいます。わずかでも自分でできることがあれば生活全体が能動的になっていく第一歩になります。すべてを介助者がしてしまい、利用者を受動的な立場に追い込むようなことだけはしないように注意しましょう。

C）移乗動作の中に訓練要素は含めない

　移乗という動作は危険を伴いがちな動作です。また、頻度高く行うことが必要な動作です。とかく移乗は介助において大変な動作だということから頻度を低くしがちですが、ケアの質を高めるためには頻度高い移乗が要求されます。危険があり、頻度高く行わなければならない動作ですから、安全に容易に行える方法でなければなりません。

　また、移乗動作に訓練要素が含まれてくると、場合によってはそれが嫌だということから、移乗の頻度を低くしようとすることがあります。生活を広げることが身体機能はもちろんのこと、精神的な意味でもよい結果をもたらしますから、移乗動作の中には訓練要素は含めない方がよいといえます。

D）利用者・介助者双方が楽で、安全で、安心な方法で

　介助者の腰痛予防だけが目的の介助方法ではだめです。利用者にとってメリットのある方法でなければなりません。しかし、介助者の犠牲の上に成り立つような方法は採用できません。

　あくまでも利用者・介助者双方にとって楽で、安全で、安心できる方法で介助しましょう。

E）力仕事は厳禁

　介助者が力仕事をしてはいけません。介助者が発揮した力はすべて利用者に加わります。介助者が力仕事をしたら、利用者が苦しんでいるということです。移乗介助に限らず、すべての介助動作から力仕事をなくしましょう。

F）福祉用具を適切に利用する

　双方が楽に安全に安心して移乗し、力仕事をしないとすると、福祉用具を利用するしかありません。福祉用具は適応（使える条件）がありますので、どのような人の、どのような場合に、どのような介助方法で、移乗介助するのか、用具の特性を理解して利用する必要があります。条件を越えて利用することは危険を意味します。

2．立位移乗

　ベッドから車いすへ移乗する動作で、立位移乗を考えてみましょう。

　立ち上がって、車いすに座るまでの動作を分解してみますと、以下の4段階に分けて考えることができます。

①立ち上がる（図2）
②立位を維持する
③回転する（足踏みをする）（図3）
④静かに着座する（図4）

第 2 章　移乗動作を助ける ― 安全に楽に移乗するために

図 2：立ち上がる※1

図 3：足を踏みかえて回転する※1

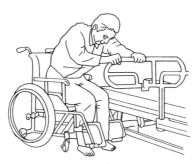
図 4：静かに着座する※1

2-1. 自立した立位移乗

　このように立位移乗は立ち上がれればできるというものではありません。この 4 段階を自分ですべてできれば問題はありませんし、自分でできない部分があったとしても軽い介助でできれば、立位移乗は安心して行うことができます。

　環境を整備することによって、この 4 段階をよりやりやすく、安全に行うことができるようになります。まず、立ち上がりを容易にするためには、重心位置をあらかじめ高めに設定すれば、小さな筋力で立ち上がれます。このためにはベッドから移乗する場合には

121

ベッドの昇降機能を利用して、少し高く持ち上げておきます。

また、立ち上がるためには重心位置を足の裏の面積（基底面）に移動することが必要になります。これを誘導するために、体の前方あるいは側方前よりに手すりがあると、重心を前に移動させやすくなります。

さらに、足の筋力だけでなく、上肢筋力も立ち上がりのために利用することを考えると、前方ないしは側方にある手すりを利用します。

立位を維持し、回転するとき、また、静かに腰を下ろす時にも手すりがあれば安定して行うことができるようになります。

2-2．ターンテーブルを利用した立位移乗
A）自分で立ち上がれるが足踏みができない場合

自分でできていた状態から少し身体機能が低下してくると、回転すること、すなわち足踏みをして方向を変えることがむずかしくなってきます。立ち上がることができますので、介助者は後ろから臀部を持って回転させ、座らせることがよくあります (図5)。この介助を行いますと、体は回転しますが、足が回転していないので、下肢がひねられた状態になります。この結果、足関節や膝関節に障害を生じかねないことになります。このことに気がついた介護職は脇の下に手を入れ、持ち上げるようにして、足を浮かせて移乗介助します。よく考えてみますと、自分で立ち上がることができるような人を全介助で持ち上げて介助していることになります。

このように足が回転できない場合にはターンテーブル（回転盤）を利用します。足の下にターンテーブルを置き、立ち上がってもらい (図6)、手すりなどを利用して立位をしっかり維持します。介助者が後方から臀部を支持して回転させると (図7)、体とともに足も

第2章　移乗動作を助ける ― 安全に楽に移乗するために

図5：介助者が強引に回転させる

図6：自分で立ち上がる

図7：介助者がおしりを支持して回転させる

回転します。ゆっくり着座してもらいます。

　この方法では自分でできることは自分で行い（立ち上がり、立位を維持する）、できないこと（足踏みをする）を福祉用具と介助者が助けています。利用者は自分で移乗している気持になれますし、介助者は力仕事をせず、安心して安全に移乗介助することができます。

【別な場面でも】

　ターンテーブルはトイレでも利用できる場合があります。特に車いすでトイレの横まで接近できる施設のトイレや車いす用トイレでは、車いすと便座の間にターンテーブルを置き、立ち上がってもらって立位を維持し、その間に下衣を脱がせ、介助者が回転させて便座

図8：トイレでターンテーブルを使う

に移乗させることができます（図8）。立ち上がりや立位を維持するときには壁についている縦手すりを利用するか、便座に跳ね上げ手すりが準備されていればそれを利用します。

【留意点】

　ターンテーブルを置く位置は、その中心が移乗元と移乗先で座っている姿勢の体の中心線の交点が目標になります。しかし、車いすの構造などからこの交点にターンテーブルの中心を置くことができない場合もあります。一般的にこのような場合には立ち上がりやすい位置を優先して、座った時の姿勢のずれはスライディングシートなどを利用してあとから修正します（詳しくは後述します）。

【ちょっと一工夫】

　一般的に立位で車いすに移乗しますと、腰が浅くなります。このまま放置してしまいますと脊椎の変形の原因になったり、仙骨部の褥瘡のリスクが高くなったり、食事などの動作がしにくくなったりと、いいことはありません。車いすに着座したら必ずきちんと座り直すことが必要です。自分で腰を深くできる人には声をかけて座り直しをしてもらいます。自分で深く座り直すことができない人の場

第2章　移乗動作を助ける ── 安全に楽に移乗するために

図9：あらかじめ車いすにシートを敷いておく

図10：膝と膝の間にクッションをはさみ、奥におす

合には介助者が座り直しを行います。この場合にはあらかじめスライディングシートを二つ折りにして車いす座面に敷いておき（図9）、移乗介助後に枕やクッションを利用者と介助者の膝の間に挟み、利用者を前傾させて介助者が膝で膝を押すと（図10）、簡単に深く座り直すことができます。深く座れたら、下側のシートを静かに前に引けば容易にシートを引き抜くことができます。

B）立ち上がれないが、立位をとれば膝折れしない場合

　自分で立ち上がることはできなくとも、介助者が立ち上がらせれば膝折れしない、すなわち立位を自分で維持できる場合にもターンテーブルを利用すれば容易に移乗介助ができます。

　まず介助者の腰の周りに介助ベルトを装着します。介助ベルトは縦の取手を利用します。車いすとベッドの間にターンテーブルを置き、利用者の足を乗せます。利用者に介助ベルトの縦取手を持ってもらいます。介助者は利用者に覆いかぶさらないように体幹を直立させたまま、利用者の体幹を両手で支持します（図11）。介助者はこのまま後方に下がり、利用者を前方に引き寄せます（図12）。すなわち利用者の重心を前方に引くことによって腰を上げさせます。この時膝折れしてしまう場合はこの方法は不適応です。利用者の重心が

125

第2章　移乗動作を助ける ― 安全に楽に移乗するために

図11：介助ベルトをつかんでもらう

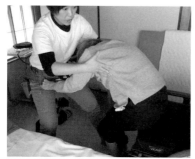

図12：後ろに下がることによって立たせる

図13：横に動いて回転させる

ターンテーブルの中心と一致していることを確認し、介助者は横に移動して利用者を回転させます (図13)。回転したら、介助者はゆっくり前方に移動することによって利用者の腰を下ろします。

【留意点】

　介助者は利用者を上に持ち上げてはいけません。あくまでも利用者の重心を前方に誘導することによって腰を上げた姿勢を取らせます。

　利用者の重心とターンテーブルの中心を一致させることは、利用者の体の動きを感じていればすぐにわかります。体が前後に動かない位置が一致している位置です。

【適応と不適応】

　立位をとらせたとき、膝折れしてしまう人は不適応です。福祉用具には必ず適応（使える条件）があります。誰でも使えるわけではありません。無理をして福祉用具を利用すると介助がむずかしくなったり、力が必要になったりするとともに、利用者、介助者双方に種々の危険を生じかねません。この方法の利用者の身体機能の適応は立位をとらせた時、膝折れしないことと、上肢で取手をつかむことができることです。

3．座位移乗

　立位をとらせた時、膝折れするようになったら、座位移乗にします。座位移乗は文字通り座った姿勢で移乗します。利用者の重心位置が安定しているので安心して移乗することができます。

　座位移乗は座った姿勢で、臀部を滑らせて横に移動します。滑らせますので、滑りやすくする用具を利用します。

3-1．座位移乗の環境条件

　座位移乗を行うためには環境を整える必要があります。

A）移乗元・移乗先いずれかが高さ調節できる

　滑って移乗しますので、低い位置から高い位置に移動することは難しくなります。移乗元・移乗先のいずれかの高さを調節して移乗元を高くするか、同じ高さに合わせることが必要になります。

B）移動経路に障害物がないこと

　車いすに移乗するときは車いすのアームサポートが着脱できるか、

跳ね上げられないと移動できません。同様にレッグサポートも着脱できないと邪魔になります。

c）利用者の足底が床についていること

足が浮いていると大腿部にかかる荷重が大きくなり、滑りにくくなります。床に足がつかないときは足台を置きます (図14)。

【ちょっと一工夫】

足台は牛乳パックで作ると便利で、安上がりです。必要な高さに牛乳パックを切ります。底面を対角線にナイフで切り込みを入れ、四角柱の一片を内側に折って三角柱になるようにします。これをテープなどで固定し、必要な大きさになるまで組み合わせて足台にします (図15)。

紙でできていますが、三角柱にすることによって強度が増し、体重をかけてもつぶれることはありません。また、軽いので移乗介助をしている途中で不要になったとき、簡単にどけることができます。投げても問題はありませんので、移乗介助に集中することができます。たくさんのパックが必要になりますので、それを集めるのが大変です。

図14：足台

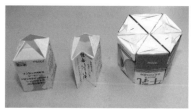

図15：牛乳パックで製作

3-2. 座位移乗の利用者の条件

利用者にも条件があります。

A）骨盤が後傾していないこと

骨盤が後傾していると滑りにくくなります。体幹を直立ないしは前傾できることが条件になります（図16）。

B）頭の支持ができること

体幹バランスが悪くても介助者能力が高ければ座位移乗が可能となることはありますが、頭の支持ができない人は不適応となります。

C）褥瘡（じょくそう）

褥瘡がどの位置にあるかがまず問題になります。滑走する部位は座骨になりますので、座骨に褥瘡がある場合は不適応だと考えたほうがよいでしょう。

褥瘡が仙骨部にある場合は滑走する場所ではありませんので、直接的な危険はないといえます。しかし、褥瘡を有しているということは褥瘡のリスク要因が高いということも考えられますので、慎重な検討が必要です。

図16：左のように後傾していると不適応。右のように前傾していることが必要[※3]

D) 股関節などに側方から力が加わっても問題がないこと

移動するときに介助者は骨盤を側方から押します。この動作を行ってはいけない身体機能の場合には不適応となります。

3-3. トランスファーボードを利用した座位移乗

A) トランスファーボードの種類

ベッドから車いすへの移乗介助で利用されるトランスファーボードは図17のような形態をしています。メーカーによって少し形が異なりますが、概ね長方形のプラスチックでできています。折れ目がついているのは後輪径が大きな車いすで利用する場合の車輪カバーになります。この折れ目が硬くて折れ曲がらないものはきわめて使いにくいといえます。また、三つ折りにでき、使用しないときにコンパクトになるものもあります。

このほかに、自動車への移乗に使用する長いものや、自分でお尻を横に動かせる人が隙間を埋めるために使用する小さなものなどがあります。

B) 移乗動作の原理

トランスファーボードを利用した移乗動作の原理を、ベッドから車いすへの自立した移乗動作で説明します。

図17：トランスファーボードの例

①ベッドと車いす座面の高低差を調節します。

　滑って移動するので高い位置から低い位置へ移動すると楽になります。一般的には数cm程度の高低差にしますが、体幹バランスが悪かったり、速度を遅くしたいときは差を小さくします。

②体幹を前方・側方に傾けます。

　ベッドの介助バーなどを利用して、前屈みになり、車いすと反対側に体幹を傾けます。この動作を行うと、車いす側の臀部が浮き上がり、隙間が空き、ボードが差し込みやすくなります（図18）。

③臀部にボードを敷き込みます。

　車いす側の浮き上がった隙間にボードを差し込みます。左右の位置関係は、進行方向の臀部がボードに乗る程度で、座骨はボードには乗せず、ちょうど縁に来るくらいの位置です。座骨がボードに乗りすぎると、車いす側の距離が不足し、きちんと車いすに着座しにくくなります。前後の位置関係は膝裏近くまで差し込みます（大腿部がしっかりボードに乗るように）。差し込みが浅いと、滑りが悪くなるとともに、臀部が前方に滑り落ちやすくなります。

④体幹を進行方向および前方に傾けます。

　体幹を傾けることによって、重心がボードに乗ります。具体的にはアームサポートをつかませます（図19）。これで体幹が前方・

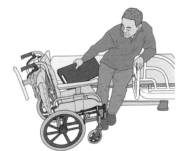

図18：体幹を前傾させ、側方に傾けてボードを差し込む[※1]

図19：重心を進行方向に[※1]

第2章 移乗動作を助ける ― 安全に楽に移乗するために

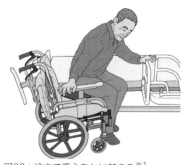

図20：途中で重心をかけ替える[1]

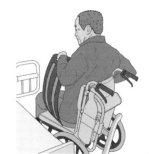

図21：ボードを立てて引き抜く[1]

進行方向に傾きます。

同時に足の位置を整えます。車いす側の足を若干前に、両足とも座面に近い位置に置きます。

⑤体幹を傾けたまま移動し、中央部分まで来たら体幹を反対に傾けます（重心を反対側に掛け替えます）(図20)。

移動するためには体重がボードに乗っていなければなりません。このために進行方向に体幹を傾け、体重をボードに乗せて移動し始めますが、車いす座面できちんと座るためには体重の掛け替え（反対側臀部に体重を移す）動作が必要になります。

⑥移動が終了したらきちんと座っていることを確認して、ボードを立てるようにして引き抜きます(図21)。

きちんと座っていない場合はボードを引き抜く前に修正します。利用者の前に立ち、膝と膝の間に枕やクッションを置いて、体幹を前傾させ、膝で膝を押して臀部の位置を修正すれば容易に修正できます。

ボードを使う原理は、体幹を前傾させ、重心を移動させ、重心を掛け替えることだといえます。

C）後方からの軽い部分介助による移乗（ベッドから車いす）

可能な限り利用者に動いてもらい、介助者は利用者ができない部分だけを、利用者の動きを助けるように介助します。

①ボードを敷き込んだら、介助者は後方に回り、片膝をベッドにつき、片足で車いすを固定する位置に立ちます（図22）。
②後方から骨盤を両手で持ち、体重を進行方向にかけるように体幹を傾けます（図23）。骨盤を支持しにくかったら、親指をズボンの内側に入れると安定します。
③体幹を前傾させるように誘導しながら、臀部を移動させます。
④車いす座面上で体幹を逆に傾け、体重を掛け替えます（図24）。このときも体幹が後傾しないように誘導します。前傾すれば自然に臀部が移動します。

ズボンの内側に親指を入れる場合は、上前腸骨棘（骨盤の左右上部で若干前よりの出っ張り部分）近辺に差し込み、この部分を上から押すことによって重心の移動を誘導します。この位置に差し込むと体幹が後傾気味の時に前傾を誘導しやすくなります。

最終姿勢がきちんとした姿勢になるように留意します。

図22：後方斜めに立つ[※1]

図23：骨盤を支持し、進行方向に傾ける[※1]

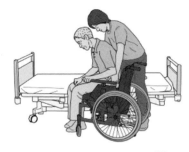

図24：車いす上で重心を掛け替える[※1]　　図25：膝をつき、肩で体重を支持する[※1]

D）前方から膝つき姿勢で全介助（ベッドから車いす）

　全介助の基本的な方法です。本人が怖がるときや、本人の身体機能が十分に把握できず、慎重に移乗介助したいときなどにも利用します。密着して行う方法であり、移動速度もゆっくり行うことができ、介助者も楽に移乗介助できる方法です。しかし、介助者の身体の使い方が一番難しく、何回か練習する必要があります。

①介助者は車いすの方向を向き（ベッドと並行の向き）ベッド側の膝を床に着きます。
②反対側の足は膝を立てて車いすの外側におきます。
③本人を前傾させ、車いすと反対側に傾け、介助者の肩で本人を支えます。
④車いす側臀部の下にボードを敷き込みます。
⑤介助者は首を入れ替えて、車いす側の肩で支えます（図25）。
⑥車いすと反対側の手を骨盤部にあて、背もたれ側に押しつけるようにゆっくり移動させます。
⑦車いす上で体重の掛け替えを行います（図26）。
　　しっかり身体を傾け直し、骨盤を背もたれに押しつけるようにすると姿勢が深くなります。

E）前方から全介助で移乗（介助者立位。ベッドから車いす）

　介助者にとって容易な方法ですが、気をつけないと介助者の姿勢が悪くなり、腰痛の原因になりかねません。腰痛は力を使うことよりも姿勢が悪いことが原因だという説もありますので、前かがみの姿勢にならないように十分に注意してください。

　全介助の方法ですが、それでも利用者ができることは自分で行い（例えばアームサポートを持つことによって重心を移動させるなど）、少しでも自分で動こうとすることを誘導し、介助者はその動きを助けるという気持ちが大切です。

①ボードを敷き込んだら介助者は本人の前方に立ちます。
　　このとき、介助者の足は車いすの外側と本人の足の外側に置きます。すなわち、本人が移動するスペースを邪魔しないようにします。
②利用者の体幹を前傾させ、介助者は上から覆い被さるようにして、脇腹ないしは骨盤を持ちます（図27）。介助者は前かがみにならないようにします。
③重心を進行方向に傾けさせて車いすへ移動します。
④重心の掛け替えをして（反対方向に傾け直して）きちんと座ります（図28）。

図26：車いす上で重心の掛け替えをする[※1]　図27：介助者は前かがみにならないように[※1]

135

第2章 移乗動作を助ける — 安全に楽に移乗するために

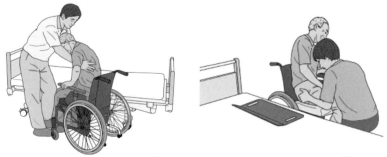

図28：車いす上で重心を掛け替える[※1]　　図29：ベッド側のお尻を前に出す[※1]

図30：ズボンを上に持ち上げてボードを差し込む[※1]

F）車いす上でボードを敷き込む

　車いすからベッドへ移乗する場合には車いす上でボードを差し込むことが必要です。車いす上では後輪径が大きくて邪魔になったり、車いすクッションが柔らかくて、お尻の肉を挟んでしまったりします。ベッド上とは異なるボードの差し込み方をします。

①ベッド側の腰を前に引き出します（図29）。

　　車いす後輪が小さい場合にはこの行為は不用になりますが、大きい場合には後輪がボードを差し込むとき邪魔になりますから、腰・お尻を前に出します。

②ボードを差し込む近辺あるいは膝裏周辺のズボンを上に持ち上げ、隙間にボードを差し込みます（図30）。

ズボンの布をつかんで上に引き上げるようにすると、隙間ができ、ボードを容易に差し込むことができます。

G）車いすからベッドへ移乗する

基本的にベッドから車いすへ移乗した技術の反対側への動きで、車いすからベッドへ戻ることができます。車いす側が高くなるようにベッドの高さを調節することが必要です。

以下には車いすからベッドへ戻るときだけに利用できる方法を記述します。この方法は全介助で移乗するときには安定してでき、また、介助者と利用者の体格差があっても可能な方法です。

① ボードを敷き込んだら、介助者はベッド上で片足をあぐら状に組みます。

　利用者から若干（15～20cmくらい）離れた位置に組みます。

② 利用者の上肢を介助者の大腿部に置きます。

　これによって体幹の前傾が誘導されます。

③ 介助者は利用者のお尻を両手で抱えるようにして引き寄せます。

　引き寄せる動作は体幹を後ろに倒す要領です。上腕二頭筋で（肘を曲げる動作で）引き寄せると、介助者の身体の方が動いてしまうことがあります。

　組んだ足にぶつかるまで引き寄せます。

④ 介助者は少し後ろに下がって、隙間を作り、同様に引き寄せます。

⑤ これを繰り返します。

3-4．スライディングシートによる座位移乗

スライディングシートを利用した座位移乗は、ベッドからポータブルトイレへ移乗する際に利用するために考えられました。しかし、あまりにも容易に移乗介助できるので、ベッドと車いす間の座位移

乗で頻繁に利用されるようになりました。

以下にポータブルトイレへ移乗する場合で説明します。

ベッドからポータブルトイレへ行く場合、もし立位をとれないとすると、パンツ・おむつなど下衣の着脱が大変になります。一般的には臥位で脱いでから起きあがれば、下衣の脱衣は容易になります。この場合にはすでに下半身が裸であるため、前述したボードは使用できません。このような場合にはスライディングシートを利用すると容易に座位移乗が可能となります。スライディングシートは皮膚表面が滑るのではなく、シートの内側が滑りますので、裸のお尻でも移動することができます。

①ポータブルトイレ座面とベッド座面の高さを調節します。

　シートの場合には低い位置から高い位置には移動できません。ベッドが柔らかくて沈み込む分も考えて高さを同一にします。

②シートを半分に折り畳んで、ループの方向が進行方向になるように臀部の下に敷き込みます（図31）。

　一般的なスライディングシートは大きいので、半分に折り畳みます。このことによってより滑りやすくなります。

③前述したボードの介助方法のいずれかを利用して移動します（図32）。

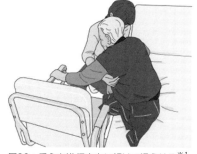

図31：シートを折り畳み進む方向を考えて敷き込む[※1]　　図32：重心を進行方向に傾けて滑らせる[※1]

シートによる座位移乗は滑りやすいので、多くの場合前方からの全介助でおこないます。シートが十分に臀部の下に敷き込めない場合には、体幹をしっかり進行方向に傾けます。移動するときに重心がシート上に来ることが大切です。
④ポータブルトイレ上でシートをはずします。
　臀部が滑らないように片手で押さえ、シートの一番下を少しずつ引っ張って抜きます。ポータブルトイレからベッドへも同様の方法で移乗できます。

　この方法はベッドと車いすとの移乗にも応用できます。ボードと異なる点は本人が動こうとすると滑りすぎて危険な場合があるので、原則として全介助の場合に利用します。ボードよりも容易に移乗介助できることと、持ち運ぶことが簡単なことから、最近では全介助の場合にはシートを利用することが多くなっています。
　車いすとベッドとの隙間はあまり作業に影響を与えることはありませんが、気になるようならタオルなどで埋めます。

3-5．座位移乗のまとめ

　座位移乗をしてみると、今まで移乗介助に何故あんなに苦労していたのだろうと馬鹿らしくなることがあります。それほど座位移乗は容易です。ただ、車いすやポータブルトイレに条件がつくだけです。車いすで考えてみると、車いすは一人一人に適合を図ることが当然であると考えれば、そのような車いすは必ずといってよいほどアームサポートが着脱可能であるため、座位移乗を行う上では問題はありません。施設などでこのような車いすがない場合は、座位移乗を行うために今までの溶接型の車いすを交換し、ついでに適合・調節が可能な車いすを導入すればケアの質は格段に向上します。在

宅で介護保険が利用できれば車いすの借り換えはまったく問題がありません。ついでに適合・調節ができる車いすに変更しても若干費用が高くなる程度です。

　ポイントをきちんと教え、条件にあった方法を選択すればこれほど容易な介助法はありません。個々の利用者や介助者の条件に応じてどの方法を採用するかを決定することには知識を必要としますが、個々の技術を習得することはきわめて容易です。

　なお、この方法だけでなく、各種の福祉用具を利用した介助動作を習得する場合には原理を理解することが大切です。介助動作は形を覚えるだけでは役に立たなかったり、間違えた方法を獲得することにつながりかねません。形を覚えただけでは、失敗したり、上手にできなかったときに、どうしたらよいかわからなくなります。原理を理解していれば失敗した原因を考えることができ、介助動作を修正することができます。このようなことが介助動作の進歩・改善につながっていきます。

第3章 リフトを利用して快適な移乗介助

1．移乗介助にリフトは必須

　持ち上げなければ移乗介助ができなくなったら、リフトを利用します。介助者にとっては腰痛などから身体を守るために、また、楽に安心して移乗介助を行うために必須の用具です。介助を受ける側にとっても、快適で安全な移乗を実現するために、なくてはならない用具です。しかしながら、多くの利用者にとって、家族にとって、ケアマネージャーにとって、ヘルパーなど介護職にとって、リフトは簡単には受け入れられない福祉用具のようです。事業者もリフトは苦手です。次のような話はどこででも聞かされます。曰く、

①人を機械で持ち上げるなんて冷たいケアだ（家族、介護職）

②大げさで、我が家にはふさわしくない、機械が入らない（家族）

③そこまでやらなくても「私」がやれる。先が長いわけではないし（家族）

④リフトなんか使ったら、廃用症候群でもっと身体が動かなくなってしまう（家族）

⑤時間がかかりすぎる。「私」がやった方が手っ取り早い（介護職、家族）

⑥「私」は技術を持っているから、リフトなんて不用だ（介護職）

　リフトを導入しないための理由はいくらでもあるようです。しかしながら、このような言い分は多くの間違いを含んでいます。

①リフトは冷たいケア
　持ち上げる部分のみ機械の動力を利用しますが、それ以外は人が優しく介助しています。「冷たいケア」の代表は脇の下を持ち上げて強引に立たせたり、人が人を持ち上げたりするケアの方です。

②リフトは大げさ
　どのような環境でも、利用できるリフトは見つかるといっても過言ではないでしょう。大げさに見えるだけで、リフトは心優しい道具です。電動ベッドにしろ、車いすにしろ、福祉用具はケアになくてはならないものであり、リフトもその一つです。

③私がやれる
　腰痛は一瞬にして襲いかかり、一生つきまとわれます。腰痛にならないように、最初から十分な配慮をする必要があります。

④リフトは廃用症候群
　リフトは立位がとれない人が使うもので、このような方々にとっては、強引に立たされても身体機能の回復は期待できないでしょう。

⑤リフトは時間がかかる
　介助に素早い動作は禁物です。ゆっくり行うのが介助の基本中の基本。ケアでは時間的な意味での効率を求めるより優先されるべきことがたくさんあります。時間がかかるならそれを逆手にとって、コミュニケーションを取りながらゆっくり介助するというのはいかがでしょう。施設でリフトを導入したときの介護職のせりふで「コミュニケーションが取れるようになった」は、よく聞く話です。もちろん慣れれば時間はかなり短縮されます。

⑥私には技術がある
　介助者の持つ高い技術にリフトを加えればさらに質の高いケア

が実現できるでしょう。ケアはどこまでも質の高さを求め続け、到達点はありません。また、家族をはじめ、介護職の中にも技術が高くない人がたくさんいらっしゃいます。技術を獲得しようとしているうちに腰痛になってしまったら、長く働くことがむずかしくなってしまいます。

以上は介助する側の話ですが、介助を受ける側も以下のようなことをいわれます。
①リフトで持ち上げられるなんて怖くていやだ。
②私の介助はそんなに大変なの？
③機械ではなく、人による介助を受けたい。

これもまた多くの誤解が含まれています。

①リフトは怖い
　人に持ち上げられる方が不安定で、危険です。2人で持ち上げるとしたら腕4本という狭い接触面積で人を持ち上げなければならなくなります。接触面積が狭ければ圧力が大きくなり、不快感が強くなりますし、不安定になります。リフトなら体全体を包んで持ち上げますので安定して、また、危険が少なく持ち上げることができます。

②私の介助はそんなに大変なの？
　どんなに軽い人でも、人が人を持ち上げること自体が介助者の体を痛めかねない動作です。介護職も労働者であり、自分の体を守る権利があります。特別な人だけがリフトの対象になるのではなく、ケアの現場では人が人を持ち上げること自体が禁止事項であり、リフトを使わなければならないことをご理解ください。

③人による介助を受けたい

　人の力だけによる移乗介助が利用者の皆さんにどれだけの負担を強いているか、一度リフトを利用して比較してみてください。人に脇の下を抱え上げられるよりはるかに快適に移乗介助を受けることができます。機械が介助しているのではなく、人が機械を利用して介助しています。あくまでも人が介助していることをご理解ください。

CASE STUDY　リフト賛歌

　ある特別養護老人ホームにLさん（女性、85歳）が入居してきました。Lさんは筋神経系疾患による四肢まひですが、なかなか頭脳明晰な人で、政治や文化に関して一家言を持ち、お会いするたびにいろいろご自分の考えをお話になる人です。

　この施設では移乗介助はリフトを利用しています。なぜリフトを使うかを説明し、彼女が利用するスリングを選択し、使い方を決めました。基本はベッドと車いすとの移乗介助に利用します（図1）。

　彼女は初めてリフトで吊り上げられた時、「怖い」という表現を

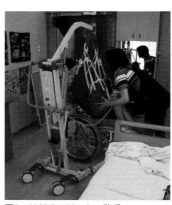

図1：はじめてリフトで移乗

されました。丁寧に説明し、介護職はきちんとした技術で対応しましたが、恐怖感を持たれたようです。しかし、リフトを使わなければならないことはご理解いただけたようで、リフトによる移乗介助は受け入れてくれましたし、それ以上の恐怖感は持っておられる雰囲気はありませんでした。

ところが、移乗介助を受けるたびに「ゆりかごの歌」を歌うということを介護職から聞きました。なぜ歌を歌うのか聞いたところ、「恐怖感を忘れるためだ」ということでした。

入居されて１か月ほどたった時、Ｌさんは入院しなければならなくなりました。そして数週間後に退院されてきたときに、次のようなことを話されました。

「あの病院はひどいのよ。車いすに移乗するとき、看護師が２人がかりで私を持ち上げるのよ。怖くて、怖くて、やめて！と言いたかったわよ。リフトは快適でいいわね」

と言いつつ例の「ゆりかごの歌」を歌われています。

「リフトが怖いのですか？」と訊くと、

「何言ってるの。これはリフト賛歌よ」

CASE STUDY　知らないからリフトを嫌う？

Ｍさんの家族からトイレに関する相談を受けました。Ｍさん（101歳）が大腿骨頸部骨折をし、保存治療して退院してきたそうです。ケアをするのは同居する80歳の次女と65歳の六女です。３人で生活なさっているそうです。

問題はトイレです。Ｍさんは尿意があるので、トイレで排泄したいが、何とかならないか、という相談でした。お伺いして住宅を確認させていただきましたが、トイレの位置や形状が問題になり、既存のトイレは使えないことと、新設するには経費がかかりすぎる環

境でした。

　そこで、リフトを利用してポータブルトイレで排泄することを提案しました。ところがMさん、家族共に気色ばんで反対します。

　「ポータブルトイレはやむを得ないかもしれないが、リフトで吊るとは何事か」と言うのです。リフトのことをいくら説明しても納得していただけません。

　「あなたに相談したのはあなたがプロだという話を聞いたからよ。プロならプロらしくきちんとした提案をしなさい」とまでいわれました。数回話し合いをしたのですが、どうしても納得していただけません。

　最後に「私には他の案はありません。プロだからリフトを提案しているのですが、受け入れられないならやむを得ません。ただ、最後に一度だけリフトを持ち込みますから、シミュレーションをさせていただけませんか」とお願いし、同意を得て、床走行のリフトとポータブルトイレを持ち込んで、Mさんをリフトで持ち上げ、ポータブルトイレへ移乗するシミュレーションを行いました。ベッド上で下衣を脱がせ、下半身は裸の状態で吊り上げることや、その他の手順も概略をお話ししました。

　シミュレーションが終わって感想をお伺いしようとする前に、Mさんが「リフトにしよう」とはっきりいわれます。理由を伺うと、「人に持ち上げられるよりはるかに快適だったし、安心だった」といわれました。

　このようにいわれると家族も反対のしようがなく、リフトを導入することになったのですが、高齢の娘さんが介助なさいますので、一番使いやすいリフトとして、櫓を組む、面移動のレール型リフトを設置しました。経費は一番高いのですが、家族は楽な方がいいと納得してくれました。スリングは脚分離を利用しますが、骨折部分

がありますので、慎重な使い方を教えました。家族はスリングの使い方もすぐ覚え、何も言いませんでしたが、リフトは問題なく受け入れてくれました。

リフトは、普通の人はその能力をほとんど知りません。カタログを見、説明を聞いても、どうしてもクレーンのイメージを抱かれるようです。しかし、一度体験してみればその能力を納得してくれることが多く見受けられます。導入すれば使われないなどということがほとんどない福祉用具だといえます。

とにかく、きちんと説明することが大切です。そのためには、リフトの有効性を理解し、人手だけによるこれまでの介助技術の問題を正確に指摘しなければなりません。人が人を持ち上げることはしてはならない介助動作の代表であり、同様に強引に立たせる移乗介助もなくさなければならない介助動作です。

2．リフトの利用場面と効果

持ち上げなければ移乗介助ができなくなった人の場合、リフトは多くの移乗介助場面で利用されます。

①代表的なのは「ベッド－車いす」間の移乗でしょう。ベッドから離れて生活するためにはなくてはならない用具です。
②床から車いすへの移乗もよく利用される場面です。床にいる人を車いすなどへ抱え上げて移乗介助すれば、介助者の体の負担は大きくなりますし、介助を受ける側も辛い思いをすることになります。高齢者でも、脳性まひなどの障害の場合でも、床を生活の場面にすることがあります。このとき、移動手段としての車いすとの移乗によく利用されます。高齢者ではベッドよりは布団の方が適し

ている場合や床で倒れた場合などにその効果が発揮されます。
③入浴場面はリフトの効果がもっとも発揮される場面といえるでしょう。段差が多く、裸で滑りやすい状態での移乗介助は利用者・介助者双方にとって危険が大きい場面です。既存の浴室でもリフトを設置できることが多く、設置できればほとんどの身体機能で利用できます。入浴場面で利用する詳細は「第6章　お風呂に入る」で記述します。
④住環境が整っていれば排泄場面でも利用できることがあります。条件がよければ「車いす－便器」で利用できることがあり、「ベッド－ポータブルトイレ」はほぼ問題なく利用できます。
⑤玄関で段差を乗り越えるためと、「屋内用車いす－屋外用車いす」の移乗などでも利用できます。玄関や、道路の段差において、段差解消機が設置できないような環境でも、リフトなら可能な場合があります。
⑥リフトを利用すると、車いすへ正確に着座することができます。車いす上での姿勢はとても大切で、食事など何か作業をするためにはきちんと座っていなければ、上手にできなくなります。また、脊椎の変形や褥瘡など2次障害を防ぐためにも正確な姿勢が求められます。立位移乗など他の移乗方法では腰が浅くなったりしがちですが、リフトでは正確な姿勢で座らせることができます。
⑦最近ではリフトで吊り上げると筋緊張を緩和させられる場合があることがわかってきました。以前から脳性マヒで筋緊張が強い人をリフトで持ち上げると、筋緊張が緩和されることがあることはわかっていましたが、高齢者でも同様に筋緊張が強い場合に緩和できることが観察されるようになってきました（図2-1、2-2）。

図2-1：緊張が強く膝関節が屈曲している　　図2-2：リフトを使うと緩和され、膝が伸びる

CASE STUDY 食わず嫌い

　Nさん（女性、80歳、脳血管障害）は筋緊張が強く、何か刺激が入ると緊張します。その一番強い緊張が移乗介助の時に現れます。介護職が寝ている状態から起こして端座位にしようとすると股関節が伸展しはじめます。さらに脇の下に手を入れて立たせると強い緊張を示し、車いすに着座させようとしても腰がなかなか曲がりません(図3)。それを強引に押しつけるようにして座らせていました。

　このNさんをリフトで移乗介助できるか確認することになり、スリングを装着して吊り上げてみました。びっくりすることに筋緊張が緩和し (図4)、あれほど伸展していた股関節は屈曲し、車いすにも容易に着座できます。

　このような現象は以前から緊張の強い脳性まひでは時々見られたことです。原因は私にはわかりませんが、なぜかリフトで吊り上げると筋緊張が緩和する人がいます。

　このように、リフトはいろいろな場面で利用できますが、その効果が知られていないばかりに、利用されていないことが多いといえます。いわば、「食わず嫌い」であり、積極的に利用を勧めなければ利用してもらえませんが、設置してその効果を実感いただければ、その後感謝されること請け合いといえます。

第3章　リフトを利用して快適な移乗介助

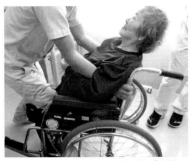
図3：人手だけで介助すると股関節が伸展する

図4：リフトで吊り上げれば、緊張は緩和される

3．スリング（吊具）

3-1．スリングの種類

　リフト支援においてもっとも大切なことはスリング（吊具ともいわれる。ここではスリングと表記）の選択と使い方を決めることです。

　スリングの適合に関するいくつかの原則を記述します。

①スリングの適合は利用者の身体機能、移乗場面、介助者の能力などが主たる要因となります。いくつもの種類があり、個々の条件によって最適なスリングを選択します。誰もが同じスリングを使用するということはありません。詳細は後述いたします。

②スリングは1人で複数種類使う場合もあります。使用条件によって、最適なスリングを利用します。例えば、ベッドと車いす間で利用する、床から吊り上げる、入浴で利用するなどそれぞれ別な種類のスリングを使用することがあります。

③スリングは消耗品です。メーカーはそれぞれの商品に対して概ね3～5年としています。洗濯時の対応をきちんと行えば相当長期にわたって使用することができます。

④リフトのメーカーとスリングのメーカーを一致させる必要はありません。リフトのメーカーは自社商品限定というような表現をする場合がありますが、多くの場合は一人一人に合うスリングをまず選択し、それからリフトを選択する手順がよいといえます。どうしてもリフトとスリングのメーカーを一致させるなら、まずスリングを選択し、それにリフトを合わせます。ただし、汎用性のない特殊なリフトでは同じメーカーのスリングでないと使えなかったり、使いにくい場合があります。

A）脚分離型スリング

展開図と吊り上げたときの最適な形を図5-1、5-2に示します。
このスリングの特徴は次のようになります。

①最大の特徴は座位で着脱できることです。

車いす上ではずし、装着することができます。逆の表現をしますと、車いす上でははずさなければならないスリングです。装着の手順が若干やっかいですから、介助者の能力によっては使いにくい場合もあります。

図5-1：脚分離ローバック展開図[※3]　　図5-2：吊り上げたときの姿勢[※3]

図6：股関節が過屈曲した不適切
な状態※3

②比較的幅広い身体機能に対応可能です。

　適応する身体機能は、股関節の伸展筋力があれば適応し、伸展筋力がない場合は股関節が硬い場合です。伸展筋力がなく、股関節が軟らかい（例えば筋神経系疾患や脳血管障害の一部など）と、臀部が落下し、股関節が過屈曲した姿勢になりがちです（図6）。

　また、車いす上で装着するために、体幹を前傾させて背中にスリングを装着しなければなりませんので、座位で体幹を前傾できない人は不適応になります。

③ほとんどの移乗場面で利用することができます。

　ベッド－車いす、床から、車いす－便座、入浴、玄関段差などリフトを利用するほとんどの場面で利用可能です。

④比較的快適に吊り上げることができます。

　身体との接触面積が比較的広いので、かなり快適に吊り上げることができます。身体の大きさに応じて多くのサイズが準備されています。

⑤頭まで覆うか否かによって、ローバックとハイバック（ハーフサイズとフルサイズと呼ばれることもある）があります。

　一般的にローバックは頭の支持ができる場合に利用し、ハイ

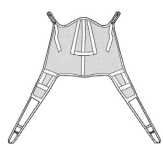

図7-1：脚分離ハイバック展開図[※3]　　図7-2：床から吊り上げる[※3]

バックは支持ができない場合に利用しますが、ハイバックの4点吊りは頭の支持の可否にかかわらず、臥位から吊り上げるときに使用すると便利です（**図7-1、7-2**）。

　ローバックは必ず座位になってから吊り上げます。畳に布団の場合など臥位から吊り上げたいときはローバックは利用しにくいでしょう。

⑥頸部の角度を微妙に調節したい場合にはハイバックでは適切に調節できない場合もあります、このような場合にはオプションのヘッドサポートを併用すれば細かな調節が可能になります（**図8**）。

⑦このような特徴から標準的なスリングとしてよく使用されますが、介助者にとってはもっとも装着手順が面倒なスリングであるともいえます。

　きちんと装着しないと不快感や危険を与えることがあります。このため正確な装着手順を獲得する必要があります。しかし、利用者の身体機能よっては正確な装着でない場合でも大きな問題を生じないこともあります。利用者の状態と介助者の能力を確認しながら、装着の手順をどの程度詳細に教えるかを判断します。あまり面倒になると、リフトの使用自体を拒否することがありますので注意が必要です。

図8：ヘッドサポート

B）シート型スリング

1枚のシーツで身体をくるむようなスリングです。このスリングの特徴は次のようになります。

①吊られたときにもっとも快適なスリングであり、対応可能な身体機能の範囲ももっとも広いといえます。すなわち、障害程度が軽くても重くても利用することが可能です。

②座位では着脱できません。したがって、車いす上でははずすことも装着することもできず、敷き込んだままにします。このため、スリングのしわなどによる褥瘡の危険をなくすため、国産のこのタイプのスリングは素材が柔らかなメッシュであったり、厚手の合成ムートンなどが使用されます。一方、輸入品は比較的硬めの素材が使用されています。

③車いす上での着脱ができない（着脱しないとも考えられる）ため、またベッド上臥位で装着するため、手順が容易であり、初心者や負担のかかる介助動作ができない介助者でも利用しやすいといえます。

155

図9-1：シート型展開図[※3]

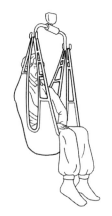

図9-2：シート型で吊り上げた姿勢[※3]

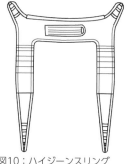

図10：ハイジーンスリング展開図[※3]

④ ローバック (図9-1、9-1) とハイバックがありますが、一部のハイバックはいつも同じ姿勢で吊り上げることが難しかったり（位置がずれると姿勢に大きな影響を与える）、頭の支持が不足することがあります。このような場合にはローバックとヘッドサポートを組み合わせて利用することもよくあります。

C）ハイジーンスリング

トイレ用ともいわれていたスリングです。「ハイジーン」とは衛生という意味です。脚分離型スリングの臀部を大きく解放させた形をしています (図10)。特徴は次のようになります。

第3章　リフトを利用して快適な移乗介助

図11：下衣の脱

図12：不適応となる吊り上げ姿勢※3

①吊り上げたとき、臀部が解放され、下衣の着脱ができます（図11）。ただし、脱衣は比較的容易ですが、着衣は少し難しいといえます。
②上記特徴から使用場面はトイレか脱衣室です。
③接触面積が狭くなり、体重を支持する面積が狭くなりますから、股関節の伸展筋力がないと、臀部が落下した姿勢（股関節が過屈曲した姿勢）になりやすく、脇の下と膝裏で体重をささえる姿勢になります（図12）。この姿勢は苦痛を与え、場合によっては落下につながりかねません。このため、はじめてリフトを利用するような場合は使用しない方がよく、リフトに慣れてきてから、試しながら利用することを考えます。

　股関節の伸展筋力を補完するために、特殊な形状にしたり、胸にスリングの外側から締めるベルトをつけたりします。
④このスリングで吊り上げて、陰部を洗浄することもできます。
⑤車いす上での装着手順は脚分離型スリングと類似していますが、比較するとこちらの方が容易です。

157

D）シャワーキャリー型スリング

　スリングの種類に含めることが適切なのかは迷うところですが、ここではスリングの1種類として記述しておきます。

①シャワーキャリーの座面と台車を分離することができ（図13）、座面ごと吊り上げて浴槽内に入れることができます。

②座面や背張りが調節できるものもあり、これらの機能の結果、体幹バランスが悪い場合でも安定して座ることができます。

③座角や背角度を調節できるタイプもあります。

④在宅の浴室で利用するときには、一般的にベッドで脱衣してからこのキャリーに移乗しますが、このときには寝室にもリフトが必要です。

　ベッドにリフトを設置し、前述したシート型スリングでこのキャリーに移乗し、そのまま入浴して、最後にこのシート型スリングでベッドに戻るという使い方が一般的です。この場合にはシートが濡れているのでベッド上にはバスタオルや防水シーツなどを敷いておきます。

　ベッドで脱衣後脚分離スリングでこのキャリーに移乗し、脚分

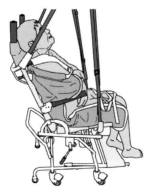

図13：シャワーキャリーの座面を分離して吊り上げる※3

図14：ベルト型※3

離スリングをはずして洗体、入浴を行い、最後にキャリー上で脚分離スリングを装着してベッドに戻るという手順もあります。

E）その他のスリング

ベルト型のスリング（図14）は落下の危険があることと、利用者に不快感を与えやすいこと、身体機能が高くないと利用できないことなどから、ほとんど使用することはありません。

リフトの機種によっては専用のスリングを必要とする場合もあります。このようなリフトの場合にはスリングの種類がたくさんそろっていないと適切な選択が行えないということも生じます。

3-2．スリングの使い方

スリングは①移乗場面によって、②身体機能によって、③介助者の能力によって、また場合によっては、④リフトの種類によって、たくさんの種類の中から最適なものを選択する必要があります。また、1人の利用者に対して複数のスリングを使い分けることもしばしばあります。そのそれぞれの場面において使い方をきちんと教えなければ、適切に利用することは難しいといえます。

A）脚分離スリングの使い方
[ベッドから車いすへの移乗]

いろいろなスリング装着手順があります。ここではその中の一つを紹介します。

ローバックを基準にして記述します。
①ベッドを高くし、作業しやすい高さに調節します。
②利用者が寝ている位置を修整し、背上げをしても苦しくない位置にします（第1章ベッドを使う参照）。

③利用者を介助者向けの側臥位にし、背中にスリングをかけます。スリングのお尻の位置と利用者のお尻とを合わせ、スリングの中央が利用者の背骨に一致するようにします（図15）。

上下の位置がずれるとお尻が落下しやすくなり、背中の左右の位置がずれると車いすへ着座したときの姿勢が崩れます。

④仰臥位に戻して、スリングを引き出し、スリングの脚部を通し、交差させます。

⑤利用者が圧迫を感じて苦しくならない程度にベッドの背を上げます。

⑥リフトを近づけ、ハンガーのフックにスリングのストラップをかけます。

⑦ベッドの高さを下げます。

⑧リフトを上昇させ、ストラップに張力がかかった状態で、必ず一旦停止します。

⑨ハンガーのフックにストラップがきちんとかかっていることを確認し、利用者の肩周辺の圧迫を除去します。

⑩スリングが股に食い込まないように注意し、利用者の背中を起こすようにしながら、リフトを上げます（図16）。

⑪お尻が浮き上がるまで上昇させ、利用者の足首を持ってベッドの外に出します。

図15：お尻の位置と中心を合わせる[※3]

⑫車いすに着座させますが、着座手順は後述します。
　ハイバックの場合はベッドの背上げをせずに、スリングが股に食い込まないように注意しながらそのまま吊り上げます（図17）。

[車いすからベッドへの移乗]
①車いすに座っている利用者の背中にスリングを広げてかけます。
②体幹を前傾させ、スリングの中央に指をかけて、背骨に沿って座面まで差し込みます（図18）。
③身体を元に戻して、前に回って、脚部のスリングをお尻を覆うようにして（図19）、大腿部の下を通します。

図16：スリングを前で交差させ、体幹を起こして吊り上げる

図17：脚分離ハイバックはベッドの背を上げずに、そのまま吊り上げられる※3

図18：体幹を前傾させてスリングを差し込む※3

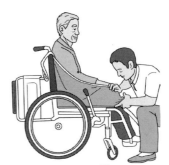

図19：お尻を覆うように※3

図20：前で交差させる[※3]

④脚部スリングを身体の前で交差して（図20）、ハンガーのフックにかけます。車いすのブレーキを解除します。
⑤リフトをストラップに張力がかかるまで上昇させます。
⑥張力がかかったら一旦停止し、ストラップがハンガーのフックにきちんとかかっていることを確認し、利用者の肩・上肢の圧迫を除去します。
⑦お尻がベッドを通過できる高さまで上昇させ、お尻からベッドに移動して正確な位置に降ろします。

B）シート型スリングの使い方

　ベッド上での装着に関して記述します。
①ベッドを高くし、作業しやすい高さに調節します。
②利用者が寝ている位置を修整し、背上げをしても苦しくない位置にします。
③利用者を側臥位にし、背中にスリングをかけますが、スリングの下のストラップの位置と利用者の膝裏の位置を合わせ、スリングの中央が利用者の背骨に一致するようにします。

④仰臥位に戻し、スリングを引っ張り出して、スリング中央に寝ていることと膝裏の位置を確認します。
⑤利用者が圧迫を感じて苦しくならない程度にベッドの背を上げます。
⑥リフトを近づけ、ハンガーのフックにスリングのストラップをかけます。
⑦ベッドの高さを下げます。
⑧リフトを上昇させ、ストラップに張力がかかった状態で、必ず一旦停止します。
⑨ハンガーのフックにストラップがきちんとかかっていることを確認し、利用者の肩周辺の圧迫を除去します。
また、膝裏を持ち上げるようにして大腿部を浮かせ、大腿部の除圧を行います。
⑩ 利用者の背中を起こすようにしながら、お尻が浮き上がるまで上昇させ、利用者の足首を持ってベッドの外に出します。
⑪ 車いすに着座させ、スリングをフックからはずして、見た目がよくなるように整えます。

C）ハイジーンスリングの使い方

　基本的には脚分離スリングを車いす上で装着するときと同様ですが、背中に差し込むときは座面までではなく、骨盤の少し上くらいまでであること、吊り上げるときは必ず腕を外に出すこと、脚部のストラップは可能な限り股の付け根に近い位置まで差し込むことなどが留意点です。

4．リフトの種類

リフトの種類はレール走行型、マスト型（ベッド固定型、入浴用など）、床走行型などに分類でき、この他にスタンディング・リフトなどがあります。

4-1．レール走行型

頭上にレールを設置し、レールに沿って巻き上げ機が移動するタイプです。

レールは櫓を組む据え置き型（図21、22）と天井裏の梁やスラブに固定するタイプ（図23）があります。

ともに線レールと面レールがあります。線レールとは直線あるいは曲線で構成されるレールに沿って移動するものであり、面レールとは線レールが両端のレールで平行に移動でき、結果的にレールで覆われた面積内ならどこでも移乗できるタイプです。

介護保険で利用できるのは据え置き型です。レールを固定するタイプは設置工事が必要になり、介護保険の対象外になります。

レールを天井に固定するためには、木造家屋なら梁の位置が問題

図21：据え置き型線レール[※3]

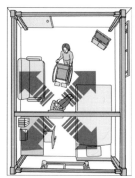

図22：据え置き型面レール[※3]

になり、適切な位置にない場合は増設します。鉄筋コンクリートの家屋の場合にはスラブにアンカーを打ち込んで固定します。

本体を持ち運んで、レールがある場所ならどこでも利用できるポータブルタイプがあり、この中には猿の枝渡りのように、レールが連続していなくとも吊り上げたまま移動できるタイプもあります（図24）。

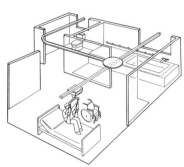

図23：天井固定型線レール※3　　図24：掛け替え型リフト※3

CASE STUDY　架け替えタイプで入浴

○くん（7歳、男性、神経筋疾患で人工呼吸器装着）の住んでいる家は借家で、住宅改修をすることができません。○くんがだんだん大きくなってきて、入浴介助が大変になってきたのでリフトを導入することになりました。

○くんの寝室から浴室までは、部屋を出て廊下を少し進み、脱衣室から浴室になります。いろいろな案が考えられますが、住宅改修ができませんので、据え置き型のリフトになります。

このように寝室と浴室が離れている場合には寝室と浴室両方にリフトを準備し、その間はストレッチャーやキャリーなどの車輪で移動する方法と、通過する場所すべてにレールを準備して、間仕切り

図25：シート型スリングで吊り上げる

図26：浴槽につかる

図27：掛け替えで戻ってくる

を掛け替えで移動する方法があり、どちらが適切かはケースバイケースです。

　お母さんはよく考えた上で、リフトで吊り上げたまま寝室から浴室まで掛け替えで行く方法を選択しました（図24）。住宅改修をできませんから、リフトで移動するために間仕切りはすべて掛け替えで移動します。寝室、廊下、脱衣室、浴室すべてに櫓を組んでレールを設置します。今回は寝室から浴室まで3回の掛け替えが必要になります。

　寝室で脱衣し、シート型ハイバックのスリングで吊り上げます（図25）。寝室には面レールのリフトが設置されています。廊下には線レールが準備されており、ここで1回目の掛け替えをします。脱衣

室にも線レールが設置されており、廊下から掛け替えでここに移動します。さらに浴室には面レールが設置されていてここに３回目の掛け替えで移動します。

　浴室ではシャワーキャリーで洗体し、浴槽で温まって (図26)、帰りは行きの逆の手順でベッドまで戻ります (図27)。すべての手順で人が持ち上げる部分はなくなりますが、呼吸を確保するためのアンビュバッグを操作する人が必要になり、結果的には３人の介助者で入浴させています。慣れれば２人でも大丈夫だと考えられます。

　リフトは環境を考え、使用条件を考えていろいろな種類の中から適切なタイプを選択します。もちろん費用がそれぞれに異なりますし、介護保険を利用できるか否かも異なります。

4-2．マスト型

　このタイプのリフトは我が国固有のリフトです。主としてベッドに固定する場合と浴室に固定する場合があり、屋外への段差を解消するためにも利用できます。

A）ベッド固定型

　後述する床走行型リフトが我が国の住宅環境では使用しにくい（畳の上では動かしにくい、狭い寝室では操作しにくく収納場所がないなど）ことから我が国で開発されました。

　昇降させる機構に、直動型の駆動機を利用した機種 (図28) とベルトを巻き上げるタイプ (図29) があります。前者は床走行リフトと同様にハンガーの昇降軌跡が円弧を描きますので、使い方に固有の留意が必要になります。後者は片持ち梁の構造ですから全体の剛性が低く、揺れる感じが強くなります。この二つの機種はそれぞれに利欠点を有しており、個々のケアプランをよく考えて機種選択する必要があります。

第3章　リフトを利用して快適な移乗介助

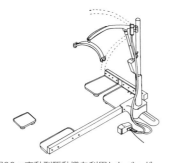
図28：直動型駆動機を利用したベッド
　　　固定型※3

図29：ベルト巻き上げ式のベッド固定型※3

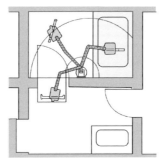
図30：脱衣室から吊り上げられる
　　　マスト型※3

B）浴室固定型

　我が国では沖縄地方を除いて、浴槽につかる入浴方法が一般的です。多くの人がお湯にゆっくりつかって、精神的にもリラックスすることを好みます。ところが浴室で浴槽につかるということは身体機能が低下した人にとってはとても危険が伴う行為であり、多くの場合、家での入浴を諦めてしまいがちです。それを可能にしたのがこのマスト型リフトの浴室設置です**(図30)**。ハンガーが脱衣室まで出てきますので、洗い場と脱衣室の間の段差を越えて移動することができます。住宅改修しなくとも設置できる場合が多くあります。

　入浴動作は排泄動作と同様に一連の流れとしてとらえ、全体の動きをきちんと解決しないとどこかに問題が生じてしまいますので、

詳細な検討が必要です。入浴でリフトを利用することに関しては後述します。

C）段差解消に利用する

段差解消はいわゆる段差解消機（Lifting Platform）を利用すべきですが、スペースの問題などから利用できない場合があります。

また、マスト型リフトを玄関の壁に直接固定して、玄関で屋内用車いすから屋外用車いすに移乗すると共に、玄関の段差を越える方法があります。我が国は屋内に入るときは靴を脱ぎますが、車いすの場合には車輪を拭かなければなりません。もともと屋内と屋外では車いすに要求される仕様が異なりますから、それぞれの使用目的に合わせた車いすを選択し、玄関で乗り換えれば一石二鳥になります。

4-3．床走行型

図31に示すように、キャスターのついたベースの上に、直動型の駆動機による昇降機がついています。特徴は次のようになります。

①ほとんどの**機種が直動型の駆動機**を利用していますので、ハンガーの昇降軌跡は円弧を描きます。

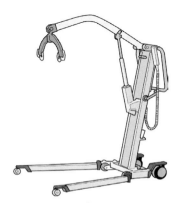

図31：床走行型[※3]

②キャスターで移動できますので、様々な場所で利用することができます。しかし、人を吊り上げたまま長い距離を移動するのはキャスターの径が小さいので危険です。

③ベースの中で昇降しますので、ベッドなどでは下にベースが入るスペースが必要です。最近のベッドは低床化されてきて、スペースが少なくなっていますので、キャスターの径を小さくするようになっていますが、径が小さくなると動かしにくくなります。ベッド下に入らない場合はベッドの脚の下にハイトスペーサーを差し込みます。手作りで簡単に作れます。ベッドの車輪の下に木材などを挟み、安定させればよいだけです。

④畳や絨毯の上では車輪の抵抗が大きくなり、動かしにくくなります。このためにはキャスター径が大きい方が動かしやすいといえます。

⑤ハンガーの昇降軌跡が円弧を描きますので、使い方に注意が必要です。また、キャスターのおかげで動かしにくい場合がありますので、決して使いやすいリフトであるとはいえません。

⑥しかし、1台のリフトで複数の場所で利用できますので、施設などでは便利です。施設の場合は介護職の力量も期待できますから、使いにくさを克服することができ、コスト−パフォーマンスのよさからよく利用されます。

⑦「ベッド−車いす」で利用されることが多く、浴室では利用できません。トイレでも操作にスペースが必要なのでほとんど使えません。ポータブルトイレでは利用できます。

⑧床から吊り上げるのは種々の工夫が必要であり、あまり適しているとはいえません。

4-4．スタンディング・リフト

　ここまで紹介してきたリフトはすべてスリングを利用して人を上から吊り上げるタイプです。ホイストともいわれるものです。ここで議論するリフトは腰を上げるリフト、スタンディング・リフトです。

　スタンディング・リフトには、体幹を後傾させるようにして、スリングで立たせるように腰を上げさせるタイプと、体幹を前傾させて胸部・腹部で体重支持をしながら腰を上げさせるタイプとがあります。

　使用目的としては、①ベットと車いすなどの移乗場面、②立位の訓練と、③種々の場面での下衣の着脱、があります。ここでは②の目的に関しては議論せず、下衣の着脱に利用することを主として議論します。

　また、私はこれまで主として電動でお尻を浮き上がらせるタイプを中心に議論してきましたが、最近手動タイプが利用できることに気がつきました。電動タイプと手動タイプに分けて記述します。

1 電動タイプ
A）体幹を後傾させるタイプ

　図32に示すようなタイプです。膝折れをしないように膝部分にパッドをあて、腋下にスリングをかけて腰を浮かせます。大きく腰を浮かせれば立位を取る姿勢になります。下衣の着脱の時は作業がしやすい程度までしか腰を浮かせません。

　体幹を後傾することができない場合には、スリングが腋下にかかります（図33）。この姿勢は不適応を意味します。

　自分で立ちあがれないような人の多くは体幹を後傾させることが難しく、このリフトが適応となる人は少数であるといえます。スリングが腋下にかからないように、いくつかのリフトでは臀部までス

図32：背に寄りかかるタイプの
　　　スタンディングリフト[3]

図33：後傾できないと腋の下に
　　　負荷がかかり不適応[3]

図34：胸郭の支持が少し不足気味なので、若干肩が挙がる。この
　　　程度が適応の限界

リングをかけて腰を浮かせようとするものがありますが、スリングが臀部にかかると下衣の着脱が難しくなり、移乗目的では利用できますが、ここで議論するトイレや入浴場面の下衣の着脱での利用は難しくなります。

　このリフトは利用できる人の場合にはとても便利です。特に施設ではこのリフトが利用できればほとんどすべての場面で（ベッド－車いす、入浴時やトイレでの下衣の着脱など）持ち上げる移乗介助をなくすことができます。

B) 体幹を前傾させるタイプ

　立位を取らせることはできませんので、訓練目的には利用できま

せん。

　実際に高齢者で利用しようとしますと、高齢者の多くが体幹を前傾させることが難しく、パッドに胸を乗せることができません。また小柄な高齢者の場合にはリフトそのものが大きすぎて合わず、使えないこともしばしば見かけます。

　体幹を前傾でき、体幹筋力がある程度あれば、胸部・腹部で体重を支持しますので、下肢筋力を必要とせず、容易に下衣の着脱ができます（図34）。電動タイプは全体が大きめになりますので、施設のトイレでも取り回しに苦労する場合があります。利用者にとってはあまり快適とはいえません。

　利用できれば便利なのですが、適応する人が多くはないことが残念です。

❷ 手動タイプ

　スタンディングリフトは手動の方が適応が広いように感じます。ただ、手動タイプは千差万別で、機能もそれぞれに異なりますから、一概にはいえません。経験的に適応が広いと考えられる機種の例を示します。

A）立たせるタイプ

　移乗用のターンテーブルの上に手すりをつけ、下にキャスターをつけたようなイメージです。歩くことはできないが、自分で立ち上がれるか、介助されれば立位をとれる人が対象です。ターンテーブルを利用する場合は手すりなどを利用して自分で立ち上がるか、介助者が重心を前方に移動させることによって立ち上がらせ、立位をとれば膝折れはしないという条件でしたが、この用具では膝にパッドがありますので、膝折れしてしまう人でも利用できる可能性があ

図35：自分で立ち上がれればまったく問題なく利用可能

図36：自分で立ち上がれない場合は腰ベルトを利用して、重心を前方に移動させる

ります。自分で立ち上がれれば問題なく利用でき、下衣の着脱も極めて容易です(図35)。自分で立ち上がれない場合は、腰ベルトを利用し、介助者がこれを前方に引いて立ち上がらせます(図36)。軽い介助で立ち上がらせられるまでが適応です。ベルトの位置が腰であれば、下衣の着脱も容易にできます。

　ベースの下にキャスターがついていますので、狭いトイレでも利用できる可能性があります。キャスター径が小さいのでわずかな段差（5mm 程度でも）も越えられないことがあります。

　在宅では住環境から利用できる場面が寝室などに限定されますが、施設ではこれまでほとんど解決策のなかったトイレでの下衣の着脱に利用できる可能性があります。もちろん利用できる人の身体

図37：胸郭を挟み込むように支持し、胸パッドに体重を乗せて、お尻を浮かせる

機能には制限がありますが、今までできなかったことに少し風穴を開けたといえるでしょう。

B）体幹を前傾させるタイプ

　多くの機種がありますが、単純に体幹を前傾させ、胸パッドで体重を支える機能しかないタイプは適応が限定されます。やはり、何らかの形で胸郭を側方から支持することができるタイプの方が楽にお尻を浮き上がらせられます（図37）。体幹の筋力が弱く、お尻を浮き上がらせにくい時にはベルトを腰に併用すると容易にお尻が浮き上がる場合があります。このベルトはお尻が浮き上がると体重が胸パッドで支持され、外してもよい状態になりますので、下衣の着脱には問題がありません。体幹が前傾できないと特別なスリングを利用すればほとんどの人でお尻を浮き上がらせることはできますが、下衣の着脱がとても面倒になり、現状ではあまり実用的ではありません。

4-5．段差解消機

　段差を解消するために、スロープがよく使われますが、段差が小さい場合はよいとして、段差が300mm程度を越えたら、スロープ

よりは段差解消機（Lifting Platform）を利用した方が便利です。

　スロープは角度を大きくすると昇降の介助が大変になり、角度を小さくするとスペースが広く必要になります。例えば、300mmの段差をかなり急な1/6のスロープを利用しますと、長さは1.8mですみますが（それでもこれだけの距離が必要）、自分で車いすを駆動して登ることは高齢者ではほぼ無理であり、介助者でも体力のない人はかなり苦労するでしょう。楽に介助しようとすれば1/12程度は必要で、これでは3.6mのスロープが必要になってしまいます。

　また、スロープでは歩行補助用具を利用する人（歩行器・歩行車・杖類など）はかえって通行しにくい場合があります。

　一方、段差解消機を利用すれば、車いすの場合はもちろん、各種の歩行補助用具も容易に、安心して、安全に段差を通行することができるようになります。すなわち早い時期から設置すれば、身体の状態が変化しても長い期間にわたって利用することができます。

　もちろんスロープにはスロープの良さがあります。簡易に利用でき、不要なときははずしておける、安価であるなど、利点もたくさんあります。何度も繰り返しますが、そもそも福祉用具は利点があれば欠点もあるということは当然であり、ケアプランをよく考えて、利点を生かして欠点を表面化させないような選択が必要になります。

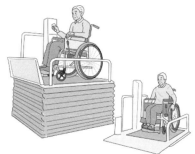

図38：据え置き型段差解消機[※3]

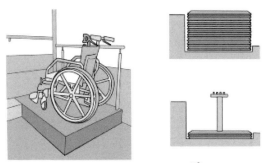

図39：埋め込み型段差解消機※3

A）設置方法

据え置くタイプと埋め込むタイプがあります。

据え置くタイプ（図38）は置くだけで利用できますが、最低高が60〜100mm程度残ります。この高さはスロープで昇降することになります。介護保険が利用できます。

埋め込むタイプ（図39）はピットを掘ってプラットフォームが地面と同じ高さになるように埋め込みます。本体は介護保険が利用できますが、ピット工事は利用できません。また、不要になったあとはピットを埋め戻す工事も必要になります。プラットフォーム上の構造物はすべてなくすことができ、乗用車が上に乗っても大丈夫ですから、ガレージに設置することもできます。

B）通過方向

プラットフォームに乗って直進で利用できるものと、プラットフォーム上で直角に曲がって利用するものとがあります。利用環境で選択します。

C）ストローク

昇降距離（ストローク）は600〜1,200mm程度まで種々の機種

があります。場合によってはより大きな距離を昇降させることも可能ですが、あまり高くなると危険も恐怖感も生じます。

4-6．階段昇降機

階段を昇降する装置にはいす式階段昇降機と独立型の昇降機があります。

A）いす式階段昇降機

階段の縁にレールを設置して、いすに座って昇降する装置です。直線階段用と曲がり階段用があり、曲がり階段用には内回り**（総論3章図5参照）**と外回りがあります。

レールはすべて実際に設置する階段の傾きや曲がりなどに合わせて製作しますので、オーダーメードになり、介護保険は適用されません。

曲がりが増えるほど価格は高くなります。1カ所曲がらせると直線の倍程度になります。屋外階段でも利用できる機種があります。

B）独立型階段昇降機

屋内階段であればエレベーターを利用することがもっとも安全であり、容易な解決手段だといえます。しかし、戸建用の比較的安価なエレベーターが市販されるようになったとはいえ、建物の状況によってはエレベーターが設置できない可能性がありますし、費用も高くなります。エレベーターは介護保険が利用できません。

介護保険が利用できる階段昇降機には、車いすを乗せてクローラーで階段を昇降するタイプ（直線のみ可能、幅が比較的広く必要）**(図40)**、車いすやいすに装着して、小さな車輪で一段一段登るタイプなどがあります**(図41)**。後者は回り階段などでも対応できる可能

性があります。

　これらのタイプは介護保険が利用できますが、供給する側も講習会を受けて資格を取得しなければなりませんし、介助する側も講習を受ける必要があります。

　昇降できる階段には種々の制限がありますので、利用条件に合致するかよく検討することが必要です。

図40：車いすごと搭載するクローラー型※3

図41：いすで昇降するタイプ※3

第4章
歩行補助用具

　人は立って歩くことを当たり前のことと考えていますが、人の骨格構造をリンクの結合として物理的に考えてみると、立っていることも、ましてや歩くことなどとても困難であり、自然に行っていることが摩訶不思議といってもよい行為です。それはロボットを考えてみればすぐにわかることです。人間型のロボットの研究が始まって数十年も経過してようやく歩くことができるようになりました。多くの研究者が英知を尽くしてもとても困難な課題でした。しかし、それでもロボットの歩行は、人の歩き、走る能力と比較してみますと、まだまだよちよち歩き程度です。

　どうして人はごくごく自然に立位を維持し、歩き、走り、跳ぶことができるのでしょうか。それは複雑な骨格系を多くの筋群とそれをコントロールする精緻な階層構造的な神経系とによって実現しています。この機構自体がまだきちんと解明されているわけではありません。まさしく神の仕業と言いたくなるほどすばらしいシステムです。

　精緻なシステムであればあるほど、どこかに障害が生じるとその影響は大きくなります。人が加齢によって筋力が低下したり、何らかの疾患によって神経系に障害を受けると、直ちに問題が大きくなり、物理的な特性にしたがって、人は歩けなくなったり、立位を維持できなくなったり、立てなくなったりします。

　歩くことに支障が生じたら、まずは何らかの用具によってそれを補完しようとしますが、倒れやすい人の安定を維持しつつ、歩くという周期的な運動を駆動し、コントロールしなければなりません。

そのために、現状でどのような機能に支障が生じているのかを判断して、何を補助すればよいのかを決めていきます。これは容易なことではありません。多くの場合、人の運動や障害に関する深い知識と洞察が必要になります。したがって、歩行補助用具の支援は理学療法士（PT）や作業療法士（OT）の専門領域であると考えられます。これらの職種の知識を借りながら、各種の歩行補助用具の支援を行います。

1．杖類

杖には、1本杖、多脚杖、ロフストランドクラッチ、松葉杖などの種類があります。歩行機能の状態に応じて、適切な杖を選択します。

A）1本杖

もっとも補助機能の低い杖です。「転ばぬ先の杖」とはよく言ったもので、歩行が少し不安定になり始めたときに利用します。私も一時的に使用したことがありますが、なければ少し不安を感じるような場合にとても安心感を与えてくれ、安定して歩くことができました。これは周囲の人に「私は歩行機能に少し障害がありますよ」と教える機能もあり、他の人に「気を使ってください」と無言でお願いできます。

この1本杖は映画を見ていればわかるように、昔は紳士のおしゃれ道具でもありました。私の父も杖が不要な若い頃に時々使っていました。これを見ていましたので、私もまったく違和感なくこの杖を使うことができましたし、田舎の家にあった昔のすばらしいデザインの杖を利用したり（図1-1、1-2）、複数の杖を準備してその日の気分で使い分けていたりしました。この杖はこのような使い方をす

図1-1：私が利用した杖　細かな彫刻が施されている

図1-2：取っ手の形が気に入っている

ることをお勧めします。「杖が必要な状態になってしまった」などと否定的にとらえるのではなく、「おしゃれのアイテムだ」と考えれば外出もまた楽しくなります。杖の専門店に行けば、種々の楽しくなるような杖が市販されています。

　通常はＴ字杖といわれるように、取っ手部分がＴ字をしているものが一般的です。この部分は握りやすくしたグリップ形状などいくつかの種類があります。

　適切な長さは一般的には肘を30度程度屈曲させて足の外側10cm程度のところに杖先をついた高さ **(図2)** とか、上肢をまっすぐ下に下ろしたときの橈骨の骨頭の位置といわれます。この長さ調節は後述する多脚杖やロフストランドクラッチなどすべての杖で同じです。私の経験では1cm異なると歩容（歩く姿）が変わりますので、専門家に相談して、きちんと長さを合わせることをお勧めします。市販されている安価な杖は2cm刻みで調節できるようになっていますが、この間隔では少し荒いように思います。きちんと合わせたい場合は調節できる杖ではなく、切って長さを合わせる方がよいでしょう。

　杖の先には先ゴムといわれるゴムがついています。この形状もいろいろあって、斜めについたときに滑りにくい材質・形状のものもあります。この先ゴムは消耗品ですから、長くお使いになる場合は滑りやすくなったら交換する必要があります。

　片まひの人が使う場合には扉を開けたり、鞄から何かを出すよう

図2：杖の長さを決める基準[※1]

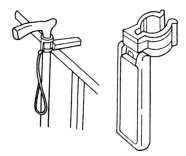

図3：杖をかけておく小道具[※1]

な動作をするとき、杖を手離さなければなりませんが、万が一にも倒してしまいますと、屈んで拾い上げる動作は難しい場合があります。このようなときにちょっとテーブルなどに引っかけておく小道具も市販されています（図3）。

この杖は介護保険は利用できません。自費で購入する必要があります。

B）多脚杖

図4に示しますように底面が四脚になっているものが一般的です。この杖は本来歩行訓練で利用されるもので、日常的に使用することはあまり考えられていませんでした。そのためデザイン的には何も考えられていないといえます。とても外出時に楽しく使いたいと思えるようなものではありません。

底面の面積は様々あって、杖に依存する程度によって使い分けます。支持面が広くなれば、杖に依存することが増えても安定して歩けます。しかし、広くなれば重くなりますから、歩行時に振り出す

第4章 歩行補助用具

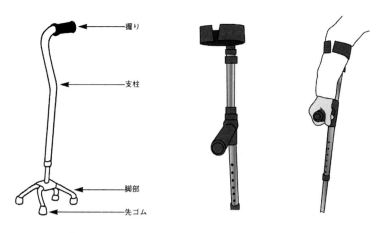

図4：四脚杖[※1]　　　　　図5：ロフストランドクラッチ[※1]

ことが大変になります。

　杖から手を離しても杖が倒れませんので、家の中で扉を開けたりするときに便利です。

C）ロフストランドクラッチ

　1本杖のように手だけで体重を支持することが難しい場合に、支持面積を増やして、前腕部で支持するものです（図5）。この適合などはPT、OTなどに相談しましょう。

D）松葉杖（腋下支持クラッチ）

　松葉杖は皆さんすぐにおわかりでしょう。片足に体重負荷をかけられない場合や足を交互に振り出せない場合に利用します。

　利用するときは肘を伸ばして上肢で体重を支持します。脇の下で体重支持をしてはいけません。脇の下に腋下神経と呼ばれる上肢の運動をコントロールする神経があり、圧迫によりまひすることがあります。

2．歩行器・歩行車

　杖類では歩行が不安定になってきたら、歩行器や歩行車を利用します。共に４脚であり、身体を囲む枠があり、この中に重心を入れて歩行します。

A）シルバーカー

　我が国ではいわゆるシルバーカーと呼ばれるショッピングカートのようなものがあります (図6)。これは重心位置を囲いの中に入れることができず、歩行補助用具とは言いにくい用具ですが、多くの高齢者がこれを利用しています。

　軽いこと、荷物入れがあること、安価であること、ショッピングカートのように見え、福祉用具とは見えにくいことなどが好まれている理由だと思われます。

　しかし、重心を枠の中に入れられないことから、歩行時の姿勢が前屈みになり、腰が曲がった姿勢になってしまいます。また、歩行中に疲れて座りたくなったとき、前方まで回り込まなければ座ることができません。構造が華奢でブレーキも決してしっかり固定できているとは言い難い状態です。

　これらの欠点をしっかり理解した上で、後述する歩行車などより

図6：シルバーカー[※1]

使いやすいと判断されたら、積極的に利用して外出を楽しみましょう。

B）歩行器

　これも歩行訓練用具として考えられているものです。両手で取っ手を持って、前に振り出して利用します(図7)。枠が固定されていて、振り出すときには4脚同時に振り出すタイプと左右交互に振り出せるタイプとがあります。また、枠が固定されているタイプには後輪にキャスターがついていて、体重をかけるとストッパーが働き、抜重すると車輪になって転がすことができるタイプもあります。いずれのタイプも原則屋内で利用し、段差が大きいところでは利用できません。

C）歩行車

　4脚に比較的大きめのキャスターがついているものです。いすがついているもの（図8）と、馬蹄形をしていて前腕部で体重支持を行うものとがあります。馬蹄形のタイプは屋内でしか利用できませんし、段差のある環境では利用できません。この馬蹄形タイプも訓練

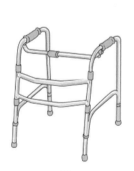

図7：歩行器[※1]

図8：いすつき歩行車[※1]

用具であると共に施設などの環境で利用するものです。

　いすつき歩行車は本来重心を枠内にしっかり入れ、身体の両脇で上肢をまっすぐ下におろして体重支持を行います。このような使い方をすると、腰が伸び、きれいな歩行姿勢が得られます。しかし、これも身体より前方に位置させて、腰を曲げて利用している人を多く見かけます。利用対象となるような人の多くが既に腰が曲がった姿勢になっていること、取っ手の高さをきちんと調節していないこと、この姿勢の方が基底面が広くなり、安定することなどが考えられます。歩行能力によりますが、できるだけ腰を伸ばした姿勢で歩行するよう高さを調節し、使い方を丁寧に教える必要があります。

CASE STUDY　歩行車でトイレが自立

　ある特別養護老人ホームでお会いしたＰさん（女性、90歳、格別な疾患なし）です。農家の人で、腰がほぼ90度曲がっています。彼女は頻尿で、頻度高くトイレに行きたがります。手引き歩行ができるのですが(図9)、速度が遅く、介護職がトイレまで誘導していると間に合わないことが多くあります。そのため、移動は車いすにし、合図があれば車いすに移乗してトイレまで連れて行っていまし

図9：腰が曲がっている

た。トイレまで行けば、あとは1人で手すりを利用して立ち上がり、下衣を脱ぎ、便座に座り、後始末も自分でできます。

　彼女に歩行車を利用してみようと考えました。自分のペースで歩かせたら、もっと有用な歩行ができるのではないかと何となく感じられたからです。根拠は何もなく、直感のようなものでした。私自身の勉強のために歩行車を試してみたいと思った部分もありました。

　さてどのような歩行車が必要なのか、困りました。いわゆるシルバーカーでは腰が曲がっているので重心をかけたときひっくり返る心配があります (図10-1)。しかし、歩行車では取っ手の高さが高すぎて彼女の腰の高さまで下がる歩行車がないことと、取っ手が身体の横では彼女の場合にはつかみにくいということがあります (図10-2)。困り果てていたときに、あるスタッフが施設にある歩行車に気がつきました (図11)。彼女がつかんでいるバーは座ったときの背もたれ用のパイプです。この位置が歩行車の基底面内にあるので、体重をかけてもひっくり返る心配はなさそうです。これを利用してみると、彼女はかなり早い速度で歩きます。十分実用的な速度です。しかし、ブレーキに手が届きません。立ち上がったり、座ったりする

図10-1：取っ手位置が後輪軸より後ろ

図10-2：この場合の歩行車の条件
　　　　取っ手がバータイプ[※1]

とき、歩行車が固定されないので危険があるかもしれません。どうしようか考えたのですが、対策がないので、どの程度危険があるか様子を見ることにしました。

彼女が座っているそばで私たちは別な仕事をしていると、突然彼女が立ち上がり、1人で歩いて、トイレまで行きました。立ち上がるときも座るときも問題はなさそうです。トイレをすませてかえってきたらうれしそうにVサインです（図12）。

このあと、彼女はこの歩行車を使って自由に歩き始めました。これはこれでまた別の心配が生じました。他のユニットまで1人で行ってしまい、そこのスタッフから連絡があって、迎えに行かなければならないという手間が増えてしまいました。しかし、頻度高くトイレに連れて行くことを考えればどうということはないことです。

図11：歩行車の背もたれパイプを取っ手として利用する

図12：1人でトイレができ、大満足

第5章
車いすを選び、調節する

車いすの各部名称はあまりお目にかかることがないかもしれませんので、最初に各部の名称を記載しておきます (図1)。

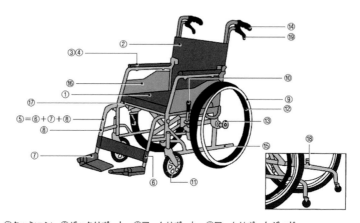

①クッション　②バックサポート　③アームサポート　④アームサポートパッド
⑤レッグサポート　⑥レッグサポートベルト　⑦フットサポート　⑧レッグパイプ
⑨ハンドリム　⑩駐車用ブレーキ　⑪前輪（キャスタ）　⑫駆動輪　⑬ハブ軸
⑭手押しハンドル（グリップ）　⑮ティッピングレバー　⑯サイドガード（スカートガード）
⑰シート　⑱転倒防止装置　⑲制動用ブレーキ（介助ブレーキ）

―福祉用具プランナーが使う―高齢者のための車椅子フィッティングマニュアル 公益財団法人テクノエイド協会より

図1：車いす各部名称

1．車いすとは

A）姿勢が崩れるのは車いすのせい

高齢者施設を見学していると、身体の大きさや機能に合わない車いすに座らされ、ひどいときにはクッションさえ敷かずに、崩れた姿勢でしょんぼりと座っている利用者の姿をよく見かけます。座骨

が前に滑っていたり、身体が横に傾いていてもそのまま座っています(図2)。このような姿は極端な表現をすれば「虐待」だともいえます。脊椎の変形や褥瘡などの2次障害を生じかねない姿勢でもあり、また、姿勢が悪いことによる活動性の低下を惹起しかねない姿勢でもあります。

　いずれにしろ、そのような姿は車いすの基本的な考え方、すなわち、車いすは身体機能や身体の大きさ、生活に合わせて選択し、調節するという基本的な考え方がありません。自分の足に合わない靴を履くことがいかに苦痛であるかはすぐに想像できるでしょうが、合わない車いすに座り続ける苦痛はなかなか理解されません。それでも多くの高齢者は文句もいわずに座っています。それは、このような苦しさは「自分が悪いから」だと思っているように見えます。障害がある「自分のせい」でこの苦しさがある、と思っているのではないでしょうか。実は「車いすが悪い」のですが、「車いすとはこんなもの」、だから「自分の身体のせい」となってしまうのではないでしょうか。車いすをきちんと選択し、調整すれば多くの場合、姿勢が崩れず、きちんと座れるようになります(図3)。この経験を一度でもすれば、自分のせいではなく、車いすのせいだということ

図2：崩れた姿勢

図3：車いすを適合して修正した姿勢

が理解されるのでしょうが、残念ながら今日の多くの高齢者はこのような経験をする機会すら与えられていないようです。合わない靴を履く苦痛を思い、一人一人に車いすを合わせる努力をしましょう。

B）介護保険で車いすは良くなったか

　介護保険になって、車いすはレンタルになりました。自分に合わない車いすは交換でき、自分に合う車いすを見つけられる可能性が高くなったはずです。このことが高齢者の車いすによい影響を与えるはずだと思いましたが、残念ながら、決してそうとは言いきれません。

　その一番の理由は、「自分に合う車いす」がどのようなものなのか、利用者自身も、家族も、支援者自体も理解していないということが挙げられるでしょう。姿勢が崩れて座っていることを指摘しても、介護職も、ケアマネージャー自身も何をいわれているか理解できないことが多いのです。きちんと適合した姿勢を見せてはじめて、前の車いすの不適合が理解できます。健常な支援者は車いすが合わない苦しさを想像すらできないのでしょうか。車いすを適合しなければならない、という考え方自体が理解できていないのかもしれません。レンタルされている車いすの中には調整可能な車いすが何種類かありますが、そのような機種は使われなかったり、たまに使っても、調整が行われないまま利用しています。

　また、車いすのサイズに関してはレンタルされている車いすが限定されており、なかなか適合する車いすが見つからないということがあります。ほとんどの車いすが座幅400mmです。たまに、370mm前後や450mm前後がレンタルされていますが、適合するクッションがなかったりします。

　なぜ車いすを合わせようとしないのでしょうか。調節する車いす

を利用したら、「調節した時のネジが緩かったり、間違った調節をして事故を起こしたら怖いから、社員には調節をさせない」というような話を聞いたことがあります。まさかと言いたくなるような理由ですが、真偽のほどは知りません。

　在宅の高齢者と比較して、高齢者施設ははるかに悲惨だともいえます。車いすが施設の備品であるため、価格だけで選ばれているかのごとくに感じられることがあります。自走用標準型と介助用、それにリクライニング車いす、この３種類だけで、調節もできなければ、大きさも１種類しかない車いすに座らされている姿は、私には本当に虐待しているとしか見えないことがしばしばあります。私がコンサルティングを依頼された施設で、使用者の車いすが決まっていない施設がありました。車いすはいつも車いすプールにおかれており、必要なときにそこから適当な１台を持ってきて利用します。ここでは車いすは移動の手段であって、「いす」とは考えていないようです。ひどいことにフットプレートがすべて初期状態、すなわち一番短い状態のままです。ほとんどの人が大腿部の下に隙間ができ、膝が高い位置で座っています。誰もフットプレートの高さを合わせるなんて考えもしなかったようです。

　日本人はいすに座る文化がないとはひと昔、ふた昔前からいわれていることです。健常者にとって、いすは何でもいいという感覚があるので、障害がある高齢者に対しても気が回らないということでしょうか。

C）車いすの適合を行うために

　理学療法士や作業療法士といえども車いすの適合をきちんと行える人はさほど多くはいません。概念的な教育は学校で受けてきていても、現実に適合を行うことがほとんどないですから、当然といえ

ば当然です。調節できる車いすの存在を知らなかったり、調節できることは知っていても、どのように調節するかを知らない、などということを当たり前に見かけます。

　私がコンサルティングをしている特別養護老人ホームなどの高齢者施設では介護職が適合を行うようにしています**(図4)**。施設に1人しかいない理学療法士では大勢の利用者の適合を行うのは大変ですし、介護職は大勢いますので、利用者の生活を毎日見ている介護職が行えればもっとも良い、という考えで介護職を教育しています。

　在宅では車いすの需要の大きさを考えれば、福祉用具専門相談員が車いすの適合を行わなければならない場面が多いはずです。車いすの適合は少し勉強すればできるようになります（前述した施設では数人の介護職が基本的な車いす適合を行えます）。

　その理由の一つが調節機能付き車いすの普及です。この車いすは何度でも試行錯誤が繰り返せます。調節に失敗したら元に戻せますから、恐れずにいろいろ試すことができます。やってみて、良いところだけを残し、悪いところを再度調節する、ということを繰り返していると、だんだん実力がついてきます。しかし、何といっても先生は利用者です。適合がうまくいけば、必ず「いい顔」を見せてくれます。これが支援する側の無上の楽しみです。反面きちんとで

図4：介護職が皆で車いすの調節を行っている

CASE STUDY　車いす調節のプロセス

　Qさん（女性、90歳）の車いす調節のプロセスを紹介します。

　最初にお目にかかったときは**図5-1**のような姿勢で車いすに座っておられました。この調節は車いすの販売事業者が行ったそうです。正面から見て、骨盤が水平でないことがわかります。骨盤の右側が下がっています。それに伴って、脊柱が右に傾き、側弯になっている上に脊柱が回旋し、右肩が下がっています。

　さて、どうしたものかと考えて、ひとまず骨盤を平行にしてみることにしました。彼女の股関節や脊柱の変形が固まっていれば、骨盤を平行にしたら、体幹が左に傾いてしまうはずです。幸いなことにまだ固まってはいなかったようで、骨盤を平行にしたら、体幹は直立に近くなってきました (**図5-2**)。側弯していた脊柱がまっすぐになってきました。骨盤を平行にするために使用したのは臀部の左右高さが調節できるクッションです。右の臀部を高く、左を低く調節しました。

図5-1：骨盤が傾き、脊椎が側弯・回旋している

図5-2：クッションや背もたれ角の調節で骨盤が平行になり、脊椎が直立したが、まだ緊張が強い

図5-3：体幹側方のクッションなどで緊張が緩み、姿勢がよくなった

さらに背もたれ角度を少し大きくしてみました。これでもまだ少し窮屈な感じがします。さらに背もたれ角度や座角などいろいろ調節してみましたが、なかなかうまくいきません。調節をはじめて約1時間半、彼女も少し疲れてきたようだったので、この日はここでやめました。

1ヶ月後（私はこの頃1ヶ月に1度この施設を訪問していたので）、続きをやってみました。背張り調節をし、片側の体幹側部に小さなクッションを入れてみました。

これで一気に彼女の緊張が変化しました（図5-3）。股関節の内転筋の緊張もずいぶん緩和してきました。大切なことは移乗介助したときにいつもこの姿勢にきちんと座らせることです。幸いなことに移乗はリフト移乗でしたから、きちんとした着座は容易にできます。介護職にくれぐれも気をつけるようにお願いしてひとまず終了です。

D）車いすの種類

車いすはJISでは細かく分類していますが、実際に高齢者の車いす適合を行う場合にはあまり細かな分類は不要です。ここでは高齢者が利用する車いすを大きく3種類に分類しておきます。
①調節機能付き車いす標準型（モジュラー車いすを含む）（図6）
②固定型車いす標準型（図7）
③座位変換型車いす（図8）

①、②標準型車いす

①、②の二つの車いすはいわゆる標準型自走用、標準型介助用の車いすです。調節できるか否かで分けています。種々の調節可能な機能を有しているのが①で、フットプレートの高さ調節くらいしかできないのが②です。

第5章　車いすを選び、調節する

図6：調節機能付き標準型車いすの例
（REVO：ラックヘルスケア㈱）

図7：固定型標準型車いすの例
（KVシリーズ 標準型車いす：
　㈱カワムラサイクル）

図8：座位変換型車いすの例
（ネッティⅢ：ラックヘルスケア㈱）

　自走用、介助用の区別はあまり意味がないと考えています。介助用は後輪径が小さい車いすを指しているようですが、介助に使用するときも後輪径は大きい方が操作しやすく、乗り心地も良いことは間違いありません。介助ブレーキの有無で判断するとしたら、後輪径が大きい車いすに介助用ブレーキがついていたら、どちらの分類になるか迷ってしまいます。

　ここでは調節機能の有無でまず大きく分けてみました。障害者の車いすではオーダーメードなど一人一人の身体機能や生活に合わせて車いすの適合が行われます。しかしながら、高齢者では身体機能の変化が予測され、オーダーメードで製作しても、できあ

197

がってきたときには身体機能が変化していて、また作り直さなければならないようなことがおこります。このため、調節機能のついた車いすの方が適していると考えられます。

　すべての部分が溶接されていて、レッグサポートもアームサポートも着脱できず、フットプレート高さしか調節できないような②の車いすは、一時的に使用するものであり、高齢者が日常的に使用する車いすとは考えたくない車いすですが、我が国ではこのタイプの車いすが多く使われています。

③座位変換型車いす

　座面角度を変えられるティルト機能や背もたれを倒せるリクライニング機能、足を昇降できるレッグエレベーション機能などを有する車いすのことで、①、②では姿勢が崩れてしまうような人が利用します。リクライニング機能だけでは姿勢の崩れに対応しきれないことが多く、ティルト機能などが必要になることが多いです（**図9-1、9-2**）。なお、この車いすは、姿勢を適宜時間経過とともに変化させられることが特徴ですが、利用場面をよく観察すると、あまり姿勢を変えずに座り続けていることを見かけます。これはこれでまた、利用者にとっては大きな苦痛になります。

　この車いすも多くの調節機構が必要になりますが、調節できる

図9-1：リクライニング車いす

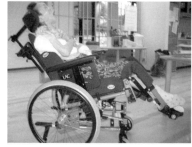
図9-2：座位変換型車いす

部分が少ない車いすが利用されることが多いといえます。

2．車いすの調節

A）大きさを合わせる
①座幅

　車いすの適切な座幅は骨盤の幅＋2〜4cmといわれています。車いすを選ぶときは、わざわざ骨盤の幅を計測しなくとも、そばにある車いすに座ればその状態から判断できます。高齢者用の車いすは1インチ間隔か2cm間隔がほとんどですから、利用者の骨盤の幅をメジャーで測定するような必要はありません。日本人高齢者の体格から考えますと、座幅360〜380mm程度が最も多いはずだという調査がありますが、我が国のほとんどの車いすの座幅は400mm程度であり、これは一般的に広すぎるといえます (図10)。

　手でこぐ場合は座幅が狭い方がこぎやすく（正確にはハンドリムまでの距離が短い方）、また、側方への体幹バランスが悪い場合には狭い方がよいといえます。座幅の広い車いすに座り、横に

図10：座幅が広すぎる

お菓子やおむつなどいろいろなものを積み込んでいる人を時々見かけます。このような人に骨盤の幅にあった座幅の車いすを適合したら、座ってすぐに拒否されたことがあります。福祉用具は最初が肝心だということを時々思い知らされます。

座幅は選択することが多く、調節できる車いすはきわめて少数です。しかしながらレンタルされる場合にはほとんどが座幅400mmであり、座幅を種類多く取りそろえている車いすはほとんどありません。あっても3種類程度の座幅しか準備されていません。残念なことです。

②座の奥行き

車いすの駆動方法や体幹バランスによって奥行きを合わせます。特に足こぎをする場合には膝関節が屈曲したときに、座の前縁部が膝裏にあたらないように、若干短めにします。足こぎに限らず、どのような場合も膝裏が座面にあたらないようにします。膝裏が座面に当たる程度に奥行きが長いと、座骨を前に滑らせた、いわゆるずっこけ姿勢になることが多くあります。座位変換型車いすの場合は特に座の奥行きを合わせることが大切で、長すぎるとほとんどの人が姿勢を崩して座ることになってしまいます。

一般的にもっとも流通している車いすの奥行きは400mm固定がほとんどです。座の奥行きを調節できるタイプもありますが、その多くは座面シートを短くする方法で座の奥行きを調節していて、車いすフレーム自体の長さを調節しているものはありません。

③前座高・後座高・座面角度

移乗方法や車いすの駆動方法、座位バランスなどによって高さや角度を調節します。

立位移乗するときには前座高が高かったり、座面角度が大きいと移乗しにくかったり、移乗後の姿勢が崩れてしまいます。この

ような場合には着座後姿勢を修正する必要があります。

　足こぎをするときには骨盤をしっかり支持する座面を作るとともに座高を低くし、踵がしっかり接地できる程度の高さに調節します。

　なお、前座高は次に記述するフットプレートの高さとの関係で決めざるを得ないこともあります。

④レッグサポート関係

　フットプレートの高さは原則として大腿部裏側が座面で均一に体重を支持できる高さにします。しかし、片手片足こぎの場合には、駆動足を重視すれば座面が低くなり、まひ足のフットプレートは高すぎて、まひ足の支持性が不足します。まひ足の支持性を重視して、まひ足の高さに合わせれば、駆動足の踵が接地しにくくなります。クッションで座面の左右高さを変えますが、それだけでは十分ではありません。

　フットプレートの下にクリアランス（余裕）が必要ですが、これは車いすの走行環境によって、必要な高さが異なります。施設内のように段差などがまったくない環境ではフットプレート下のクリアランスはほとんどなくとも問題はありません。外出で利用する場合には、歩道と車道の段差や不整地の程度によって、クリアランスが決まってきます（一般的に数10cm程度）。

　足関節の可動域制限や変形がある場合には、フットプレートの角度を調節する必要が生じます。よく見かける尖足（足関節の伸展拘縮、背屈制限）の場合にはフットプレートの角度を調節して、足関節の可動域制限に合わせ、足部の安定を図ります（図11）。

⑤アームサポート関係

　調節したい部分には高さと長さがありますが、高さはクッションの選択が決まってから合わせます。教科書では肘を直角に曲げ

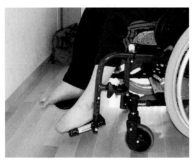

図11：尖足の場合にはフットプレートの角度を調節できる車いすが必要

て、置いたときの高さと記述されていることが多いのですが、実際にはこれでは高すぎることがあります。両上肢を大腿の上に置いたときの前腕部がのる高さが適切だと思います。

⑥バックサポート高さおよび介助用ハンドル高さ

　バックサポートの高さは手こぎをするか、体幹バランスがよいかなどの条件で調節します。手こぎをする場合には肩甲骨の動きを阻害しない高さに合わせるとよくいわれますが、高齢者の場合にはハンドリムの前方一部分のみを駆動する（俗に言うちょめちょめこぎ）ことが多く、肩甲帯を大きく動かすようなことはあまりありません。体幹の支持をよくするために少し高めにすることが多いでしょう。

　介助用ハンドルの高さは介助者が押すときに前傾姿勢にならないように調節します。機種によってはバックサポート高さとハンドル高さが連動してしまうものもありますが、これらの高さを調節できない機種が多くあります。

B）座位姿勢に合わせる

　人は同じ姿勢を維持し続けることはできません。必ず短時間で姿勢を変更します。しかし、車いす利用者では、自分で姿勢を変更で

きない限り、一つの姿勢に固定されることになります。そして多くの車いす利用者は自分では姿勢を変更できません。したがって、車いすの座や背で姿勢を作るときには細心の配慮が要求されます。

高齢者の姿勢が崩れる原因はいくつもあります。代表的な姿勢の崩れとしては、

①座骨の前滑り（状態によって、骨盤が後傾した姿勢、ずっこけ姿勢、仙骨座りなどと表現されます）
②体幹の側方への崩れ
③骨盤の平行の崩れ（前後、上下）
④円背
⑤その他股関節内転筋の異常筋緊張など

などがあげられます。それぞれに対して、対策を考えます。

①座骨の前滑り

座骨が前に滑り、骨盤が後傾し、尾骨・仙骨部が座面に接触するような姿勢であり、俗にはずっこけ姿勢とも言います（図12）。この姿勢になる原因はいくつかあり、それぞれの原因に対して、車いすの座を考えます。

図12：座骨が前に滑っている姿勢※4

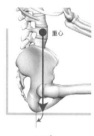 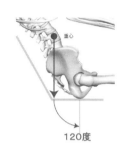

図13：骨盤が直立していると、重心線が座骨に近く、座骨を前に滑らせるモーメントが小さい※5

図14：骨盤が後傾すると、このモーメントが大きくなる※5

○解剖学的・力学的理由

　骨盤が立っている状態では図13に示すように、重心線と座骨の位置が近く、骨盤を傾けるように働くモーメントは小さいです。しかしながら、ひとたび骨盤が傾くと（図14）、重心線と座骨までの距離が大きくなり、骨盤を後傾させようとする大きなモーメントが生じます。この状態で、体幹を背もたれに寄りかからせると、このモーメントによって座骨を前に滑らせる力が働きます。すなわち、人は背もたれに寄りかかるように座ると必ず座骨を前に滑らせる力が生じ、骨盤が傾けば傾くほど、この力は大きくなります。座っているだけで座骨はだんだん前に滑ってくるという現象が生じます。この座骨の前滑りを止めるためにはいくつかの方法があります。

　骨盤を立たせれば、座骨は大腿骨よりも下に数cm飛び出ています。したがって、座面で座骨部分にくぼみを作り、骨盤をしっかり支持すれば（図15）、座骨は前に滑らなくなります。この座骨の滑り止めを作るためには、図16に示すように座面の張り調節で行うか、クッションで滑り止めを作るかのいずれか、または両方になります。クッションそのものではなく、クッションの前部

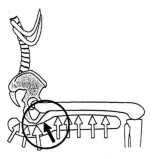
図15：座骨を前方からとめれば、前に滑らない※1

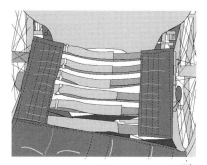
図16：座面の張り調節で座骨を支持する※1

図17：クッションの下に座骨を支持する部材を挿入する

にプレートを差し込む方法もあります(図17)。

　また、座面角度を大きくすれば座骨の前滑りを止めることができます。しかし、この角度を大きくすることは移乗方法などにも影響を与えるので、慎重に考えることが必要です。

○座の奥行きが合わない

　座の奥行きが長すぎると、膝下が座面の縁にあたり、不快です。こうなると人は自然にお尻を前に出して（座骨を前に移動させて）座るようになります。

○フットプレート高さが合わない

　低すぎても高すぎても座骨が前に滑りやすくなります。

○足こぎをする

　足こぎをするときに駆動する筋はハムストリングスと呼ばれる大きな筋です(図18)。この筋は2関節筋で、座骨部分と下腿部に

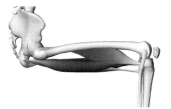

図18：ハムストリング筋（2関節筋）[※5]

付着しています。この筋が収縮すると膝関節が屈曲するとともに、骨盤が後傾するように座骨が前方に引っ張られます。特に背もたれに寄りかかるようにして足こぎをすると、この座骨が前に滑る現象が顕著になります。したがって、足こぎをするときは骨盤後部の支持をしっかりとし、体幹を若干前傾気味にしてこぐと、この座骨が前に滑る現象を止めることができます。

○円背で既に骨盤が後傾している

　高齢者に多い姿勢で、股関節可動域に制限が生じ、脊椎が後弯している状態です。車いすの背もたれ角度を倒して骨盤の傾きに合わせ、背もたれの張り調節をすることによって、骨盤から背中部分の支持を行います。

②**体幹の側方への傾き**

　脊椎起立筋の筋緊張が弱い場合、骨盤が左右に傾いている場合、左右で筋緊張が異なる場合などが考えられます。

○脊椎起立筋の緊張が弱い場合

　体幹を直立させておくだけの筋力が無くなってくれば、必然的に体幹は左右に傾きます。このような場合には体幹そのものを寝かせ気味にするとともに、体幹の側方支持を高めるパッドを利用します。これでも傾く場合は車いすを座位変換型車いすにする必要があります。

③骨盤が傾いている場合

　脊椎が傾けば骨盤が傾き、骨盤が傾けば脊椎が傾きます。ここでは骨盤が傾いている場合の対応を示しますが、このような場合には理学療法士や作業療法士に相談し、骨盤の傾きを修正するような以下の手段を講じても良いか確認しておいた方がよいでしょう。

　骨盤の傾きを変えるためには、座骨部の左右高さを変えられるようなクッションを選択します。骨盤が傾いて体幹が傾くと、脊椎は側弯します。側弯がおこると、体幹の回旋も生じます。**図19-1、19-2**に実際にクッションで骨盤の高さを修正することによって骨盤を水平にし、脊椎の側弯を修正した例を示します。

図19-1：骨盤の左側が下がっていて、左に凸の側弯になっている

図19-2：クッションで、左臀部を高くした。骨盤は水平になり、脊椎は直立した

④円背への対応

　脊椎が後湾し、骨盤が後傾している姿勢です。背もたれ角度の調節ができない車いすに座ると、**図20**に示すような姿勢になってしまいます。脊椎の凸部が背もたれにあたり、座骨が前に滑った姿勢になります。対応としては車いすの背もたれを倒して骨盤の角度に近づけることと、背もたれの張り調節で脊椎の形状に近

第5章　車いすを選び、調節する

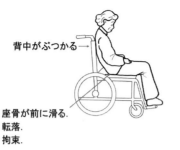
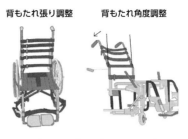

図20：骨盤が後傾し、円背だとバックサポートが直立していると安定して座れない[※2]

図21：バックサポート角度を倒し、背もたれの張りを調節する[※1]

づけることが必要になります（図21）。骨盤が後傾していることから、座骨が傾き、座骨の前滑りを防止しにくくなります。前滑りを止めるためには座面角度を大きくすることになります。このことと、背もたれが倒れていることから、車軸位置が前よりにあると後方に転倒しやすくなり、車軸位置を後ろに移動させることと転倒防止装置を利用します。

⑤その他内転筋の異常筋緊張など

内転筋が異常緊張し、膝と膝がぶつかるような状態になることがあります。大腿の間にパッドを挿入したり、この部分が膨らんでいるクッションなどで対応しますが、緊張が強い場合には脚分離スリングを利用してリフトで吊り上げると緩和させられることがあります。

Ｃ）駆動方法の相違による標準型車いすの適合
①両手こぎ

こぎやすくするためには駆動輪径、座幅（ハンドリム間距離）、後輪軸位置調節、車いすフレーム剛性と重量などが大きな影響を与えます。

駆動輪径が大きければ軽く動きますが、座面が高くなり、肩関

節の可動域が広く必要になります。高齢者の場合には一般的には22インチを中心に、20、24インチが使用されます。

　座幅が広いとハンドリムまでの距離が大きくなり、肩関節が外転し、力を入れにくくなります。駆動力が小さな高齢者ではわずかな幅の相違がパフォーマンスに大きな影響を与えます。健常者ではなかなか理解しにくいことですが、駆動力が小さな人の場合には、わずかな差が結果を大きく左右することを忘れてはなりません。できるだけハンドリム間の幅を狭くします。介助者用のブレーキを装着するとハンドリム幅が広がることがあります。自走する場合には、介助用ブレーキが必要か確認し、不用な場合はこのブレーキがついていない車いすを選びます。

　後輪軸位置を前方に移動させると、大きな駆動輪と小さなキャスター輪との加重分担割合を変えることにつながります。駆動輪軸位置が前になるほど、走行抵抗が大きいキャスターにかかる荷重が小さくなり、車いす全体の走行抵抗が小さくなります。また、駆動輪軸位置が前方に移動するということはホイールベースが小さくなり、回転もしやすくなります。一方、重心位置が後輪に近づくことから後方へ転倒しやすくなりますから、一般的には転倒防止装置をつけます。転倒防止装置をセットすると、キャスターを浮き上がらせる高さに制限が生じ、段差を乗り越えられなくなることがあります。このような場合には一時的に転倒防止装置を解除しなければなりませんが、この解除と再セットが容易にできないと、段差越えなどキャスター上げが必要な時に苦労します。また、転倒防止装置は利用者が操作することはできません。介助者が操作することになります。

図22：両足こぎ

②片手片足こぎ・足こぎ

　車いすの駆動に両手・両足を利用したり、両足だけで駆動したり、片手・片足で駆動するなど高齢者の場合には多様な足の使い方をします（図22）。また、膝関節を屈曲させて駆動力を得るよりは、床を後方に蹴るようにして駆動力を得る方が容易なことから、しばしば後方へ移動する人を見かけます。この原因は車いすの適合が不適切であることと、適切な足こぎ方法がなかなか獲得しにくい技術であることによりますが、車いすの適合とこぎ方をきちんと伝えることによって、このような習慣がつく前に、前進して移動する方法を獲得するようにすべきです。

　足こぎで車いすを駆動するときには、座面の高さ、座面の角度、座の奥行き、バックサポートの角度などに対する配慮が必要です。

　一般的に座面の角度は水平ないしは若干前下がりにすると考えられていますが、実際にこの方法を試みると座骨が前に滑り姿勢が崩れてしまうことが多くあります。座面高さを低くし、座面を前上がりにして、座骨をしっかり支持する座面を作ると安定した足こぎができることがわかってきました。

座の奥行きは足でこいだときに下腿部や膝裏が座面にぶつからない長さにします。

背もたれ角度は直立気味で骨盤をしっかり支持するようにします。

片手片足こぎの時には足で推力を得ようとすると、間違いなく姿勢が崩れやすくなります。ハムストリングスの影響です（図18参照）。このため、手で推力を得て、足で方向制御をすると、姿勢の崩れを小さくできます。また、片手片足の場合には、こぐ足（健側）は床に着かねばならず、まひ足（患側）は床から浮いて、しっかり支持されていなければならないという矛盾が生じます。クッションで工夫する必要があります。

③介助移動

介助者が押す場合には、車輪径と取っ手の高さが大切な要素です。介助用だからと後輪径を小さくすると、操作に力が必要になり、乗り心地も低下します。後輪径は安易に小さくしない方がよいといえます。

また、介助者が押す取っ手の高さ調節も大切です。特に屋外移動など、比較的長い時間介助する場合には介助者の身長に合わせて調節できることが必要です。

介助者用のブレーキは、タイヤにバーを押しつけるタイプのブレーキは速度調整が難しく、緩みやすいといえます。自転車のブレーキのように車軸部分に内蔵するタイプが望ましいです。

D）座位変換型車いす

標準型の車いすをどのように調節しても姿勢が崩れるような場合には座位変換型車いすを利用します。特に体幹バランスが悪くなっ

たときには、リクライニング機能だけの車いすでは姿勢の崩れを止められません。座面の角度を調節するティルト機能、足を上げるレッグエレベーション機能、頭の位置を随時調節できる機構、体幹を側方から支持できるバックサポートなどが必要になります。

また、姿勢の崩れを小さくするためには、座の奥行きを大腿長に合わせることが必須であり、フットプレートの高さや角度も調節します。

この座位変換型車いすは、座位姿勢を目的や時間経過とともに変更できることが大きな特徴です。食事の時には体幹を立て、休息時にはバックサポートを倒し気味にするという調整や座圧などを変更するために座面・バックサポートなどの角度調整を随時行うようにします。姿勢を変化させても姿勢が崩れないためには、リクライニングを利用するよりはティルト機能を利用します。バックサポート角度を適合させたら以降はティルト機能だけを利用した方が座骨の前滑りなどの姿勢の崩れを防げます。

座位変換型車いすを利用するときには移乗介助には一般的にはリフトを利用します。身体機能的に立位を維持できなくなっている可能性が高いこと、この車いすの座面が高いことが多いことなどが理由です。座位バランスが悪いような場合でも介助者の能力が高ければ座位移乗も可能です。

3．最後に

車いすの適合をやってみればすぐにわかりますが、調節項目は矛盾することだらけです。フットプレートの高さ一つにしても、多くの要因があり、すべての要求に合わせるように設定することはできません。要求されることに順番をつけることが必要になります。利

用者の条件から要求されること、介助者の条件から要求されること、環境条件から要求されることなどを考えながら、たくさんの種類の車いすそれぞれが持っている機能を理解して車いすを選択し、調整するということは容易なことではありません。「最適な」適合などないといえるかもしれません。とにもかくにも試みてみることです。利用者の顔つきを見ていると自ずから「最適な」適合が見えてくるかもしれません。

第6章 お風呂に入る

　日本人は入浴で浴槽に入る習慣があります（沖縄などを除きますが）。このことが高齢者や障害者の入浴支援をとても難しくしています。シャワーだけでよいなら、浴室までの段差をなくすだけで、あとはきわめて容易に入浴介助することができます。

　「浴槽につかる」ということが血圧の問題などから生理学的にはあまり身体によくないといわれつつ、それでもゆったりと浴槽につかったときの開放感などから、何とか浴槽に入れるようにすることが求められています。多くの人が浴槽に入ることに執着するのは、入浴を清潔を維持するためだけの行為と考えているのではなく、精神的なゆとりを大切に感じているためだと思います。

　在宅と施設での支援ではまったくといってよいほど考え方や方法が異なりますので、それぞれに分けて記述していきます。

1．在宅での入浴支援

1-1．自宅での入浴と施設浴（デイサービスなど）

　障害者の場合には障害が重くなっても、在宅で入浴介助をすることがしばしばありますが、高齢者では障害が少しでも重くなってくると、すぐに施設浴（デイサービスなどでの入浴）にしてしまう（あるいはされてしまう）ことをよく見かけます。確かに、障害が重くなってくると介助者の負担が大きくなる可能性があり、家族やヘルパーの負担軽減という視点からは施設浴を勧める気持ちも理解できます。しかし、リフトなどの福祉用具を利用すれば、さほど大きな

負担をかけなくとも入浴介助することは可能になるのですが、在宅でお風呂に入れるための知識や技術がないがために、少し負担が重くなってきたら、すぐに施設での入浴にしてしまうことが多いようです。確かに家のお風呂に入り続けるためには、いろいろなことを考えなければならず、状態が変われば入浴方法も変わりますので、支援する方はなかなか大変です。しかし、多様な入浴方法を知っていれば、さほど支援も大変なことではありません。状態の変化に関しても、多くの場合あらかじめ変化の予測はできますので、それに早めに備えれば大きな問題にはならないと思います。しかし、現実には手っ取り早く楽な解決策、すなわち、「自宅のお風呂に入りにくくなってきたら施設浴」という短絡的な支援が多く行われているように感じます。自宅での入浴、施設浴、それぞれに利点・欠点がありますので、ケアプランをよく考えて、選択することが大切です。

A）在宅での入浴と施設浴の利欠点
○在宅で入浴することの利欠点
①リフトなど福祉用具を利用すれば力仕事はなくなりますが、身体を洗ったり、種々の作業は負担になる可能性があります。
②生活時間で入浴したり、自分のペースで入浴したりすることができ、入浴の利点である精神的なゆとりを感じることができます。
③あくまでも個人的なケアですから、他人を交えずに介助を受けることができます。

○施設浴の利欠点
①家族が完全にケアから解放されます。
②家に引きこもりがちな場合には外出のチャンスになります。

③一人一人のペースで入浴することはできず、また、生活時間での入浴もできません（生活時間での入浴という意味は、一般的には夜入浴するものであり、日中に入浴することは滅多にありません）。このような意味からは入浴に求められる精神的なゆとりとは少し離れてしまう可能性があります。
④入浴はきわめて個人的なケア（パーソナルケア）であり、人によっては見ず知らずの人に入浴介助されることを躊躇する人もいます。
⑤身体機能の変化に応じて容易に対応が可能です。一般的に施設浴では複数の入浴パターンで介助していますので、身体機能が変化しても容易に対応することができます。

なお自宅で入浴する場合には、身体機能の変化をよく観察し、絶えず先手を考えておくことが大切です。身体機能的に「できなくなったから、どうしよう？」ではなく、「間もなくできなくなる可能性があるから、今から対策を考えておこう」という視点がとても重要です。できなくなってから考えるのでは時間的余裕もなく、十分に試してみることもできません。また、手順や方法などを組み立てる場合も、余裕がある状態で考えたほうが良い考えが出てきますし、介助者が作業に習熟する余裕もあります。

1-2．入浴の手順

入浴動作は、①脱衣場まで移動し、②脱衣し、③洗い場に移動し、④洗体し、⑤浴槽に入り、⑥温まり（浮力をコントロールしながら）、⑦浴槽から出て、⑧身体を拭き、⑨脱衣場に移動して、⑩着衣し、⑪そこから移動する、という一連の流れになります（人によって、習慣によって順番が変わります）。以下在宅での入浴について記述

します。

　浴室周辺には大きな段差があり、立位が取れないと下衣の着脱が難しく、陰部洗浄が問題になります。また、浴槽の出入り、特に浴槽からどのように出るかが困難な課題になり、浴槽内では浮力の影響でおぼれそうになるのをどう防ぐかなど、いくつもの課題をすべて解決しなくてはなりません。これらを解決してはじめて、安心して入浴介助をすることができます。

　これらすべての要素に対して、利用者の身体機能を考え、住環境を考え、どのような福祉用具を利用するか、介助者の能力なども考えて、全体の動作を決めていきます。

A）脱衣室までの移動
①歩行補助用具で移動
　　歩ける人はそれぞれの歩行補助用具を利用して移動します。用具によっては住環境と整合しない場合がありますので、用具を変更するか、住環境を整えるかのいずれかの選択が必要になる場合もあります。なお、脱衣後の移動は歩行補助用具などが使えなくなることが多いので、注意が必要です。

②車いすで移動
　　歩けない人の場合には基本的には車輪がついたもので移動することになります。障害者の場合にはリフト（レール走行型）で移動する場合もありますが、高齢者の場合はほとんど見かけません。車いすを利用する場合には在宅における浴室までの動線はクランクがあるなど、車いすでは移動できないこともしばしばあります。

③シャワーキャリーで移動
　　シャワーキャリー（**図1**）は車いすよりコンパクトなので幅が狭い廊下を通過しやすく、また、回転半径も小さいのでクランク状

第6章　お風呂に入る

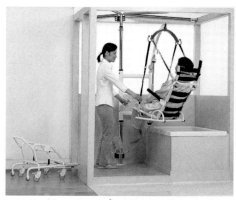

図1：シャワーキャリーの一例。このタイプは座面を切り離すことができ、座面部分だけをリフトで吊り上げることができる。安楽キャリーBタイプ（分離型）／㈱モリトー

の動線も通過できる可能性が高くなります。

　場合によっては濡れた状態で座ることも考えられますので、車いすでは不都合な場合もあり、このような場合にはシャワーキャリーがよく使われます。また、そのまま浴室に入れて洗体時に使うこともできます。

　シャワーキャリーを選ぶときに考慮すべきは車輪の径と座や背もたれなどの形状です。

　車輪はキャスターや小半径の車輪が使われますが、動線の状態によって考える必要があります。段差があるときは通過可能な車輪半径であることが必要になりますし、小さな回転半径が要求される場合には4輪ともキャスターであることが必要になる場合もあります。一方、狭い直線路であるならばキャスターは2輪にし、残り2輪は固定輪にしないと直進性が低下し、壁などにぶつけやすくなります。

　座はウレタンなど比較的硬いものの場合には、体幹バランスが悪いと姿勢が崩れやすく、たわむシートの場合には体幹バランスを崩しやすい人でも比較的安定して座れますが、移乗が少し難し

くなり、座面に穴などがありませんので陰部洗浄の方法を考えておかなければなりません。座面に穴が空いている場合には陰部洗浄がしやすいと考えられがちですが、骨盤が後傾していたり、肉付きの状態によっては陰部洗浄がしにくい場合がありますので注意が必要です。

B) 衣服の着脱

特に問題になるのは立てない人の下衣の着脱です。

上衣は立てても立てなくても、座って着脱するのが原則ですから、座るものを準備すれば特に問題は生じません。車いすやシャワーキャリーで移動した人は上衣はそのまま着脱することができます。

下衣に関しては、立てる人は立位を安定させるための手すりなどを準備すれば容易に着脱できます。手すりなどの支持物を利用すると上肢を立位の維持に使用するため、着脱衣が自分でできなくなる場合があります。そのときは介助で着脱することになります。

立てない人の場合には狭い脱衣室で下衣を着脱することはほとんどできません。したがって、立てない人の場合には寝室の臥位の状態で下衣を脱いでから、車いすやシャワーキャリーに移乗し、脱衣室まで来ることになります。この移動の時、下半身は裸になりますので、上からタオルをかけたりします。この場合も上衣は脱衣室ないしは洗い場で座位で着脱します。

C) 洗い場までの段差

脱衣室と洗い場との間に段差がなければ問題はありませんが、多くの場合、洗い場が下がっているか、この場所に凸の大きな段差があります。歩ける人の場合は脱衣場と洗い場の出入り口両側に縦手すりを設置し、横向きに跨ぐようにしてこの段差をクリアします。

歩けなくなったら、後述するリフトでこの段差を越えます。シャワーキャリーなどの車輪で越えるためには段差をなくす必要があります。障害者の場合は住宅改修してこの段差をなくすということが行われることがありますが、集合住宅では構造上段差をなくすことができない場合も多々あり、住宅改修しなくとも入浴が可能になるリフトの威力が発揮されます。

D）洗体

基本的に座って洗体します。そのためにシャワーチェアやシャワーキャリーが利用されます。シャワーチェアにはバックサポート、アームサポートがあるもの、ないものがあり、身体機能に応じて使い分けます。

身体を洗うことは、立てない人の陰部洗浄を除けばほとんど問題はないでしょう。立てない人の陰部洗浄にはいくつかの方法があります。

①シャワーチェアの座面に空いている穴を利用する

　丸い穴とU字の穴があります。U字の方が洗いやすくなりますが、座位のバランスをくずしやすくなります。骨盤が後傾していたり、太っていると洗浄できない場合があるので確認が必要です。

②シャワーチェアの背もたれを倒して前から洗う

　リクライニングできるシャワーチェア（シャワーキャリー）の場合には体幹を前傾させて、まず背中側から洗えるところまで洗い、次いで背もたれを倒して足を上げ、前から陰部を洗います。これでほぼ洗えます。

③リフトで吊り上げて

　リフトを利用している場合には、スリングによっては吊り上げておいて陰部を洗浄することができます。

E）浴槽に入る

歩ける人の場合には跨ぎ越しで入りますが、立位を安定させるために手すりを利用します。立位の跨ぎ越しが不安定な場合は座って入ります。

①浴槽固定手すり

浴槽の縁に固定して利用します。浴槽固定手すりには跨ぎ越しを目的としたもの、浴槽内での安定のためのものがあり、両方を取りつけられるタイプもあります (図2)。一般的な浴槽固定手すりでは、浴槽の蓋はこの上に置くことができますが、浴槽の蓋が利用できなくなる手すりもあります。

②壁固定手すり

壁に固定した手すりを利用して跨ぎ越しを行います (図3)。多くは横向きで越えますが、この場合には手すりは横手すりを利用します。浴槽の中で立った姿勢で都合のよい高さに設置し、洗い場でも立った姿勢の位置に設置します。したがって、浴槽の縁を境にして高さの異なる横手すりを2本設置するのが一般的です。浴槽の底と洗い場の床の高さが同じ場合は横に1本の手すりになります。

環境条件から横手すりが利用できない場合には、浴槽の縁の位

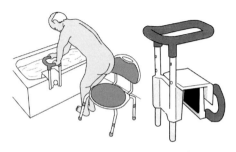

図2：浴槽の縁に固定する手すり[※1]

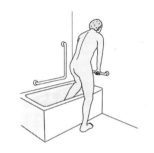

図3：壁に固定した手すり[※1]

置に縦手すりを設置し、これを利用して横向きの跨ぎ越しをしますが、横手すりの方が安定します。

③座って出入りする

立位で入ることが不安定になったら座って入ります。浴槽の後ろに座るスペースがあると、この位置に座ってゆっくり浴槽に入ることができます。

浴槽の後ろに座るスペースがない浴槽では、浴槽の横にいすを置いて、いったんこれに座り、お尻を横に移動できれば、移動させてから、足を浴槽の中に入れます。

④浴槽内昇降機を使う

浴槽内に電動で昇降できるいすを置き、これでお湯につかる動作を容易にする浴室内昇降機があります(図4)。この装置は浴槽内で昇降するだけですから、このいすに移乗することができないと利用できません。そのためには自分でお尻を横に動かせて移動できる必要があります。また、浴槽が浅いと肩までお湯につかれない、浴槽の長さが小さいと足がぶつかって利用できない、などの条件もあります。

この浴槽内昇降座面に関しては、シャワーキャリーのいす部分をレールで浴槽内に移動させ、浴槽内で昇降させるものもあります。

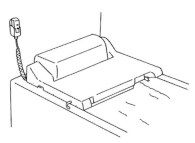

図4：浴槽内昇降座面[※1]

これらの装置は使用できる浴室環境に制限があり、利用者の身体機能にも制限がありますので、利用するときは十分に検討することが必要です。特に身体機能の変化が予測されるときはどのような状態まで利用でき、どうなったら利用できなくなるかをよく考えておくことが大切です。

⑤リフトを利用する

　自宅の浴室にリフトを設置し、入浴する方法に関しては後述します。

Ｆ）浮力をコントロールする

　浴槽内では浮力が働きます。体幹が直立した姿勢で入っていれば浮力の影響はほとんど受けません。しかし、一般的な浴槽では少し寝た姿勢で入っていますので、浮力の影響を受けやすくなります。浮力が働くと足が浮き上がり、頭は後ろに沈み込む方向に動きます。この浮力をコントロールできないと溺れてしまいます。

　浴槽の形が大きく影響します。長く浅い浴槽は溺れやすい浴槽です。洋式バスは健常な人でも溺れそうになります。短く深い浴槽は溺れにくいのですが、出入りが難しくなります。

①自分で足を伸ばして、浴槽の壁を押さえられれば問題ありません。
②壁や浴槽の縁、浴槽の内部に取り付けた手すりをつかむことができれば浮力を抑えられます（図5）。
③浴槽の中に10〜15cm程度のいす（浴槽内いす）（図6）を置いて、これに座って入れば体幹が起きてきますので、浮力の影響を受けにくくなります。このいすを利用すると、浴槽内から立ち上がりやすくなるという利点もあります。しかし、浴槽が深くないと肩までお湯につかれない可能性が高くなります。

第6章　お風呂に入る

図5：浴槽の縁に固定した浮力調整用の手すり（右手）と浴槽の壁面に固定した吸着式の手すり（左手）

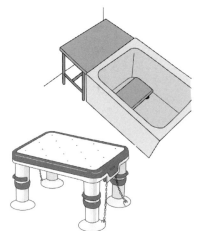

図6：浴槽内いす※1

④介助者が膝を抑える場合もあります。
⑤座面角度がついているシャワーいすを浴槽内で利用すれば、浮力を抑えられる場合があります。
⑥特別な突っ張り棒や浮力止め装置（図7）もありますが、これらはすべて手作りですので、一般的には利用できません。これらが商品化されればよいのですが、ニーズが小さく、商売にはなりにくいようです。

G）浴槽から出る

　この動作が入浴支援での最大の問題です。多くの支援者が浴槽から出にくくなったら施設浴しかないと考えています。リフトを使えば問題なく、容易に浴槽から出ることができますが、入浴にリフトを使うことは後述します。

　浴槽から出にくくなったときは、まずは必要になる用具類を準備して、動作を教えます。

第6章．お風呂に入る

図7：手作りの浴槽内浮力止め装置

図8：教科書などによく記述されている浴槽
内からの立ち上がり動作[※4]

【ちょっとおかしな話】

　教科書に書かれている浴槽から出る動作の方法です。
　「浴槽内から立ち上がる基本的な動作は、膝を曲げて足を引き寄せ、体幹を前傾させて基底面内に重心を移動させる。この重心移動が十分にできないときは手すりを利用して重心を前方に移動させ、基底面内に入ったら膝を伸ばして立ち上がる」というものです(図8)。具体的には「このために、まずは浴槽の底に滑り止めを敷き、縦手すりを適切な位置に設置すればよい」とも書かれています。多くの教科書で同じようなイラストをつかって説明しています。
　しかし、健常者でもやってみると容易ではありません。まず基底

225

第6章　お風呂に入る

面を作るために足を引くという動作は体が固い人には難しく、障害を有する高齢者ができるだろうかと疑問を感じます。次に縦手すりで重心を前に移動させる動作ですが、足が十分に引けていないと距離が遠くなって、上肢筋力が相当強くないと自分の体重を移動させられません。また、片まひを想定してやってみると身体が斜めになってしまい、上手に重心を移動できません。高齢者や障害者でこのような動作ができる人はほとんどいないのではないかと思いました。

　私の知り合いが、ある片まひのおじいさんから教わった方法を教えてくれました。彼は以下のような表現をしたわけではありませんが、彼が行っていた動作をわかりやすく表現するとこのようになります。

　まず両手を浴槽の底に着き（彼は片まひでしたから片手でしたが）、プッシュアップしながら体幹を前に傾けます。そうするとお尻が自然に後ろに移動し、膝を軽く曲げる程度で基底面内に重心が移ります (図9)。この姿勢が作れればあとは簡単で足を固定して、そのまま立ち上がればOKです。片まひでも問題なくできそうです。

　この方法は、まず基底面を作ってからそこに重心を移動させるのではなく、基底面を重心位置に移動させようというもので、その時

図9：プッシュアップして、お尻を後ろに引く[※4]

に浮力を上手に利用しています。とても合理的であるとともに、容易な方法でもあります。

昔から教科書に書かれていた方法は誰が考えたのでしょうか。また、それが延々と書き継がれてきた経緯とはどういうことなのでしょうか。教科書を書く人は自分で確認せず、どこかの文献に書かれていたことを信じてそのまま書き継がれてきたということのようです。

その後の動作については、入るときの逆の動作になりますので、ここでは省略します。

1-3．リフトで入浴する

A）リフトの種類

段差だらけの浴室で、浴槽につかるというわが国固有の入浴方法に対応したリフトが市販されています。洗い場と脱衣室との段差もリフトで越えます。わが国固有のリフトです。

住宅改修せずに入浴するためには、まずハンガーが脱衣室まで出ることが必要です。このために、マスト型リフトのアームを二関節にし、ハンガーが脱衣室、洗い場、浴槽をカバーできるようになっています（図10）。代表的なリフトを図11に示します。

一方、レール走行型でも伸縮するレールを利用し、脱衣室までレールが伸びてくるようにしたシステムがあります（図12-1、12-2）。

また、住宅改修しないためには設置方法に工夫が必要になりますが、マスト型は基本的には天井近くで四隅に突っ張り棒を設置します。場合によってはマストを接着剤で床面に固定することも行いますが、あとではがせばきれいになります。

レール走行型では天井近くの四隅でフレームを壁に突っ張って固

第6章 お風呂に入る

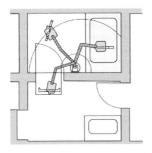

図10：脱衣室まで出てくるハンガー[※4]

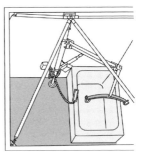

図11：ベルト巻き上げタイプの浴室固定リフト[※4]

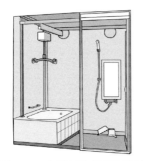

図12-1：ユニットバスでも固定できる面レール型浴室用リフト[※4]

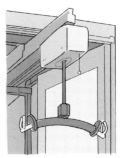

図12-2：レールが伸縮して脱衣室までハンガーが出てくる[※4]

定しています。ユニットバスでもコーナーは強度があるのでこれで固定できるそうです。

B）手順

　立てる人の場合には脱衣室に移動して、脱衣し、スリングを利用して吊り上げ、洗い場に移動して洗体し（陰部洗浄は立位で）、スリングで吊り上げて浴槽内に入り、温まったらリフトで外に出て、身体を拭いて着衣します。

　立てない人の場合には、一般的にはベッドで下衣を脱衣し、リフトでシャワーキャリーに移乗し、シャワーキャリーで脱衣場まで移

動したら、上衣を脱衣して、リフトで洗い場に移動します。シャワーキャリーを洗い場に移動させてもよいし、洗い場には別なシャワーチェアを準備してもよいです。陰部洗浄は後述します。

　洗体したら浴槽に入りますが、シャワーキャリーの座面を切り離せるタイプを利用していれば、そのいす部分を吊り上げて浴槽に入ります。スリングで入る場合もあります。出てきたら可能な限り水分を拭いて、シャワーキャリーで寝室に移動し、リフトでベッドに移乗して体を拭き、着衣します。

　入浴手順は身体機能により、住環境により、種々のバリエーションがあります。住環境が多様であり、身体機能も多様で、入浴の習慣も多様であるなど、バリエーションがたくさんありますので、よく検討して手順を決めていきます。

2．施設におけるリフト入浴

　ここではリフトを利用した施設の入浴に関して記述します。

　高齢者施設では、機械浴や特浴といわれる特殊浴槽を利用した入浴と、個浴といわれる一般的な家庭にあるような浴槽を利用する方法とがあります。一般的に特浴は2人介助、個浴は1人介助です。

　また、浴槽の中の姿勢で分類することもできます。寝た姿勢で温まる「寝浴」、座った姿勢で温まる「座位浴」、一般的な浴槽のような「長座位浴」に分かれます。

　寝浴は関節変形や拘縮などから臥位の姿勢でなければ入れられない場合にこの姿勢になります。特浴といわれる機械浴の設備やリフトがないと入浴介助はできないといえます。

　座位浴はシャワーキャリーのいす部分で浴槽に入る場合や、チェアインバスといわれるシャワーチェアのまま浴槽に入れる場合など

です。浴槽内いすを利用する場合もこの姿勢に近くなります。

　長座位浴は普段の入浴と同じで、浴槽の床にお尻を降ろした姿勢での入浴です。

　最近は高齢者施設利用者の重度化がいわれています。このことは浴室の利用についても大きな問題になっています。すなわち特浴利用者が増えて、時間割が組みにくくなってきていることと、特浴は２人介助ですから、人手が入浴介助にとられ、通常のケアが手薄になるという問題です。

　この解決策の一つは個浴にリフトを導入して、１人介助で行うことです。ユニットケアの施設では特浴は施設に１カ所が多く、連れていって、帰ってくるだけでも時間がかかりますが、個浴は居室の近くにあることと、リフトを設置すれば１人介助でほとんどの場合行えるようになりますから、いわば省力化に役立ちます。福祉用具は本来省力化のために利用することは難しいのですが、この場面では役に立ちます。

　まずは、リフトを利用した個浴の利用に関して記述します。

2-1．個浴でリフトを利用する
A）利用するリフト

　天井走行リフトが使いやすいといえますが、費用がもっとも高いことや、環境条件（主として天井の状態）によっては設置できない場合があります。天井走行でもレールを天井に固定する場合と櫓を組んで設置する場合があります。

　マスト型のリフトだと比較的安価に導入でき、設置できる環境条件も少し緩和されます。しかし、移動範囲が限定されますので、車いすからの移乗介助などで制限を受ける場合があります。

　リフトの設置でもっとも留意すべきは下衣の着脱をどのようにす

るかという問題であり、脱衣室にベッドやストレッチャーが配置できるか否かが大きな分かれ目になります。後述しますが、下衣の着脱ではベッドやストレッチャー、リクライニングのできるシャワーキャリーなど、簡易にできる方法はすべて臥位にします。このスペースが脱衣室と洗い場とで確保できるか否かが、容易に入浴介助ができるか否かの大きな分かれ目です。これが確保できるなら、車いすとそれらの脱衣をするための用具との間で移乗ができるリフトを選ぶことが必要になります。リフトで車いすから吊り上げて、車いすをどけてストレッチャーやシャワーキャリーに移乗させられるためのリフトということになります。マスト型のリフトの場合にはカバーできる領域が狭くてこのことができない可能性があります。

　簡易なスタンディングリフトで下衣の着脱と車いすとシャワーキャリーとの移乗ができる場合があります。浴槽に入るためのリフトと下衣の着脱のためのリフトと2台のリフトが必要になるので経費が掛かりますが、特浴の設置費用などと比較すればかなり低額です。

B）手順

　通常の入浴手順と基本的には同じです。特に問題になる点は、
①立てない人の下衣の着脱方法
②立てない人の陰部洗浄の方法
③浮力のコントロール
　です。

①立てない人の下衣の着脱

　　立てる人は問題がないので省略して、立てない人の場合を考えます。

○ベッドやストレッチャー上で、臥位で着脱する。

　一番容易な方法に思えますが、まずベッドなどを置くスペースがあることが必要です。また、そこでリフトが使えるということが条件になります。

　側臥位にしながら着脱しますので、幅が狭いと１人介助では側臥位にしにくい場合があります。ベッドではほとんど問題ないのですが、ストレッチャーの場合は幅が狭いので体格がよい利用者の場合には、１人介助ではできない場合があります。

○ハイジーンスリングで吊り上げて着脱する

　このスリングは適応する身体機能に制限があります。股関節伸展筋力が弱くなると利用できません。かなり適応の範囲を広げることができる機種もありますが、価格が高価なこととそれでも下衣の着に時間がかかり、時間が長くなると利用者に負担を与えてしまいます。

　着はざっと着せるだけで、あとはベッドに戻ってきれいに着せるということを考えればかなり使える手段です。ただし、このスリングが不適応な利用者は必ず生じます。

CASE STUDY　個浴では軽い障害から

　ある特別養護老人ホームでの経験です。この施設では、ベッドと車いす間の移乗にはリフトやトランスファーボード、スライディングシートなどを利用し、力仕事はなくなっています。特浴でも人を持ち上げる場面はなくしました。個浴にリフト（天井走行面レール）を設置し、まずは障害が軽い人、すなわち、立てる人からはじめて、一つ一つ問題を解決し、リフト浴を一般化してきました。

　次は立てない人をどうするかということになり、ストレッチャーを利用して側臥位で下衣の着脱をするようにしました。この方法で

第6章 お風呂に入る

　いろいろな人の入浴介助の手順を確立していく中で、非常に体格のよい利用者で問題が生じました。ストレッチャー上で側臥位にする動作が介助者1人ではできない（反対側に落下させそう）という問題です。また、ストレッチャーを利用すると移乗の回数が増え、時間がかかるということも指摘されました。

　どうするかと考えた結果、ハイジーンスリングを利用してみることにしました。このような場合に手順を考えるすばらしい能力を持った介護職が中心になって、手順を整理していきます。手順が決まったところで、全介護職への実技講習をしました(図13)。終了後実際にこのスリングで入浴介助をしてみると、約半数の介護職が介助途中で不安定な部分が出てきます。このスリングはもともときわめて慎重に利用しなければ利用者に苦痛を与えかねないタイプです。慎重にやる手順を教えたのですが、慎重にやろうとすると、どうしても時間がかかります。吊り上げた状態で時間がかかりすぎると、だんだん姿勢が崩れてきます。半数の介護職が時間がかかりすぎるという結果です。この結果からこのハイジーンスリングを利用するという方法はやめることになりました。

図13：ハイジーンスリングを利用して下衣の着を介護職に教えている場面。もちろん先生役も介護職

第6章 お風呂に入る

○スタンディングリフトで着脱する

　このタイプのリフトも適応となる範囲が狭く、多くの利用者が不適応となってしまいます。しかし、最近新たに開発されたスタンディングリフトは多くの利用者で安心して利用できそうです。

○リクライニングできるシャワーキャリーの一つ

　あるメーカーのシャワーキャリーはリクライニングさせた状態で、仰臥位のまま下衣の着脱ができます。今のところ1社の商品しか確認できていませんが、これを利用すると、ほとんどの人が下衣の着脱の問題は解決できそうです。

CASE STUDY　下衣着脱を解決する

　前述したハイジーンスリングをやめた施設で見つけた具体的な使用例です。何か代替できる手段はないかと考えていたときに、このシャワーキャリーを見つけました(図14)。試しに使ってみると、リクライニングさせて、仰臥位のまま下衣の着脱ができます。

1. 車いすからリフトで吊り上げて、このシャワーキャリーに移乗します。

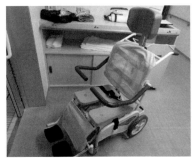

図14：仰臥位のまま下衣の着脱ができるシャワーキャリー

第6章　お風呂に入る

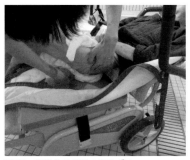
図15：仰臥位でおむつをはずす

図16：膝を立てさせて、仰臥位のまま下衣を着せる

2．上衣は座位で脱がせ、リクライニングして、仰臥位のまま下衣を脱がせます（図15）。このとき、座（シート）と背（バックサポート）の間に隙間があり、この隙間を上手に利用して脱がせることができます。
3．洗体し、脚分離スリングを装着して浴槽に入ります。
4．温まっている間に、シャワーキャリーを拭き、バスタオルをかけ、おむつ（テープ式）をおいておきます。
5．浴槽から出たら、スリングの上からバスタオルで拭き、水分を可能な限り取ります。
6．シャワーキャリーに着座させ、おむつを装着したら背を起こしてスリングを抜きます。
7．上衣を着せたら、リクライニングを倒して、下衣を着せます。お尻の下を通すときは膝を立てさせたり、隙間に手を入れて仰臥位のまま着せることができます（図16）。
8．背を起こし、スリングを装着して車いすに移乗します。

②陰部洗浄

　これも立てない人の場合だけが問題になります。

○シャワーチェア・シャワーキャリーの座面の穴を利用する

　これで洗える人はまったく問題なしですが、座位の姿勢やお尻

235

周辺の肉の付き方によって洗えない人も生じます。
○脚分離スリングで吊り上げて洗浄する
　浴槽に入るときにこのタイプのスリングを利用する人は吊り上げて陰部洗浄することができます。ただし、このスリングも全員が使用できるわけではないことと（身体機能によって不適応がある）、このスリングで浴槽に入らない人の場合は当然この方法は利用できません。
○ハイジーンスリングを利用する
　下衣の着脱にこのタイプのスリングを利用する場合には、下衣を脱がせたらすぐに陰部洗浄するという方法で洗うことができます。
○リクライニングできるシャワーキャリーを利用する
　シャワーキャリーがリクライニングできる場合には、背を起こした状態で体幹を前傾させ、背中側から洗えるところまで洗い、その後背を倒して足を上げ、前側から洗うとほぼすべてを洗えます。

③浮力のコントロール
　在宅の場合とほぼ同様です。
　1．足を突っ張れる人は足を突っ張る
　2．シャワーキャリーのいす部分を吊り上げて浴槽に入るが、座面の角度をつける
　3．浴槽の縁や内壁面に着けた手すりをつかむ
　4．突っ張り棒や浮力防止用具を製作する
　　浮力防止用具は簡単に製作できますし、かなり効果的な用具ですから、他の方法でうまくいかないときはこれがお勧めです。私は1時間ほどで一つ作ります。

C）留意すること

　一つの施設の一つの浴槽の場合でも、入浴方法はワンパターンではありません。利用者の状況によっていくつかの入浴方法の中から最適な方法を選択します。下衣の着脱方法によって、洗体時のシャワーチェアが変わったり、浴槽に入る方法がスリングになったり、いすになったりと、利用者の身体機能を考えていろいろ試しながら最適な方法を決めていきます。

　入浴介助に限らず、介助の方法はたくさんあり、利用者の状況に応じて多くの方法の中から最適な方法を選択するというのは必須のことです。ワンパターンですべてがすむと思うのはケアの質が問われます。

2-2．特浴でリフトを利用する

　特浴にはリフトが設置されていないことが多く、シャワーチェアやストレッチャーを浴槽に入れる部分だけが機械化されています。すなわち、車いすで浴室に来た利用者を脱衣のためにベッドやストレッチャーに移乗させる部分や、そこから入浴用の用具に移乗させる部分は人手で持ち上げていることがほとんどです。これでは機械浴とはいえません。人が人を持ち上げる場面はすべてなくしましょう。そのためには特浴にリフトが必要になります。リフトを利用してベッドなどに移乗し、着脱衣を行います。

　もし特浴をこれから作る場合には、いわゆる機械浴槽を導入するのはやめて、大きな浴槽と天井走行リフトを導入することをお勧めします。そうすれば人が人を持ち上げる場面はなくすことができますし、全体の費用も安価になります。

A）従来の機械浴にリフトを加える

浴室にリフトを設置し、今まで人が人を持ち上げていた部分をリフトで行えばよいので、もっとも容易な方法です。

B）リフトによる機械浴

浴槽は大きな浴槽をそのまま利用し、寝台部分をリフトで吊り上げられるようにしたストレッチャーを新たに購入すれば備品類は整います。

一般的に機械浴に入る人の場合には車いすへの移乗介助にリフトを利用していることが多く、また、シート型のスリングであることが多いといえます。このような場合は浴室に天井走行リフトを設置することで、もっとも容易に入浴介助することができます。

① リフトがあるところまで車いすで移動し、スリングで吊り上げ、ストレッチャーに移乗します。
② ストレッチャー上で脱衣します。下衣の脱衣は側臥位にしますが、この場合は２人の介助者がいますので問題はありません。
④ そのまま洗体します。陰部洗浄も臥位ですから問題なしです。
⑤ ストレッチャーの寝台部分を吊り上げて浴槽に入れます。
⑥ 温まったら寝台部分をストレッチャーとドッキングします。
⑦ 身体を拭き、寝台部分も拭いて水分を取ります。一般的にこのようなストレッチャーは撥水性のウレタンでできていますので、拭くだけで水分は取れます。
⑧ 着衣し、スリングを装着します。
⑨ 車いすに移乗します。

特浴は、かなり重度な障害で、いわゆる寝浴といわれる寝た姿勢でなければ入浴できない人に限定されます。それ以外の人はリフト

を設置した個浴で入浴できるはずです。したがって、入浴パターンが一定化される傾向にあり、この意味では介助が容易になります。

第7章
その他の福祉機器・用具

　これまで記述してきた以外に、福祉機器・用具には「排泄関連（おむつ、集尿器、自動排泄処理機、ポータブルトイレ、トイレ周辺機器など）」、「食事関連機器（食具、調理用具、テーブルなど）」、「手すり類（置き型手すり、天井突っ張り手すり、壁固定手すりなど）」、「コミュニケーション関連用具（補聴器、意思伝達装置、拡大読書機、文字盤など）」などがあります。

　これらの領域は私にはその全般を記述するだけの知識と経験がありません。したがって、どなたかの知見をコピーするのはむだだと思いますので、私が経験したことをエピソード的に記述したいと思います。

1．排泄関連

A）集尿器に関して

　これは私自身の経験談になります。10年ほど前に手術をした後遺症として、半年以上尿失禁に煩わされました。尿失禁の最大の問題は失敗したときの対策です。はっと気がついたときにズボンの前が濡れていて、お尻が冷たく感じたときの恐怖感は経験した人にしかわからないかもしれません。尿失禁以外身体機能的に問題はありませんので、外から見た人はなぜズボンが濡れているかは想像できないでしょう。失敗したときは大急ぎで替えのズボンを持ってトイレに駆け込みました。排泄用具は決して失敗してはいけないという条件が伴いますが、それにしては、施設の利用者で車いすのクッショ

ンが濡れてしまうということが多く起こるのはどうしてでしょうか。やはり、本人の緊張感が介護職に伝わらないのでしょうね。

　これは余談ですが、高齢者施設で車いすの適合をしていて、試しに自分で座ってみたらお尻が冷たくなったことがあります。まさかクッションがぬれているとは思わずに、確認もしないで座ってしまったからです。すべて洗濯してもらいましたが、乾くまでは帰れませんでした。かなりケアの質が高いと思っていた施設でもこんなことが起こるのですから、たぶん多くの場合、日常茶飯事的に起こっているのでしょうね。

　さて、私はいくつかの集尿器を試してみました。コンドームタイプで、ペニスにコンドームのようなゴムをかぶせ、管がつながっていて、ふくらはぎに設置した袋に蓄尿するタイプや、コンドームではなくカップ状になっているものなどを試しましたが、私の場合はいずれもうまくいきませんでした。カップ状になっているものは輸入品で、ゴルフもできるという宣伝文句でしたが、少し屈んだだけではずれてしまい、私の場合はとてもゴルフができるとは思いませんでした。ペニスの大きさが問題なのでしょうか。

　コンドームタイプは皮膚のかぶれが問題になりました。私は柄にもなく皮膚が敏感なので、絆創膏など貼り付けるもの全般が苦手です。

　結果的に使い続けたのはパッドでした。パッドが一番安心して使えましたが、問題もありました。私は出張が多い生活なので、パッドを大量に持ち歩かなければならないことが最初の問題です。やはり使い慣れた商品以外は心配なので、出先で購入することはしませんでした。結果的に大量に持ち歩かなければならなくなります。

　また、使ったあとのパッドを捨てるところがないことも問題でした。駅などの公衆トイレにはゴミ箱がありません。オストメイト用

のトイレに入っても、捨てるところがないのにはびっくりしました。結果としてこれも絶えず持ち歩かなければならないということが大きな問題でした。臭いのことを考えて何重かにしたビニール袋に入れて管理するという面倒なことを強いられました。女性用トイレにはパッドを捨てる容器があるそうですが、男性用トイレにも欲しいと思いましたが、あまり要求はないのでしょうね。

B）大便失禁に関して

尿失禁よりも社会生活を営む上で大きな問題になるのが便失禁です。臭いの問題は尿失禁よりはるかに深刻です。

30年ほど前、ある障害者の支援をしたことがあります。四肢まひで、電動車いすに乗っている人ですが、ある時一念発起して施設から出て、私が当時勤めていた研究所に近い場所で（約1kmほど）独居をはじめました。彼は「死んでもいいから施設から出たい」という思いで生活をはじめたそうです。生活を支えていたのはボランティアです。

彼から依頼されたことが大便失禁の対策です。大便を失禁することがしばしばあり、1人の時に何とか処理できる方法を考えて欲しいというものでした。これは私1人ではできる仕事ではないので、研究所内で数人のグループを作り、皆の知恵で対策を考えることにしました。

1人のスタッフが、座浴器（図1）というものを見つけてきました。妊産婦が出産後に利用することを考えて作られたものだそうで、便器状のものにお湯をため、そこに座って超音波で洗浄するというものです。大便のあとこれに座れれば洗浄まではできそうだということがわかりました。

次は座浴器にどう移乗するかですが、これは比較的簡単に方法が

第7章　その他の福祉機器・用具

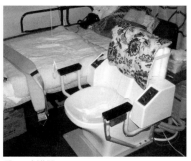

図1：座浴器

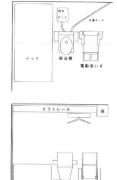

図2：座浴器とベッド、電動車いすをリフトでつなぐ

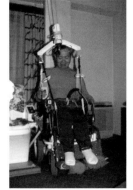

図3：リモコンスイッチと、呼気と吸気によるスイッチ

見つかりました。レール走行式のリフトを導入し、走行と昇降を電動にすればよいというわけで (図2)、問題はどう操作するかということだけでした。リモコンのスイッチを持たせてみたら、何とか自分で操作できます。しかし、独居の時に使うわけですから、このスイッチを落としたらおしまいです。安全対策として、呼気と吸気で操作する二つ目のスイッチを設置しました (図3)。ビニールチューブを口にくわえて操作します。しかし、これでもまだ心配なので、緊急通報システムも導入しました。スイッチを押すとあらかじめ設定された電話に自動的に通報してくれる装置です。当時は携帯電話

第7章　その他の福祉機器・用具

図4-1：失禁したらリフトでベッドに

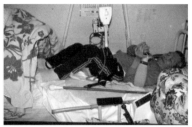

図4-2：臥位になってズボンを脱ぎ

図4-3：吊り上げておむつをはずし

図4-4：座浴器に座って洗浄する

図4：失禁したあとの処理

がありませんでしたので、3軒の固定電話を登録しました。

　失禁したあと座浴器に座るまでの動作（ズボンの脱衣など）や、おむつをどう処理するかは、リフトを使いながら種々の工夫をし、何とかできるようになりました**(図4)**。その後はベッドに戻ってボランティアが来るのを待つという方式で処理システムが完成しました。

　このシステムは順調にはたらいていたのですが、ある時とんでもない事故を起こしました。実際に使っているときに、リモコンのスイッチを落としてしまったのです。こういう時のために準備しておいた呼吸気のスイッチですが、口の回りにビニールチューブがあるのが煩わしいということで、口から離れた位置に置いてしまってい

244

たのです。口が届かず、これも使えません。最後の命綱の緊急通報システムのスイッチを押したのですが、登録された3軒共に留守でつながりません。彼は宙ぶらりんの状態になってしまいました。彼が使っていたスリングは自分ですべてを操作しますので、身体全体を覆うようなものではなく、2本のベルトです。これは長い時間耐えられるものではなく、落下の危険が強いものです。それらのことはすべてきちんと説明し、その危険性も口を酸っぱくして話しておいたのですが、残念ながらあまりその意味がわかっていなかったようです。頭で理解していたとはいえ、実際にこのような状態になると、彼は相当に焦ったそうです。何とかがんばってビニールのチューブを口元に引き寄せ、ベッドに降りることができたそうですが、それまでに約30分かかったそうで、よく耐えたと感心しました。この事故のあと、スイッチを変更し、**図5**のようなスイッチにして落とす心配のないものにしました。

　この事故以来、リフトの自立使用に対する支援はやらないことにしましたが、障害者の思いと事故の問題との関係はなかなか解決が難しいことではあります。障害がある故に動作に制限があるという

図5：改良したスイッチ

ことは、福祉用具を使っていて事故をおこしやすくなるということを意味します。しかし、彼は自分でやりたいという強い思いがあります。しかし、口では「死んでもいい」と言いつつ、もちろん死んでいいわけがありません。道具である限り危険は伴い、障害者が自分で操作するということはこの危険率をさらに高めます。どこまでができることなのか、個々の判断によらざるを得ないと思いますが、障害者も支援する側も慎重な判断が求められます。

　大便失禁がとても面倒な問題だということを実感したエピソードもあります。彼に自分の生活を話して欲しいと思い、ある学会のような場所で話しをしてもらったことがあります。札幌でしたが、一緒に行き、講演が終わったところで便失禁がおこってしまいました。話しが終わったあとでよかったのですが、便失禁の最大の問題は臭いです。こればかりはどうしようもなく、早く処理する以外に方法はありません。私のホテルが近かったので、人海戦術でホテルの浴室で処理をしました。終わって皆帰ったあとに残ったのは、便がついたおむつです。ちょっと高級なホテルだったのですが、自分で処理するわけには行かないので、フロントに電話して、おむつの処理を頼みました。部屋に来たボーイが怪訝そうな顔をして私の顔を見たことを覚えています。説明する気にもならなかったのでそのままにしましたが。

C）おむつのあて方

　先日ある施設で、１人の利用者の車いすでの座位姿勢に関して仲間達と議論していたときのことです。参加者の１人が「おむつのあて方が不適切だから、筋緊張が強くなっているのではないか」と指摘しました。股の周辺が異様に盛り上がっています。そのときちょうどこの利用者が尿失禁をしていることに介護職が気づきました。

おむつを交換するというので、その彼はおむつのあて方をチェックするために見に行きました。帰ってきて、「やはりおむつのあて方が不適切で、股関節まで覆ってしまっているし、パッドのあて方の基本が守られていない」と言います。

　この施設の介護職に確認したら、おむつのあて方は皆同じようなことをしているということです。思わず「おむつフィッターはこの施設にはいないのですか？」と聞いてしまいました。おむつフィッター※の資格や研修を受けているか否かはどうでもいいことですが、高齢者施設で「おむつのあて方が不適切である、しかもすべての介護職が」というようなことがあること自体が私には信じられないようなことです。おむつのあて方はいわばケアの基本中の基本みたいな作業です。「知らない」とか「やっていない」などということはあり得ないことだと思っていました。いったいケアの現場において、ケアの技術はどのように教えられているのでしょうか。これでは素人が寄り集まってケアをしているのではないか、と思われても仕方がないですね。

　※：「おむつフィッター」は京都にある民間の機関である「㈱はいせつ総合研究所　排泄用具の情報館　むつき庵」が開催している研修・試験で資格が得られます。おむつに限らず排泄全般に関する専門家の養成を目的としており、1〜3級まで分かれています。1級以外は全国で養成研修を実施しています。おむつのあて方の技能検定も行っています。

　　むつき庵だけでなく、NPO法人日本コンチネンス協会でもおむつを含めた排泄全般に関する研修会を開催しています。
　　もちろん介護福祉士の養成校ではきちんとした講義と実技が行われているものと思います。

2．食事関連

A）食事の姿勢に関して

　食事をするときは姿勢が大切であるということは経験的に理解していることです。

　ベッドで食事をすることについて、経験から記述します。

　私が脊椎の破裂骨折事故を起こし、入院を余儀なくされたときの食事の話からはじめます。側臥位は可能だったのですが、背上げは禁じられていました。食事は側臥位で食べるしかないのですが、おわかりだと思いますが、ものすごく苦労します。まず食器の中の食物をお箸などで取り上げることが難しく、それをこぼさずに口まで持ってくるのは至難の業です。おみそ汁も水分はストローで飲むしかありませんが、具は食べようがありません。スプーンを使っても水平を維持して口まで運ぶことは難しい作業です。

　側臥位では嚥下もしにくかったことを覚えています。仰臥位で首を起こしてもらえば多少は楽になりましたが、この姿勢では箸を使うなどの作業は何もできず、全介助になります。

　次はベッドの背上げ座位でする食事です。入院後しばらくすると背上げができるようになり、30度までOKとなりました。この時の感動は自分でもびっくりしましたが、完全に仰臥位で寝ている場合から、たった30度の背上げで世界が変わりました。天井と側臥位の横向きの世界しか見えなかったところから、周囲を立体で見られるようになった時の、この違いにはびっくりするものがあります。しかし、この背上げ角度での食事も楽なものではありません。

　また、もう一つの私の経験で、お腹の手術で入院したとき、背上げ座位で食事をしました。手術の傷口の問題もあり、背上げ角度は45度程度だと思ったのですが、これも食べにくさではあまり変わ

りがありませんでした。大腿部の上にオーバーテーブルを寄せ、その上に食器が乗っています。テーブルが大腿の上の位置になり、背が完全に起きていませんので、食器類の高さが高すぎます。中が見えず、箸でつかむのも一苦労です。テーブルをベッドサイドテーブルの位置にして、身体をひねって横向きで食べようとしてみたのですが、痛くてこれはできませんでした。

　端座位で食べられるようになって、ほっとしたのを覚えています。入院しているときは食事が楽しみの一つでしたから。

　このような経験から私の義母のケアの場合には、とにかく姿勢をきちんと作ることに注意しました。総論の3章で記述したように、食卓のいすや車いすでの姿勢をきちんと作ったおかげで、義母は最期の最期まで座って口から食べることができました。

　ベッド上背上げ座位で嚥下をしやすくするために首を起こす工夫などが行われていますが、端座位にした方が嚥下しやすくなると思います。なぜベッドの背上げ座位にこだわるのでしょうか。首の支持ができるならば、ほとんどの人が端座位になれます。ベッドの背上げ機能を利用すれば起こすことも容易ですし、端座位保持テーブルを利用すれば、端座位が不安定な人でも端座位の維持ができます。寝ている姿勢にこだわらなくともよいと思うのですが。もちろん背上げ座位しかとらせられない人がいることは理解できますが、さほど多い人数だとは思えません。

　ベッドの背上げ座位で食事をするということは他に手段がなくなったときの最後の手段だといえるでしょう。そのときにはベッドの頭を上げるという機能が効果を発揮しますが、不必要な人にまで利用することはないでしょう。

　次にある施設での話です。この施設では「食事は食卓で、食卓の

いすで食べる」ということにこだわって、ほとんどの人が食卓のいすに座って食事をしています。障害が軽いうちは問題ないのですが、障害が重くなってくると、いくつかの場面で介助が大変になってきます。

　まず立てない人の車いすからいすへの移乗介助が問題になります。車いすで食卓まで来て、持ち上げていすに移乗させたあと、このいすを食卓に向かわせなければなりません。いすにはキャスターなどはついていませんので、「ギシギシ」いわせながら向きを変えます。何とかなりませんかと問われたのですが、どうしようもありません。リフトなどを使っていすに移乗しても、いすを食卓に向けるには手段がありません。せいぜい家具を滑りやすくする素材を脚の下に張り付けるくらいでしょう。

　もう一つの問題は姿勢の崩れです。このような方々の場合、座位が不安定になり、姿勢が崩れやすくなります。しかし、食卓のいすでは姿勢を作ることが難しくなります。座角や背角を変えられませんし、体幹の保持機能もついていません。

　車いすを調節することによって姿勢を作ることを考えた方がよいということを勧めて、何とか今までの方針を変更していただきました。確かに「食事は食卓で、食卓のいすで」ということはこれまでの生活の中で当たり前のこととしてきたことでしょうから、それをできる限り踏襲したいという思いは理解できます。しかし、食事は可能な限り自分で食べるということはもっと大切な原則であり、そのためには食事の時の姿勢をどのように作るかということが大切なことになります。姿勢を作るなら、いすよりは車いすの方が圧倒的に調整しやすいことはあきらかです。今までの習慣はやむを得ず変えていただき、自分で食べるということを優先したいと考えています。

B）ミキサー（ミルサー）食について

　嚥下が難しくなると刻み食からミキサー食、さらに細かくしたミルサー食にと変化していきます。私の妻の知り合いで、電動車いすを利用している女性の障害者がいます。彼女はミルサー食でないと食べられず、かなりスムーズになるまで注意深く調理します。その彼女から相談を受けました。

　彼女は外出したときは通常のレストランで食事をするのですが、メニューを見て食べられるもので食べたいものを注文し、まずは通常の形態で料理を持ってきてもらいます。目で楽しんで確認し、香りをかいで、それから持参したミルサーで処理をします。もちろん料理は一つ一つ処理をし、混ぜてミルサーにかけるようなことはしません。このときにレストランによって、ミルサーは別なところ（お客がいないところ）で使うよういわれたり、シェフがやるからといわれたり、席の近くのコンセントを貸してくれたりと、対応は異なるようですが、概ね電源は貸してくれるそうです。しかし、彼女が友達などとバーベキューをしたりする場合は、彼女は指をくわえて見ていることしかできないという話がありました。電源がないためにミルサーを持っていっても使えないのです。この話を聞いて、私の友達の元大学の教員で、電気系を得意とする人がいたので、彼に頼んでバッテリーを利用した直流－交流変換装置を作ってもらうことにしました。

　ミルサーは交流で駆動されますので、ミルサー自体を直流で駆動できるように改造するよりは、バッテリーの直流を交流100Vに変換する装置を作り、ミルサーには手を加えない方が早いだろうと考えたからです。できるだけ市販品を利用して作ることが大切ですが、なかなか適切な部品がなく、私の友達は苦労しました。試作を繰り返すこと3回で何とか使える装置が完成しました。その後彼女

からはバーベキューなど屋外で皆と食事をしているときのうれしそうな写真と、メッセージが届くようになりました。

　ところで彼女はこの話をミルサーのメーカーにしてみました。同様の装置を市販して欲しいというわけではありません。こういうニーズもあるということを理解して欲しかったからです。メーカーはきちんと話を聞いてくれたそうです。

　ちょうどこの頃、義母もミルサー食になりましたので、妻は彼女のレシピを教えてもらって、義母用のミルサー食を作っていました。ただミルサーにかけるだけではなく、少し味付けを変えるのだそうです。私も食べてみましたが、本当にミルサーにかける前の料理を食べているようで、なかなかおいしいものでした。ミキサー食も料理をすべてを混ぜられたら何を食べているのかわからなくなってしまいますから、口から食べる楽しみは半減どころかほとんどなくなってしまうでしょうね。「食べる」ということは本当に大切なことです。

3．手すり類

　歩行が不安定になったとき、手すりは誰でもが自然に、教わらなくても使える便利な用具です。私の仲間が話していたことですが、「高齢者の自宅を訪問すれば、どこに手すりが必要かすぐわかる。壁や柱など汚れている場所があればそこが手すりが必要な場所だ」と言います。確かに、古い家を訪ねると、いろいろな場所に手あかのあとがあり、そこは何か支持物が欲しいと感じる場所のように見えます。人は自然に支えを探しているようです。

Ａ）浴室の手すり

　浴室は段差が多い場所ですし、滑りやすい場所ですから、いろいろなところに手すりが欲しくなります。我が家でも義母が浴室で利用した手すりはたくさんありました。

　まずは脱衣室から洗い場への段差部分です。大きな凸の段差があったので、脱衣室側と浴室側に縦手すりをそれぞれ取り付け、横跨ぎで越えました。

　次は浴槽の縁に取り付けた手すりで、洗い場での姿勢保持に (図6-1)、浴槽の跨ぎ越に (図6-2)、浴槽内での姿勢の安定に (図6-3)、と三つの場面で利用できるものを使いました。

図6-1：洗い場での支持に

図6-2：浴槽に入るときに

図6-3：浴槽内での姿勢の維持に

図6：浴槽固定の手すり

図7-1：浴槽内から立ち上がるために　　図7-2：浴槽から出るために

図7：壁に固定した手すり

　その次に利用した手すりは浴槽から出るための手すりです（図7-1、7-2）。浴槽内で利用する横手すりと、洗い場部分で利用する横手すりを壁に付けました。この手すりの取り付け位置は実際に義母がどのような動作をするかよく確認し、正確な位置を決めて、その位置に取り付けました。このような場合、1cmのずれが動作に影響を与えることがあるということを障害者の支援の中で経験していましたので、正確さだけは気を使いました。

　浴槽内で姿勢を安定させ、浮力の影響を押さえるためには、吸盤式の浴槽内手すりも利用しました。これも位置を正確に取り付けられるので便利な道具でした。

B）動線を作るための手すり

　出入り口など建具の開閉が必要になるような場所には縦手すりが必要になり、移動の場面では横手すりが必要になります。義母もこれらをたくさん使い分けました、アルツハイマーによる認知症でも手すりは自然に使いこなしていたのが印象的でした。壁に固定する縦手すり（図8）、天井に突っ張る縦手すり、平行棒で作った横手すり（図9）、ベッドの介助バーによる移動用の横手すりなど、動線は

図8：出入り口に設置した縦手すり

図9：動線を作るための突っ張り手すりと平行棒の半分

図10：トイレに設置した横手すりと跳ね上げてすり

図11：床から立ち上がるための手すり

とぎれることなく手すりで移動できるようにしました。トイレにも壁に取り付けた横手すりと跳ね上げ式の手すりをつけていました(**図10**)。これらの手すりはすべてきわめて有効に、また、上手に利用していました。

　床から立ち上がるときにはテーブルなどを利用すると比較的容易に立ちあがれるのは皆さんも日常的に経験していることと思いますが、置き型手すりで段階的に手でつかむ位置を変えられる手すりがあります（**図11**）

第7章　その他の福祉機器・用具

図12：部屋の中間的な位置に必要な手すり

　ある施設では、部屋の中間的なところに手すりが必要になり、置き型手すりを利用しました (**図12**)。接着用の両面テープのようなもので固定するのですが、安定して利用でき、不要になったときにははずしたのですが、きれいにはずれました。床がフローリングだから使えました。

4．コミュニケーション・エイド

　コミュニケーション関連で、私が一時期一生懸命やったことにALS（筋萎縮性側索硬化症）の人のためのコミュニケーション・エイドがあります。五十音を表にして、一つのスイッチで行と列をスキャンさせ、目的とする文字を一つ一つ選んで文章を構成するというものです。ALSという疾患は筋神経系の疾患で、神経支配が徐々に失われ、結果として全身がまひ状態になるのですが、呼吸もできなくなるため、人工呼吸器を装着しなければ生きていけません。発話もできなくなりますので、コミュニケーションをとる手段が限定されてしまいます。かすかに動く指の動きや瞼の動きなど、身体の中で自分でコントロールできる動きを選んで入力信号とするものです。古くはまだパソコンなどない時代に小さな電球を並べて操作す

第7章　その他の福祉機器・用具

図13：足の指の動きを赤外線センサーで検出するスイッチ

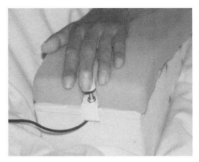

図14：かすかな力で操作できるスイッチ

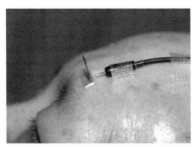

図15：額にしわを作るとセンサーが接触してスイッチが入る

るというようなことからはじめましたが、すぐにコンピュータを利用できる時代になりました。しかし、入力信号をどうするかという問題は電子技術の問題ではなく、一人一人の身体機能や生活環境を考えながら手作りで製作しなければならなかった時代でした。ALSの方とお会いし、種々の入力装置を提供しました。

例えば、足の指をかすかに上げられる人の指に赤外線をあて、その反射を検出するセンサーをおき、足の指を曲げたことでスイッチが操作されるものがあります（図13）。

指で操作するごく軽いスイッチ（図14）や額にしわを作ることによってタッチセンサーが皮膚に触れるようにしたもの（図15）など一人一人の状態に応じてセンサーやその固定装置を手作りで作って

第7章 その他の福祉機器・用具

図16：顔の表情で意思を確認するためのイラスト

図17：指の動きでコミュニケーションエイドを使う

いました。最近ではいろいろなパターンが市販されているようです。

別な疾患ですが、先天的な疾患により人工呼吸器をつけている子供の指の動きを利用したコミュニケーション・エイドなども支援しました。**図16**はお子さんの顔の表情から何を言いたいかを知るためのヘルパー用のイラストですが、これだけでは十分な意思表示ができませんので、手にスイッチをつけ、パソコンを利用して意思表示をするシステムなどの支援をしました（**図17**）。

5．多くの福祉用具を利用した支援

少し古い話しになりますが、ある時私を探し当てて相談に来た娘さんがおられました。母上のことでいろいろなところに相談に行ったけれど適切な答えが得られず、その中で私の名前を聞いて、まさしくわらにもすがる思いで（娘さんの言葉）相談に来られました。

都内の繁華街にある和食の料理屋さんの娘さんで、母上（当時65歳）に関する相談です。

母上はぜんそくの発作で呼吸停止だけでなく、心停止も起こしてしまい、その後蘇生しましたが、数分間にわたる心停止の結果低酸素脳症で四肢まひになってしまいました。1本の指だけがかすかに

動かせるだけで、頭の支持も不安定な状態です。自発呼吸はできますが、吸痰のため気管切開をしていました。構音障害があり、話ができません。胃ろうで食事をしています。

　相談というのは、ポータブルトイレへの移乗でした。母上は尿意があるので、本人も家族もおむつは使いたくなく、何とかポータブルトイレでの排泄を望んでいます。問題はポータブルトイレへの移乗介助です。ベッド上で下衣を脱がし、2人がかりで持ち上げて移乗介助するのですが (図18)、母上は骨粗鬆から丁寧に持ち上げないと痛くてたまらないそうです。この結果、ヘルパーでは移乗介助ができず、慣れている家族が介助しなければなりません。慣れている家族というのは、当の娘さん、店でホールを手伝っている弟のお嫁さん、和食店のオーナー兼シェフの父上の3人です。日中は主として娘さんとお嫁さん、夜は娘さんと父上というペアで介助しているそうです。排泄介助は1日に数回に及びます。また、場合によっては時間を選びません。このため、介助者が腰痛になるなど疲労困憊し、何かよい方法はないかというのが相談の主旨です。

　この解決策はリフトを使えばよいだけで、簡単そうに見えるのですが、今までどうして誰も支援ができなかったか不思議に感じるくらいです。多分スリングをどうしたらよいかわからなかったのかと思いました。骨粗鬆があって、慣れた人しか持ち上げられないといわれると、スリングでは無理かなと思ってしまうのかもしれませんが、スリングしかないというくらいスリングで持ち上げられれば快適なはずです。ポイントは適切なスリングを選択できるか否かだけです。

　そのため、まずはスリングの選択を行いました。数種類のスリングを試してみて、決定しましたが、脚分離のハイバックスリングです。あまり売れていないメーカーの商品でした。

第7章　その他の福祉機器・用具

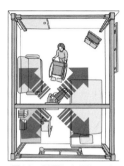

図18：2人で持ち上げる　　図19：設置した面レールのリフト

　スリングが決まってしまえばあとは話は簡単で、リフトの選択をします。東京都は障害手帳を持っていれば天井走行のリフトが給付されます。母上は手帳を持っていました。母上の障害が重いので、使いやすいリフトをと思い、面レールの天井走行リフトを選択します (図19)。あとは使い方を家族に教えるだけですが、家族はケアに熱心な方々ですから、問題なく使い方を理解しました。

　これで排泄の介助は1人で、容易に行えるようになりました。ヘルパーにもリフトの使い方を教えましたので、ヘルパーも介助できるようになりました。当時の家族の手記に、排泄介助がこれほど容易になるとは信じられない、という一文がありました。

　この後いろいろなことを一つ一つ解決していくのですが、家族との取り決めで、私にはその時一番やりたいことを教えて欲しい、それが実現できるか否かはこちらが判断し、できることはやる、できないことはなぜできないかを説明するという約束をしてスタートしました。

　次に家族が言ってきたことは母上の車いすです。今までリクライニングの車いすを持っているが、座るとすぐに痛くなり、5分と座っていられない、ということでした。そもそもこの身体機能では、リクライニング機能しかない車いすでは座っていられなくて当然です。

260

座位変換型（ティルト・リクライニング・レッグエレベーションができる）車いすで、座や背のクッションの工夫が必要です。介護保険ではなく障害者の制度の利用が認められ、オーダーで作成しました（図20）。この車いすを使用したら、最初は30分ほどで疲れたというとのことでしたが、すぐに時間が延びてきて、夫の母親と近くの公園に一緒に散歩に行けるようになりました（夫の母親は認知症による要介護5でした）。要介護5の2人を2人の介助者で散歩に行きます。

散歩に行くようになったら次の要求が出てきました。

母上はお風呂が大好きだったそうです。ところが障害を持ってからは訪問入浴だけで、これでは満足できないとのことでした。一つにはゆっくりお湯につかりたいということと、一つには夜寝る前に入りたいという希望です。希望はすべて言ってよいという約束になっていましたから、一見わがままかと思われるような要求も出てきます。実現できるか否かはこちらの実力次第です。

浴室は図21のような間取りでした。既に寝室には面レールのリフトが入っています。このことからいわば定番の支援計画ができあがります。浴室にリフトを設置し、洗い場まではシャワーキャリーで行き、その座面部分だけをリフトで吊り上げて浴槽に入ればよ

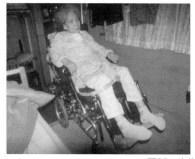
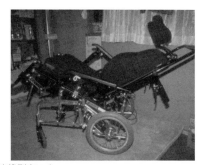

図20：座位変換型車いす

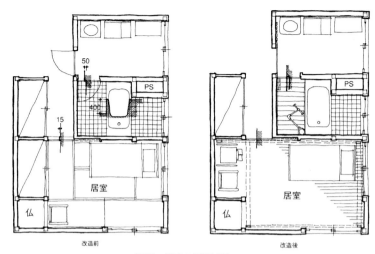

図21：浴室の見取り図

い、という案です。ベッド上臥位で脱衣し、リフトでシャワーキャリーに移乗すればよく（スリングはこのあとずっと敷き込んだままにするためシート型）、帰りはこの逆の動作になります。帰ってくるときにシャワーキャリーの水分を完全には取りきれず、床に水滴が落ちますが、これは拭いていただくしかありません。また、濡れたスリングを敷いて帰ってくることになるので、ベッドにはバスタオルを敷いておくなどの配慮が必要ですが、これで手順は完成です。

気管切開していますので介助者は2人必要ですが、娘さんとお嫁さんが介助すれば夜でも入れられます。入浴介助はこの2人でやることになりましたが、さすがに毎日というわけには行かず、隔日で入浴したそうです。

このような生活の変化によって母上はどんどん元気になっていきます。気管切開を埋めることができ、胃ろうもはずれました。頭も自分で支えられるようになりました。そして、母上が元気になってきたとき、家族は料理屋を閉める決意をしました。要介護5を2人

抱えているので、お店はもういいだろうと判断したとのことです。お店を売却し、郊外にマンションを購入して、娘さん、障害を持つ母上、父上、認知症を患っている父上の母親の4人で生活をはじめます。要介護5の2人を2人で介助するという生活です。弟さんとお嫁さんは夢だったというアメリカで日本料理屋を開くために渡米しました。

　マンションに転居するにあたって、寝室のリフトは櫓やレールを若干短くするだけで利用できました。母上はだいぶ元気になっていましたから、スリングが不適応になっているのですが、特に問題もないのでそのまま使います。

　浴室のリフトも同じものを設置しますが、お嫁さんがいなくなったので娘さん1人で介助しますが、母上は気管切開がなくなりましたので、リフトを使えば1人介助で十分です。

　さて、その次の家族からの要求も車いすについてでした。近辺は坂が多いので、今までのような座位変換型車いすは介助者にとって重くて仕方がないという要求でした。母上の身体機能がよくなっていますので、標準型の車いすでも大丈夫そうです。ただし、調節は相当しなければならないので、一番調節部分が多い車いすを選択し、適合しました (**図22**)。家族の感想はこんなに軽い車いすは見た

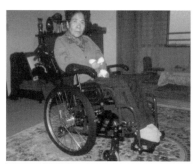

図22：標準型車いすの適合

ことがないというものですが、実は車いすの重量は20数kgあります。持てば重いけれど、転がせば軽いということです。この車いすは自費で購入するしかありませんでしたが、購入してくれました。

　次の要求は自動車です。だんだん行動範囲が広がってきて、外出が多くなってきますが、車いすでは限界があります。自動車にしたいのですが、車いすごと後ろからリフトで乗り込む自動車は使いたくないと言います。車いすごと乗り込む自動車は乗っている人の乗り心地は悪いし、外の景色が見えない（視点が高くなってしまうので道路しか見えない）のでドライブが楽しめない。何とか助手席に座らせられないか、そのために助手席の座席が外まで出てくる自動車を購入したいという要求です。この座席は外に出てから若干ですが昇降しますので、トランスファーボードが使えそうです。これを使えば、運転手1人で彼女をドライブに連れて行くことができます（図23）。

　これより少し前にコミュニケーション・エイドのニーズがあり、これに関しては私が勤めていた研究所の若いスタッフが対応していました。しかし、スイッチが使いにくいという話がありました。顎の前にアームを伸ばしてきて、その先にスイッチがあり、これを顎で押すのですが、使っているうちにスイッチが離れてしまい、誤操

図23：トランスファーボードで助手席に移乗する

第7章　その他の福祉機器・用具

図24：父上が製作したヘッドギア式
　　　スイッチ

作になります。

　父上に話をして、**図24**のようなヘッドギアを作ってもらいました。父上はもともと工学部の出身で、この程度の工作はすぐやってくれます。これで安定してスイッチを押すことができ、またパソコンでメールが使えるようにしたので、アメリカに渡った息子とも連絡が取れるようになりました。

　次はこちらから提案しました。電動車いすを試してみないかという提案です。ジョイスティックの操作などはできませんので、4個のスイッチを押して操作する車いすです。以前脳性まひの人を中心にこのタイプの電動車いす制御装置を開発し、市販化したこともありましたので、彼女ならできそうだと思ったからです。ただ、この頃私は既に独立していましたので、私が支援することはできません。スイッチの選択や製作、操作の訓練には時間がかかり、民間人ではやれません。たまたま国立障害者リハビリテーションセンターにシーティングクリニックという部門があり、このような障害者に支援をしてくれる可能性があるという話を耳にしましたので、このクリニックに応募してみました。審査があったようですが、幸いなことに対象に選ばれ、約1年間の試作や訓練の後にスイッチ入力の電動車いすが給付されました。顎で左右方向や前進のスイッチを押

265

第7章　その他の福祉機器・用具

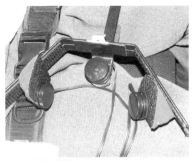

図25：顎で操作するスイッチ

図26：電動車いす

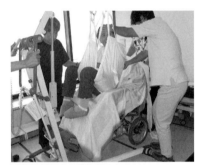

図27：リフトで着物の上に

図28：家族で記念撮影

し、指で前進と後進を切り替えるスイッチを押すというものです（図25，26）。

　その後、現在の介護リフト普及協会が「リフトフェア」というイベントを毎年開催しているのですが、ある年のテーマが「リフトで着物」でした。彼女は料理屋の女将だったわけですから着物には興味があるはずです。実は和服はリフトがあれば障害者でも容易に着付けができます。出かけていって、着物を着させてもらい、メークをして記念撮影します。これが翌年の年賀状になります（図27、28）。

多分彼女は最初のリフトを使わなかったら、寝たきりになったままだったでしょう。はじめてお会いしたときはベッドですべての生活をしていました。車いすにも座れなかったわけですから。それから一つ一つ福祉用具が入るたびに彼女の生活は変わっていきました。福祉用具の持つ可能性を十分に利用できた、まれな例だと思います。皆が皆このような状態になれるわけではありませんが、福祉用具の持つ可能性を示す例として、少し長くなりましたが、詳細を記述いたしました。

高齢者施設で福祉用具を利用するために

高齢者施設で福祉用具を利用するために

　高齢者施設ではなかなか福祉用具が利用されていません。多くの施設では相変わらず昔ながらの人力によるケアが中心に行われています。福祉用具を導入すれば、利用者にも介護職にも大きなメリットがあるのですが、その効果は理解されていません。

　一方、コラム「介護ロボットとは何でしょうか？」（P.357）でも記載した通り、厚生労働省などは介護職が不足していることから介護ロボットの導入を奨励し、ロボットともいえないような開発途上の用具が、その使用目的も不明確なまま導入されるようなことも起ころうとしています。福祉用具を利用した経験が少ない施設では、「ロボット」という名前にひかれて導入しようとし、高価な買い物をして失敗している例をしばしば見かけます。

　高齢者施設に福祉用具を導入し、ケアの質を高めるためにはどうすればよいのか、私が経験してきたことを整理して記述していこうと思います。

1．はじめに

【施設ケアの現状】

　高齢者施設において、日常的に介護職が行っている種々の介助動作を見ていますと、びっくりするほどひどい技術が平然と、当然のごとく行われています。利用者に苦痛を与えていたり、介助者が自分の体を壊しかねない介助を行っている場面をよく見かけます。福祉用具を適切に利用すれば利用者が快適になり、介助者も楽になることを知ってか知らずか、多くを人力に頼り、力任せの介助を行っ

ています。この力任せの介助によって利用者に苦痛を与えたり、場合によっては危害を加えていることが頻発しています。とにもかくにも素早く、さっさとこなすことが求められているようです。また、どこの施設でも見かけることですが、車いすに座っている姿が虐待ではないかと思われるほど崩れた、不適切な姿勢の人を多く見かけます。いすやソファーに見るに堪えない姿勢で座っていても介護職はまったくその姿勢が不適切であることを理解していないようです。

【福祉用具に対する理解がない】

　福祉用具を適切に利用すれば、利用者・介助者双方が快適にケアを行うことができ、利用者の能力の改善に役立つばかりか、介護職の腰痛予防など身体を守ることもできるのですが、理解されていません。介護職の教育課程においては、福祉用具を利用したケアの方法など教えられていないようです。教えることができる教官自体がいないのではないでしょうか。

　このような教育で育った介護職ばかりですから、福祉用具を適切に利用するなどという発想はたぶんまったく生じないのでしょう。また、現場で働きだすと、勤務状況が過酷といえるほどですから、各種研修を受講するような機会が減少し、新しい概念や技術になかなか対応できない状況に置かれてしまいます。施設の場合は1人の介護職が変わろうとしてもどうにもならず、施設全体が変わらなければ変わりようがないということもいえます。

　高齢者施設で、従来の介助の技術を変更し、福祉用具を利用して、介助者・利用者双方にとって快適なケアを実現するためにはどうしたらよいのでしょうか。いくつかの高齢者施設へ福祉用具を導入するコンサルティングを行った経験から、この問題を整理してみたいと思います。

2．福祉用具を導入する目的は何か

【ケアの質を向上させるために－ケアは変化のプロセスへの対応】

　高齢者施設に福祉用具を導入する目的は、ひと言でいえばケアの質の向上です。一人一人の生活目標を実現することを目的に、種々の介助動作を合理的に行い、利用者の能力を十分に利用するとともに、介助者が楽に、安全に介助できるシステムを施設内に構築することです。

　福祉用具を利用すべき場面は、ベッドからの起居動作、車いすなどへの移乗動作、食事時や安静・安楽時の姿勢維持や姿勢の修正介助、歩行補助用具や車いすなどによる移動動作、排泄動作、入浴動作などです。このような日常生活を行っていく上で必要な種々の介助動作に関して、利用者の能力と福祉用具を適合させることによって、利用者が自分でできる部分は自分で行い、できない部分を福祉用具で支援し、さらにできない部分があれば介助者が支援するという考えで、福祉用具を利用します (図1)。この際、利用者の能力が変化すれば当然福祉用具の種類や使い方が変化し、介助の方法が変化します。すなわち、利用者の生活状況をよく確認し、その変化を

利用者が自分でできる部分
（自分でできることは自分で）
＋
福祉用具が助ける部分
（できない部分は福祉用具の助けを借りて）
＋
介助者が助ける部分
（利用者でも用具でもできない部分を介助者が）

【自立】

図1：動作を介助する原則

見落とさず、介助の仕方を変えていくことが大切です。いつもいつも同じ方法で介助し続けることはできません。ケアは変化のプロセスへの対応です。

【福祉用具はケアの多様性を実現できる】

　これまで介護職は福祉用具を利用した介助の方法に関してはほとんどといってよいほど教育されておらず、福祉用具の使い方が理解できていません。介助は1パターンないしは2パターン程度の決まり切った方法で、すべての利用者に対応しようとします。利用者の能力を上手に利用することも行っておらず、人力に依存した全介助に近い支援を行いがち、という実情があります。これらの結果として、介護職は腰痛などのいわば職業病に悩まされ、利用者は自分の能力を利用しないことから生活に対する積極性を失い、場合によっては廃用症候群といわれる症状や関節変形や関節の拘縮といった2次障害に悩まされることになります。

　ケアには福祉用具が必須であり、一人一人の状況に応じて適切な福祉用具を選択、調節し、一人一人に合わせた使い方をすることによって、利用者・介助者双方にとって快適なケアを実現しようという考え方で、福祉用具支援を導入していく必要があります。

【福祉用具の導入は省力化にはつながらない】

　しばしば福祉用具を導入したら人手を減らせるか、という質問を管理者から受けますが、福祉用具を導入する目的は省力化ではなく、ケアの質の向上です。もちろん移乗介助に2人必要だったのが1人で済むようになるとか、2人介助の特浴から1人介助の個浴へ変更できたり、余裕を持った介助が実現したりしますが、福祉用具による人手不足の解消は期待しない方が無難だと思います。力仕事

はなくなりますから、中高年の女性でも体格の良い男性を介助できたり、腰痛などによる離職を改善することは可能です。ケアの方法がまったく変わりますから、労働環境の改善につながります。力仕事を中心とした単純労働的な重労働から、考えることを中心とした労働へと環境を大幅に変えることができます。

3．福祉用具を利用したケアに変換するために必要なこと

　福祉用具を利用したケアに変換するということは、今までのケアの方法をがらりと変えることですので、種々の覚悟が必要です。安易に、福祉用具を導入すれば何とかなるというような発想では上手に福祉用具を利用できません。それどころか場合によっては危険を生じかねませんし、お金の無駄になりかねません。以下に必要な項目を挙げてみます。

　①費用

　福祉用具を利用したケアですから、福祉用具がなければ実行できません。現状の多くの施設を見てみますと、ほとんど福祉用具は整備されておらず、あっても不適切であったり、使いにくい用具であったりします。車いすは買い替えが必要になることも多く、リフトやトランスファーボードのような移乗用具類、浴室のリフトやシャワーキャリーなど、必要になる福祉用具は多岐にわたります。これまでどちらかというと価格で福祉用具を選択するようなことをしてきた施設では、多くの場合買い換えが必要になります。福祉用具は価格で選択するものではなく、パフォーマンスで選択するものです。もちろん価格が高ければよいものでもありません。しかし、性能のよい福祉用具は決して安くはないということはいえます。パ

フォーマンスをよく考えた上でコストの低いものを選ぶという賢い買い物が要求されます。例えば車いすのクッションを考えたとき、数千円程度のウレタンの安いクッションは1年も使えば寿命が来て、へたってしまい、底づきしてしまいます。買い換えなければなりませんが、それに気がつかずに使い続けて褥瘡を作ってしまう、姿勢が崩れて2次障害になってしまう、というような弊害を考慮すると、10倍の経費がかかってもこれらの問題が生じず、数年にわたって使えるクッションを選んだ方が得策であることは考えるまでもないことでしょう。

　施設で利用する福祉用具全般を買い換えるとしたら、購入経費はかなり高額になります。一度にすべてを準備することはむずかしいですから、いつまでにこの目標を実現しようとするのかによって、何年間かの計画で準備すればよいでしょう。また、用具によっては公的助成制度があるものもあります。上手にこれらの制度を利用すれば、負担軽減が可能になります。今まで福祉用具に経費をかけてこなかった施設では、これまでにかけてきた経費とは比較にならないレベルの経費が必要になることは覚悟した方がよいかもしれません。それは今まであまりにも福祉用具を粗末に扱ってきた結果です。

　後述するこの変革を推進していくコアとなるスタッフの研修にかかる経費や一般のスタッフに技術伝達をしていくときにかかる時間外勤務にかかわる費用、場合によってはコンサルタントを導入すればその費用なども準備しておかなければなりません。

　今まで考えもしなかった経費ですから、管理者が必要性を十分に理解しなければそもそもこの変革は不可能でしょう。

②管理者の理解と覚悟

　ケアの質を高めようという強い意志・意欲が要求されます。中途半端な気持ちでは継続できません。

○福祉用具で省力化はできない

　福祉用具の導入によって介護職の省力化はなかなかはかれません。部分的には、また、用具によっては省力化につながることはありますが、全体的に見れば省力化を目的とした用具の導入を考えると、失敗するといえるでしょう。

　そもそも介護職の数が不十分な施設では福祉用具の導入はかなり難しいといえます。それは福祉用具を利用したケアの方法を伝達するための時間が、介護職の数が不足している施設では取れないということにあります。今までとまったく異なるケアへの転換ですから、教育もいわばゼロからのスタートです。ローテーションに追われていてはこの時間をとることが不可能に近くなります。教える側も教わる側もローテーション職場のスタッフですから、容易なことではないことを覚悟しておく必要があります。

　福祉用具を導入することによって、ケアの質が向上し、介護職のモチベーションを高め、それによって介護職の離職を防止することは可能です。また、用具の導入によって、高齢の介護職や腰痛を罹患している介護職が通常の勤務を行えるようになることもあります。

○介護職のストレスを軽減するために

　今までのケアを変更し、新たに福祉用具を利用したケアに変更していくことが介護職に与えるストレスは並大抵のものではありませんから、それを乗り越える支援をしっかり行わなければなりません。新しいことを始めるときには、多くの場合、反対したり、反発する勢力が生じます。きちんと説明し、納得してもらう努力が必要

です。スタッフの意識に注意を集中し、適切な支援が必要です。成功するか否かは施設管理者の覚悟次第です。

③スタッフの意欲・意識

　どんなに管理者がやる気になってもスタッフがやる気にならなければうまくいくはずがありません。コアとなるスタッフはもとより、一般のスタッフも変革の意味を理解し、意欲を持たなければなりません。

　管理者からきちんと変革を説明することは当然ですが、今までの方法との相違を理解、あるいは体感させることが必要です。福祉用具を利用すれば利用者の表情が変化することなどを実際に確認できる場面設定をするとか、介助が容易になることを体感させるなど、具体的なパフォーマンスを示すことが必要です。これらの経験を一度でもしたら、介護職は福祉用具を利用したケアに大きな関心と興味を示すでしょう。

　スタッフが変革に対して意欲を持てば成功したも同然です。そのためには施設内で一斉に福祉用具を導入するよりは関心が高い部署を優先し、その結果が施設内に浸透していくことを待つというような方法を採用する施設もあります。関心が高いスタッフは当然のことながら使い方の学習意欲も高く、結果として成果も早期に得られます。この状態を他の部署のスタッフが見ることによって、福祉用具の効果が理解されやすくなります。「百聞は一見に如かず」といわれるように、変化を目の当たりにすれば皆変わるはずです。

④技術を伝達するシステムの構築

　現在の高齢者施設での介助技術の教育や伝達は、私の知る限りの施設ではかなりいい加減なものです。紙に書いたり、会話や簡単な

デモで伝達したと考えられています。技術の伝達は紙や会話では伝わらないことでもあります。一人一人に対してきちんとやって見せ、やらせてみて、ポイントを正確に教えていくことが大切です。このために、コアとなるスタッフから一般のスタッフに技術伝達するシステムをきちんと構築しておく必要があります。後述するようにコアスタッフは１人で担当するスタッフすべてに技術伝達しなければならず、また、通常一度に１人しか教えられません。勤務時間内に教えることができればよいのですが、通常の勤務時間内では人手に余裕がない場合にはできず、勤務時間外になりますので、時間外手当の問題などをどのように調整するかまで考慮しておくことが必要です。

　教える側・教わる側ともにローテーション勤務をしている中で、この伝達のための時間を確保するということは多くの場合至難の業になります。このことから福祉用具を導入しようとした時から実際に導入できるまでには相当な時間がかかります。急いで成果を得ようとするのではなく、きちんとした技術で全体が安心して福祉用具を利用できるようにしましょう。いい加減な福祉用具の利用技術は逆効果であったり、危険を生じたりすることがあることを肝に銘じておく必要があります。

４．推進組織を立ち上げる

　特別養護老人ホームなどの施設において、福祉用具を導入する変革を始める場合には、まずその施設内で活動を中心的に進めていく組織が必要です。その組織を立ち上げることが最初の作業になります。この組織を仮に「福祉用具委員会」とし、メンバーを委員としておきます。

①委員の数

　委員はおおむね一般介護職6〜10人に1人くらいの割合で選出します。ユニットケアを実施している施設では1ないしは2ユニットから1人になります。なぜこの割合になるかと言いますと、委員は周辺の介護職すべてに直接福祉用具の使い方を教えなければならないため、あまり多くのスタッフに教えることができないからです。また、委員は福祉用具の使用実態を絶えず把握し、機種や使い方の変更が必要になるタイミングを間違わずにつかみ、対応することをしなければなりません。この意味からもあまり多くのスタッフに対して1人で対応することは難しいといえます。

　通常施設内の研修では、多くのスタッフを一堂に集めて研修をしたり、人から人に順次伝える形で、技術の伝達が行われます。しかし、福祉用具の使い方はデモを見せただけでは伝わりません。実際に教育を受ける側がやってみて、その技術を丁寧に修正していく作業が必要です。したがって、1回の講習では、教える人1人に対して教わる人も1人か、せいぜい2人です。

　また、人から人へ伝達していきますと、「伝言ゲーム」のようにいつの間にか内容が変わってしまいます。技術の原理とポイントを理解することが大切で、これが理解できれば容易に使いこなせるようになります。これは伝達を繰り返すことによっては正確には伝わりません。きちんとした知識と技術を有する人から、きちんと正確な技術を教えてもらうことが大切です。事故を無くし、適切な使い方をする上では必須のことです。

②委員の職種

　委員の職種は介護職が中心になります。福祉用具の使い方を議論する職種はOTやPTなどであると考えられがちですが、多くのOT

やPTは介護職と同様に福祉用具の使い方に関して十分な教育を受けているわけではありません。また、高齢者施設ではOTやPTの人数は限定されています。少ない人数で多くの介護職に教えていくことは不可能です。これらの職種がいない施設も多くあります。

　介護職は生活全般を支援する立場のスタッフです。個々の利用者の生活のことをよく理解しています。福祉用具は生活に合わせて利用するものであって、身体機能にだけ合わせるものではありません。その意味でも介護職が適しているといえます。

　介護職は施設の中では最も人数が多い職種であり、その専門性をきちんと確立していくことを考えるべき時期に来ていると思います。生活全般に知識と技術を持つとともに、生活支援の中の特定の領域に、専門的な知識と技術を有する介護職を育てることは、組織として考えた時、将来的には大きな財産になると思われます。たとえば、福祉用具の知識を有する介護職、排泄に関して、嚥下に対して、褥瘡に対して・・・というようにそれぞれの領域に関して深い知識と技術を有するスタッフが組織内に存在すれば、当然のこととして、全体として質の高いケアを実現していくことが可能になります。また、いろいろな領域に専門的知識と技術を有する介護職がいれば、総体としてよい刺激になり、組織としても長期にわたり特性を維持することが可能となるでしょう。このように考えると介護職が福祉用具支援を担う知識と技術を持つことが適切であることが理解されると思います。

　医療職も加わった方がいいことは当然です。身体機能や医療的な領域の知識も当然必要とされるからです。しかし、全体的に見れば医療職はサポーターであることに徹したほうが良いと感じています。

③リーダー

　委員会にはリーダーが必要です。リーダーは介護職がなった方がうまくいくようだというのが私の意見です。特に施設内でリーダー的な存在の医療職がこの委員会のリーダーになると、介護職の積極性が失われるように思われてなりません。今までにないことを実施していこうとしているわけですから、従来の組織の上下関係を持ち込まず、自由な発想で議論できる雰囲気を作ることが一般の介護職を説得していくうえで大きな戦力になるように思われます。

④管理職

　施設長などの施設の管理職は加わったほうが良い場合とそうではない場合があります。私がコンサルティングをしているとき、初期の１年ほどずっとその内容を確認し続けていた施設長がいました。私が何を言い、何をするのか心配だったのかもしれませんが、この過程で福祉用具の威力を十分に観察することができたはずです。このため、この施設では必要な用具の購入などにおいて、とても理解が得られやすかったといえます。活動をすべて見ていますので、効果を管理者が直接実感でき、施設の考え方を変えていかなければならないこともすぐに理解してもらえました。忙しい管理者がよく付き合ってくれたと思いますが、福祉用具の導入が成功した施設では、少なくとも最初のうちは管理者が内容を見て理解しようとしてくれる施設が多かったといえます。

　しかし、管理者がいることによってスタッフが委縮してしまうような場合にはいないほうが良いといえます。かなり画期的な変革をなそうとしているわけですから、自由な発想でものがいえる環境を準備することが大切だと思います。

5．福祉用具委員会の役割

福祉用具委員会は以下に記述するような多くの役割があります。

①実施計画の作成

まずは福祉用具導入の時間計画を作成します。

多くの施設が領域を限定して少しずつ導入する方法を採用しています。たとえば、最初はベッドの使い方・起居動作からという始め方をします。電動ベッドはすでに導入されていることが多いので、費用もかからずすぐに始められます。スライディングシートを購入しなければならないくらいが必要な費用になります。

移乗から始める場合もあります。介護職にとって最も苦労が多い介助が移乗だとすれば、この領域から取り掛かろうとすることも理解できます。最近よくいわれる腰痛予防に関連して助成金も設定されているリフトの導入からという施設も多いようです。

いずれにしろ、費用の問題を考え、スタッフへの技術伝達の時間を考えて計画を作りますが、最終的にはすべての領域をカバーする計画が必要です。

②福祉用具の購入

これが多くの場合最大の問題になります。今まで福祉用具に費用がかかるという概念のない施設がほとんどですから、前述した3,000円のスライディングシートを必要枚数そろえること自体が青天の霹靂がごとき驚きでとらえられる場合があります。ある施設では施設長がその必要性を理解したら、全介護職に１枚ずつ準備したという施設もありますが。

「福祉用具は何でも同じ、安いものを」という発想しかない人たち、

特にお金の事務を扱っている人たちには、ある特定の用具でなければ使えない、この場合にはこの用具が必要、というような考え方はなかなか理解できないことかもしれません。

ある施設で、リフトの講習をしようと思ったら購入されていた床走行リフトがものすごく使いにくいリフトで、これを現場で使用したら多くの利用者の足を傷つけてしまいかねないというものでした。そのときはそのまま利用して講習を行い、なぜ使いにくいかを説明しました。次の機会に使いやすく価格も適切なリフトを借用し、利用してみたら、介護職はその違いにびっくりして、前のリフトは実際には使わない方がよいということはすぐに理解してくれました。このリフトは廃棄し、新たに購入していただくことをお願いしました。

数量をどの程度購入するかも大きな問題です。一度に必要なすべてを購入することは難しい場合もあります。このようなときに導入の順番を決めていくのも福祉用具委員会の役割です。必要度の高いユニットから導入するという方針で進めていく場合もありますし、興味を高く示したユニットから進めるというようなことをする場合もあります。

③マニュアルの作成

一般的なマニュアルはどこにでもありますが、説明が不十分であったりします。自分たちの施設で自分たちの使い方に特化して説明した方がわかりやすく現実的です。個々の施設にとっては自分たちに必要な使い方だけを理解すればよいわけですから、情報の範囲を限定して必要な情報量を十分に伝えるために専用のマニュアルが必要になります。

また、ある利用者に対してその人特定の使い方をするという場合

もあります。このようなときも正確に利用し、危険を小さくするという意味からもマニュアルがあった方がよく、専用のマニュアルを作成しましょう。

　これらの作業はすべて介護職の委員の仕事になります。

　④スタッフへの技術伝達

　繰り返しになりますが、これがもっとも大変な仕事かもしれません。一人一人の介護職に対して福祉用具の使い方を伝達します。双方がローテーションを組んで仕事をしていますので、双方にとって都合のよい時間を選ばなければなりません。施設によっては時間外勤務として行い、施設によっては勤務時間内の空き時間を見つけて行います。

　この伝達のための時間を確保できるかが福祉用具導入の最大の課題かもしれません。勤務時間内はお互いに忙しくてとても時間が取れないとか、時間外手当がないとか、阻害要因は次から次に上がってきます。それを施設ごとに自分たちなりの解決策を見つけて乗り越えていかなければなりません。

　⑤試験の作成と実施、採点など

　リフトなどの場合には実技試験制度を構築しておくことがあります。試験に合格しなければ当該用具を利用することはできないようなシステムです。もし、試験制度を導入すれば、この試験問題や採点の基準、実際の試験実施と採点なども福祉用具委員の仕事になります。私がコンサルティングをしている多くの施設でリフトには試験制度があり、施設によってはトランスファーボードやスライディングシートも試験制度になっています。移乗関係は危険が伴うということと今まで教育されてきていない領域だからこそという側面が

あります。

⑥個々の利用者への福祉用具の適合

　新しい利用者などに対してどのような介助を行うかを決め、必要な福祉用具を適合していきます。たとえば新たな入所者があったときに、どのような移乗方法を採用し、そのためにはどのような用具を、どのように使うかを決めます。車いすが必要な場合には車いすの選択と適合調整も行います。委員はこれだけのことができる実力をつけていることが大切です。

　同時に福祉用具を日常的に利用している場面を絶えずチェックし、利用者の身体機能や生活の変化に用具の能力が適合しているか、介護職が間違った使い方をしていないかなどを確認しなければなりません。身体機能や生活に合わなくなってきていたら用具を変更したり、使い方を変えることを考えなければなりません。もし変更したら、それをスタッフに伝達することまでしなければ意味がありません。もし介護職が不適切な使い方をしていることを見つけたら、きちんと指摘し、改善させなければなりません。委員の役割は大変です。

6．手順

①福祉用具委員の教育

　まずは福祉用具委員の教育が必要です。

　私の場合はコンサルタントとして介入しますので、最初は数日かけて、「福祉用具総論」から「起居」、「移乗」、「移動」、「入浴」など必要な講義を行いつつ、ベッドの使い方、移乗用具の使い方、車いすの適合・調整など必要な実技講習を行います。1か月に1度の

介入だとするとこれだけで3〜5か月程度はかかります。

　福祉用具を利用したケアの理念や、福祉用具を利用する技術の原理とポイントを一人一人の委員に教えていきます。この実技を実施した段階でほとんどの介護職は福祉用具を利用した介助がいかに容易で、利用者・介助者双方にとって快適な介助になるかを実感します。一つ一つの技術を教えるごとに彼らの驚嘆の声が聞かれるといってもよいくらいです。委員に選抜された介護職の中には懐疑的な心境を持ちつつ参加しているスタッフも当然いますが、この講義と実技で彼らの懐疑心は完全にといっても間違ではないほど払拭されます。

　今までの方法・技術を変えていくことは介護職にとっては大きなストレスであり、モチベーションを低下させる要因ではありますが、新しく獲得しようとしている技術がこれだけの効果を発揮するなら、やることが当たり前であり、実際に利用者に適用した時の楽しみを期待するようになります。

　施設によっては委員に「福祉用具プランナー」（テクノエイド協会の資格。約50時間のeラーニングと同じ時間：6〜7日間程度の実技演習）の資格を取らせる場合もあります。しかし、一度に多くのスタッフにこの資格を取得させることは難しい場合もあります。現在、福祉用具を利用したケアの知識や技術が十分に客観性をもって確立されている状況ではありませんので、講師のこの領域に関する知識や技術のレベルも差があるということをまずは理解しておく必要もあります。

　いずれにしろ、この委員を教育するという段階でかなりの時間と費用を要します。

②管理職からの宣言

　一般の職員に管理職から「施設のケアの概念を変える」ということをきちんと説明することが必要です。

○今までのケアの知識や技術とは異なる方法を採用していくこと
○完全に導入が終了するまでには長期の時間がかかるが、少しずつ変えていくこと
○そのためにはスタッフもきちんと知識と技術を身につけていく努力が求められること
○ひとたび導入されたら今までの方法は決して行ってはいけなくなること

　などをすべての介護職に管理職から徹底してもらいます。

　私の場合はこの時にすべての介護職に対して福祉用具を利用した介助の総論を90分程度講演させていただくようお願いしています。介護職は交代制勤務のため、同じ内容の話を3回位しなければならないのですが、日を変えて実施します。しかし、この管理職（特に施設長がよいのですが）の宣言がないと、なかなか一般の介護職は動きません。今までのケアの方法を変えるということは前述したように介護職にとってはやりたくないことであり、ましてや講習を受けるなどということはもっとやりたくないことかもしれません。今までの方法を変えるということは介護職にとっては大きなストレスになるということを理解して、このストレスをどうしたら乗り越えることができるかを考慮する必要があります。とにもかくにも毎日のケアを行うのはこの一般の介護職ですから、彼ら・彼女らの意識をどうしたら変えられるかが大切な要因です。

③福祉用具の適合

　福祉用具委員の教育が終了したら、まずはどの領域から始めるか

を決め、その領域に関して具体的に利用者に対する適合を行います。私がコンサルティングをしている場合は一人一人の利用者に対して、この人にはこのような用具をこのように利用するということを例示していきます。コンサルタントがいればこのようなことが可能ですが、いない場合には非常に難しい作業だと思います。健常者をモデルにして覚えてきた技術をいきなり高齢者で行うわけですから、その技術の原理と適応を正確に理解していないと場合によっては大きな危険を伴うことも考えられます。健常者をモデルにした講習会では技術の原理は教えられますが、適応に関しては正確かつ確実に教えることはなかなか難しいといえます。それは福祉用具を利用した介助自体がそれほど科学的に、エビデンスを明らかにして説明できるほど客観化されていないということによります。ケアそのものが多分に経験則に依存する部分があることをやっていますので、実際の利用者に対するときは経験からその場その場で考えることが多く、講習会などでは説明しきれないことが生じたりします。慣れてくれば福祉用具が適合しなかったときにすぐに気が付き、発想を変えるということが自然に行えるようになるのですが、慣れていないと、ついつい福祉用具を過信し、不適合に気が付かず無理をしてしまうこともあります。できれば専門家のアドバイスをはじめのうちだけでも受けることを勧めます。

④スタッフへの伝達

　福祉用具を利用した介助の方法をスタッフに伝達します。丁寧に介助の方法を教える必要がありますが、いくつか留意しておくべきことがあります。

○なぜそうするのかを「理念」と「技術」の両面で説明する。

今までの介助の方法と異なる方法になりますので、どのような考えに基づいて介助の方法を変えるのかを説明する必要があります。全体的な概念としては管理職から説明されているはずですから、ここでは利用する福祉用具に関連した領域で、当該福祉用具を利用する考え方を説明します。

○技術を教えるときには、技術的になぜそうするのかを教えます。
　福祉用具の使い方には必ず合理的に説明できる理由があります。その理由を説明しておけば、うまくいかなかったときになぜうまくいかなかったのかを考えることができます。

○技術のポイントを教えます。
　どうやれば上手にできるのか、技術には抑えるべきポイントがあります。このポイントを押さえれば上手にできるよということがわかれば、技術を容易に短時間で獲得することができるようになります。

○失敗した時にはなぜ失敗したか、その原因・理由を教えます。
　失敗した理由がわかれば修正することは容易ですが、理由がわからなければ、成功するか失敗するかはその時の運次第なんてことになりかねません。
　特定の利用者に特定の方法で利用するような場合は、特に丁寧に教えることと、その方法がその利用者限定であることを伝えておく必要があります。

　一つの領域の技術が普及したら、次の福祉用具あるいは領域に取りかかります。一つの領域で福祉用具の利用ができるようになるに

は半年から1年はかかります。場合によっては2～3年程度かかることもあると考えておいた方がよいでしょう。

　これだけ時間がかかってしまうということはひとえに就職する前の教育の内容に関連しています。教育されたときに福祉用具を使ったケアの基本が教えられていれば、あとはOJT（On-the-Job Training、オン・ザ・ジョブ・トレーニング）でさして時間はかからずに教育していくことができますが、まったく素地がない状態で、なおかつ、日常の勤務を行いつつ、まったく新しいことを教育していくということは時間がかかります。それはやむを得ないことです。

7．失敗する要因

　福祉用具を導入した支援に、施設のケアを変えていくことに、失敗することがあります。私の経験から、失敗する要因を挙げてみます。

①中心的スタッフが技術を変更することに大きく抵抗する

　繰り返しますが、今までの技術をまったく新しい方法に変更しますので、介護職のストレスは非常に大きなものになります。特に今まで中心的に施設を引っ張ってきたスタッフにとって、今までの知識や技術で、ほかのスタッフに対して優位性を示せなくなるかもしれないということは、とても大きなストレスです。この中心的なスタッフが抵抗しないように特に種々の配慮が必要でしょう。若い人ほど新しい技術に適応しやすい、逆に言うと高齢のスタッフほど適応しにくいという側面がありますので、新しい方法を受け入れられるように管理職を中心に特別な配慮を要します。

②簡単には動かない

　施設全体を動かすことになりますが、人は簡単には変わらないことに留意する必要があります。施設組織という大きな慣性を動かしますので、大変な努力が必要です。人の考えを変えるもっとも効力のある方法は効果を具体的に示すことです。たとえば移乗介助で苦労していた利用者を容易に移乗介助するとか、車いすをきちんと適合したらその利用者が見違えるほど変化したという事例を具体的に介護職に示すことができれば、容易に受け入れてもらえるようになります。介助用車いすを利用していた人に車いすの適合を適切に行った結果、手こぎで自立走行を行うようになったとか、ベッドからの起き上がりが全介助から、電動ベッドの背上げ機能を利用した自立した起き上がりになったとか、具体的な例を示すことができれば、ほぼ問題なく受け入れられるでしょう。口で言うよりは実際に効果を示すことが大切だともいえます。

③一般のスタッフへの説明が不十分

　福祉用具委員はきちんと理解できていても、一般のスタッフへの説明が不十分だと、彼らは変化を好みませんので、いわれたときはやっても、定着しないということが起こります。誰が説明すれば一番理解してくれやすいのかは施設ごとに異なりますが、一番影響力の強い管理職が自信をもって、意欲をもって変化する必要性を説明することが大切です。

④福祉用具委員から一般のスタッフへの技術伝達をするシステムができていない

　勤務時間内では時間がない、かといって時間外では手当が出ないなどとなると、正確な技術伝達を期待する方が無理でしょう。私の経験ではこのスタッフへの技術伝達が確実にできていない施設では

いろいろなトラブルが生じます。事故に近いものから用具の破損など、「えっ！」と思うようなことが起こります。

　福祉用具を導入するということは簡単なことではありません。ましてや福祉用具は導入すれば使えるものでもありません。種々の身体機能を持ち、種々の生活目標を有する人たちをきちんと支援するということは簡単なことではないことは皆様おわかりのことだと思います。福祉用具を利用したからといってこれが変わることはありません。

在宅生活で福祉用具を使う

在宅生活で福祉用具を使う

1．はじめに

　障害者にしろ、高齢者にしろ、在宅生活を行うためには福祉用具は必須のアイテムです。総論にも記述しましたが、福祉用具はケアのインフラですから、インフラが整備されてはじめてケアが成り立ちます。その上、在宅生活では生活支援のプロ（介護職など）がサポートするのではなく、中心は家族などがサポートすることになりますので、ますます福祉用具の重要性は高まります。

　障害者の場合にはいろいろな場面で障害者同士の結びつきがあり、種々の情報ネットワークが作られています。この結果、福祉用具に関しても情報は比較的多く、取捨選択できる多くの情報・知識を獲得することが可能です。

　一方、高齢者の場合には、利用者同士あるいは家族同士の情報交換の場はあまりなく、本人も家族も福祉用具に関してはほとんど何も知らない状態からケアが始まります。本人や家族が福祉用具のことをほとんど知らないので、頼りになるのはケアマネージャー、ヘルパーや事業者ということになります。また、利用者自身が使われている福祉用具に関して意見があったとしても、多くの場合その意見が活かされることはないようです。一つには認知症による判断力に対する疑問を家族が持っていることや、話すことができなくなってしまった人が多いことなどが原因かと思われます。もし注意深く利用者の状況を観察したら、きっと多くの意見が見いだされるのではないかと感じています。種々の介助を行ったときに、介助者は利用者が感じていることを可能な限り感じ取る努力が必要なのではな

いかと思います。もしそれができれば、現状のような杜撰な移乗介助の方法や車いすを使い続けることは決してなかったのではないかと思います。

　家族は当然として、ケアマネージャーすら福祉用具の具体的な知識や技術はほとんどない状況です。ベッドの使い方や移乗用具など、福祉用具の一人一人の状況に応じた具体的な使い方を教えられるケアマネージャーは少数です。

　ヘルパーも福祉用具の選び方や使い方に関してはほとんど教育されていません。

　となると頼りになるのは事業者だけということになります。なんといっても「福祉用具専門相談員」という職種ですから、その名前からは任せて良いような感じはします。しかし、現実には福祉用具専門相談員の実力は個人差が大きくあります。ケアマネージャーからいわれた用具を届けて組み立てるくらいのことしかしない人から、きちんと使い方の説明までできる人までいろいろです。ただ、事業者はケアプランなどに対して、こうした方がいい、というような意見はなかなか言いづらいようです。ケアマネージャーや家族が選んだ用具よりはこちらの用具の方がいいと思っても、それを言うと売り上げを考えているのではないかと勘ぐられ、使った方がいいと思う用具があってもなかなか言い出せないというようなことがあるようです。

　本来、高齢者支援における担当者会議は、他職種によるチームアプローチであるべき支援チームなのですが、現実には立場が弱い人、強い人と別れてしまうようです。一番立場が弱いのが事業者のようです。職種が違いますから、メンバーを均等に尊重することが当然だと思うのですが、なかなかそうはいかないようです。

　このような現実の中で在宅支援をはじめなければなりませんか

ら、家族も支援者からきちんとした説明を受け、納得した上ですべてのケアを行う必要があります。福祉用具に関しては特に丁寧な使い方を教えてもらうように求めるべきです。

2．ケアプランを立てるにあたって

　ケアをはじめるときにはケアプランなど考える余裕がないかもしれません。突然ケアが必要になった場合は特にそうでしょう。私の家の場合は義母はアルツハイマー型の認知症でしたから、時間をかけて徐々に進行しましたので、あらかじめ先行きがある程度予測でき、それに対応する心構えもできたのですが、突然の場合は右往左往するばかりかもしれません。家族に対する、「利用者は以前はどのような生活をしていましたか」というような質問なら答えられる可能性もありますが、「これからどのような生活をお望みですか」なんて質問には答えられるはずがありません。本人でも簡単には答えられないでしょう。あまりに抽象的すぎる質問かもしれません。

　しかし、「ベッドは何がいいですか」なんて具体的な質問も、もし聞かれても答えられるはずがありませんし、「この車いすでよろしいですね」と聞かれれば、「ハイ」としか言いようがないでしょう。

　しかし、ケアプランを立てるためにはどのような生活を望んでいるのかということが基本になります。本人が判断し、話せればよいのですが、そうでない場合は家族のキーパーソンがすべてを握ることになります。基本的な生活の在り方を答えることはとても難しいことですし、ましてや具体的な福祉用具に関する質問など答えられるはずがありません。

　家族としては、決める前にまずは必要なたくさんの情報をどのように得られるかを確認する必要があります。福祉用具はたくさんあ

ることを念頭に、他の機種ならどうなるかという質問は必ず必要かもしれません。特にメーカーが異なる商品の説明はきちんと受けるべきです。事業者は自社で取り扱っている商品を説明するだけです。もしかしたら他社商品の方が費用が同じでよい性能を持っているかもしれません。そのようなときには他の事業者に聞いてみることも大切です。最初は多くの事業者などの意見や考えを聞いてみることが良いかもしれません。ケアマネージャーの中には自分の系列の事業者などを優先的に利用しようとする場合がありますので、役所などに相談して、その地域で活動している事業者を紹介してもらい、意見を聞いてみることも大切かもしれません。何はともあれ、家族や利用者本人は何もわかっていないのだということを認識し、少ない情報源に頼らず、可能な限り広い情報を求めることが必要です。少しわかってきたら情報源を絞り込んでいくとよいでしょう。

　このことはケアマネージャーに依頼するときも同様で、きちんとした対応をしてくれないケアマネージャーなら他の人にあたってみることも必要です。とにもかくにも何もわからないことを始めるのだということを心して、丁寧な対応をしてくれる支援者を選びましょう。

　ケアプランは、どういう生活を送るか、これからのケアの基本になることですし、すべてのサービス計画がケアプランに基づいて考えられます。したがって、あまり大まかなことだけに限定せず、具体的にどういう生活を送りたいか、きちんと支援者に説明することが大切です。何をしたいのか、それがわかれば福祉用具の支援だけでなく、ヘルパーの派遣など具体的に考えることができます。支援者達（ケアマネージャーなど）はいくつかの形の中に当てはめて考えがちですから、自分たちの生活は自分たちで考えるということを強調して説明した方がよいでしょう。一人一人の生活は皆違いま

す。その違いをきちんと計画に反映させることが大切です。

3．福祉用具の考え方

【福祉用具を使えば生活は楽になる】

　福祉用具を使えば身体機能が退化するなどということはありません。福祉用具を使えば生活が面倒になるということもありません。慣れないうちは戸惑うこともあるでしょう。今まで生活の場面にはなかったものがいきなり生活の中に入ってくるわけですから、戸惑ったり、面倒になったりすることもあるでしょう。しかし、障害のある人にとっては福祉用具はなくてはならないものです。今まで使ってこなかったのですから、とにもかくにも慣れるということを意識しましょう。福祉用具を使うのが当たり前の生活だということをわかれば、障害を持つ人もずっと快適な生活を送ることができるようになります。

【福祉用具を使い始める時期】

　繰り返しますが、福祉用具はいよいよ困ったという状態で使い始めるより、余裕を持ってそろそろ必要になるかもしれないという段階から使い始めた方が効果的に選ぶことができ、使えるようになるといえます。よく「転ばぬ先の杖」といわれますが、まさにこの格言の通りです。歩くことが少しでも不安定になってきたら、さっさと杖を使うということを考えた方がよいように、移動方法や移乗方法、お風呂の入り方など、余裕を持って考えられます。時間的にも身体機能的にも余裕がある方が、方法を選ぶときも、福祉用具を選ぶときもより正確な選択ができると共に、その福祉用具の使用方法を練習する時間を得ることができ、習熟することができます。

また、選んだ福祉用具の利欠点もよくわかり、異なるいくつかの機種を試してみる余裕も生じます。このプロセスをきちんと支援してくれる支援者が信頼に値する支援者です。

【福祉用具の適応】

　福祉用具は必ず適応、すなわち利用できる条件があります。福祉用具ごとにどのような身体状況までしか利用できないとか、どのような介助者や環境では利用できないとか、条件が伴います。特に身体機能に関しては我が国の支援者はどちらかというと無理をして限界を超えた状態で使わせようとする傾向があります。その理由は「リハビリ」です。何かというと身体機能の訓練を生活場面の中に持ち込みがちですが、生活は楽しむものであって、訓練のためにあるものではありません。訓練が必要な場合はきちんと訓練を受ければよく、生活の中で訓練要素が強くなるとその動作自体をやりたくなくなってしまいます。何はともあれ自分が送りたい生活を実現していくことが大切で、そのために何をするかということを第一に考えましょう。例えば、ベッドから出る動作はベッドの電動機能を利用して楽に出るようにした方が、無理をして身体機能だけで起きあがるよりは生活を広げ、楽に暮らすことができることが多いといえます。

　身体機能が変化し、福祉用具が使いづらくなったら、早めにケアマネージャーや事業者に相談し、福祉用具を変更することを考えましょう。標準型の車いすを使っていたら姿勢が崩れやすくなったなど、個々の用具の適応を越えてしまったり、車いすでは調整のし直しが必要になったりすることがしばしばあります。一つ一つの福祉用具はある限定した条件下でしか使えないというくらいの考え方をして、「使いにくくなったな」とか、「どうも違和感があるな」などと感じたら福祉用具の調整や変更が必要になっている可能性があり

ます。迷わずケアマネージャーや事業者に相談しましょう。

【福祉用具の使い方】

　福祉用具は使い方が命です。一人一人の生活目標が異なり、身体機能などの条件も異なりますから、同じ福祉用具であっても使い方が同じになるとは限りません。一人一人に応じた適切な使い方があります。この使い方は教わらなければわかりません。自分の生活にあった使い方をきちんと教えてもらいましょう。これを教えるのは通常は事業者（福祉用具専門相談員）ですが、ケアマネージャーでも、PT／OTでも、誰でもいいですから適切な方法を教えてくれる人が大切です。納得できる使い方を教えてくれる人がいたら、その人は大切にして仲間になりましょう。これから先もきっといろいろ助けてくれることでしょう。福祉用具は適切な使い方が伴ってはじめて意味を持つものであり、福祉用具を導入すれば役に立つというものではありません。繰り返しますが、間違った使い方は危険を生じることもあることを念頭に、面倒でも正確な使い方を教えてもらい、それを実行しましょう。

【福祉用具のメインテナンス】

　福祉用具は道具です。道具である限り、種々のメインテナンスが必要になります。電動のものは異音がしたり、異臭がしたりしたら、使用を中止し、すぐに事業者に連絡しなければなりません。車いすのタイヤは空気が抜けたら、ブレーキが利かなくなり、乗り心地が悪くなり、動かすのに大きな力が必要になります。空気入れがあれば簡単に空気を入れられますから、周辺の人に依頼して入れてもらいましょう。また、バッテリーで駆動するものは、充電の仕方が利用している電池ごとに決まっています。間違えると一気にバッテ

リーの寿命が縮まり、買い換えなければならなくなります。バッテリーはかなり高額ですから、大きな出費になってしまいます。

　このように、それぞれの用具ごとにメインテナンスしなければならないことが決まっています。どのようなメインテナンスが必要になるかは事業者が説明してくれます。

【ヘルパーとの関係】

　福祉用具を導入し、その使い方を教わったら、それをヘルパーに伝える必要があることがしばしばあります。ヘルパーは福祉用具の使い方を知っていても、そのとき対象となっている利用者への使い方に関しては知らない、と考えたほうが良いでしょう。ヘルパーが知っている使い方は以前経験した利用者での使い方です。今問題になっている人とは使い方が異なる可能性がありますし、もしかしたらヘルパー自身が使い方を知らない場合もあります。

　そのため、家族はヘルパーすべてに対して、導入した福祉用具の使い方を丁寧に教える必要があります。家族は利用者のことを一番よく知っていますし、利用者に適切な使い方を知っていますからそれを伝える必要があります。

エビデンスが必要？

　ケアの世界でもエビデンス（科学的根拠、客観性）が求められるようになってきています。人に説明し、納得していただくためにはきちんとした根拠が必要であることは言うまでもありません。しかしながら、このエビデンスという言葉から何事も数値化するというイメージを持たれる人が多いように感じます。統計処理などでよくいわれるように、データはどのような視点で集められ、どのように処理されたかでまったく意味が異なる結果を示すこともあります。数字で表現されていることに関してはその数字が集められた背景への考察が必要です。

　ある時、ある特別養護老人ホームで、新しく開発している福祉用具の使用評価が企画されました。その福祉用具は利用者が使用する用具であったことから、利用者の認知症の程度の評価が問題になりました。非常に難しい話ですが、どのような人がその用具の適応となるかを議論するとき、認知症の程度を評価することが求められたからです。認知症は日間変動が激しく、何事もできない人が信じられないようなことをして周囲をびっくりさせるというようなことがしょっちゅう起こります。かつてベッドによる死亡事故が何件か起きた時、なぜこんなことで死亡事故になるのか、まったく想像できないような状況が何回もありました。我が家でも認知症の義母が、狭い柵の間に体が挟まっていたり、車いすに前方からはまり込んで動けなくなっていたり（図1）、どうしたらこうなるかがわからないようなことが起こりました。調子が良いと包丁でリンゴの皮をむいたりして家族をびっくりさせるということも起こったことがあります。

図1：車いすにはまり込んで、身動きできなくなってしまった

　認知症に関して素人である私個人の考え方としては、器質的な脳組織の検査で何かわかるかも知りませんが、そのような手法以外では、認知症の程度を簡単に評価できるような方法はないのではないか、もしあるとしたら相当長期にわたって観察と計測を続けないと正確な指標にはならないのではないか、そのような手間暇をかけても、その指標がその後のケアに何らかの効果を与えるかどうかは疑問が多いところであると感じています。治療計画などに関連しては正確な指標がほしいでしょうが、生活をしていく上ではその後のケアに影響を与えるものでなければ不要だと思えます。

　この時、この福祉用具の評価に参加していたOT／PTの多くが長谷川式の検査程度はしたほうがよいと主張しました。私は認知症に関してはたいして知識がありませんし、長谷川式テストのほんの一部分は知っていましたが、詳細に関してはほとんど知りません。それでも今回のような場合にはそのような指標は適応を議論するうえではさしたる意味はないと感じてはいました。実際には計測をすることになったのですが、計測を担当したPTが本当にかわいそうでした。ある利用者は質問の途中で怒りだし、ある利用者は泣き出して計測ができない状態になったりしたそうです。その都度PTは罪悪感を覚えたようです。あの質問項目を読んでみれば、たぶん怒っ

たり、泣き出す気持ちがわかるのではないかと思います。こんなに簡単なことがわからなくなった自分が情けなくなって泣き出すのでしょうし、ある人は怒り出したりするのでしょう。母親をケアしている妻がよく言うのですが、認知症は何もわからないなんて思っていると大間違い、よくわかっているからこそいろいろな感情が錯綜しているのだと。私は認知症の何かもわからない人間ですが、認知症の進行につれてだんだん当たり前のことがわからなくなって、戸惑いを感じる気持ちはわかるような気がします。きっと自分にイライラしたり、わからなくなっていく自分が悲しかったりするのだと思います。こんな時に他人からテストもどきでいろいろな質問をされたら怒り出すのも当然でしょうし、泣き出したくなるのもわかります。このテストが今回試験したい福祉用具の適応を判断するうえで大きな要因となるなら多少の負担をかけることもやむを得ないかもしれませんが、明確にその効果が説明できないときには被験者に大きな負担をかけるようなテストはいかがなものかと思います。

　要介護5だからこんなことはできないだろう、4だからこれはできるだろうなどと思っていても、その時の状況でできたり、できなかったり、不規則に変化しますから、認知症の程度を数値化して議論するのはとても難しいと思います。きわめて普通の状態から何もわからないような状態までを行きつ戻りつしつつ、少しずつわからない状態が増えていくのが認知症なのでしょう。このわかっている状態の指標とわからない状態の指標とが必要になり、この間をどれくらいの時間軸で行き来しているかを考えるくらいが認知症の程度を評価する指標になりうるような気がしますが、それを計測する手法などあるのでしょうか。

　また、エビデンスを求めるあまり、何事も計測してデータを示せばよいかのごとき風潮もあります。先日ベッドの背上げ時の座圧を

計測したデータを見せていただいたことがありました。メーカーの方の言い分はその会社のベッドが背を上げた時座圧が小さくなることを示すということでしたが、よく考えてみたらあまりにも当たり前のことを示すデータで、決してそのメーカーのベッドの良さを示すものではありませんでした。私自身ですら、しばらくの間、そのベッドが優れていると思い、なぜだろうと考え込むくらいでしたが、よく考えてみたらベッドの良さを示すのではなく、当然の結果をわざわざ座圧を計測して示しているものにすぎませんでした。なんとなくデータを示されると、素晴らしいと感じてしまいがちですが、データの持つ意味をよく考えてみることが必要です。エビデンスを逆手に取ったような話だなと思いました。

　ケアも科学的に議論すべきであるということには何ら異論をはさむ気はありませんが、何が何でも科学的にとはいえないことも多いのではないでしょうか。ケアを日常的に行っている人から見れば、これだけ変動要因の多い事象をどうやって客観的に記述できるのか、絶えず疑問に思っていることが多いと思います。ケアの客観化の議論は、少なくとも客観的に記述することが可能であって、それが意味を持つということを明示しつつされるべきではないでしょうか。

福祉用具は誰でも使える？

　私は講習会などで福祉用具に関して話しをする機会が多いのですが、話を聞いた人から次のようなことをよくいわれます。
「市川さんは福祉用具を使うことが難しいと言いすぎる」
　あるいは
「福祉用具の使い方を細かくいわれると使うことが面倒になる」
「福祉用具が普及するためには誰でも使えるものでなければいけないのでは？」

　確かに私は相当に細かいことを言います。
「電動ベッドに寝かせるときは適切な位置になるようにしましょう。頭の位置が5cmずれても、自分で身体を動かすことができない人の場合は背を上げることが苦痛になりますよ」
　とか、
「座位移乗の仕方は利用者の身体機能や介助者の状況によっていくつもの方法の中から最適な方法を選ばないと楽にできなかったり、場合によっては危険を生じますよ」
など福祉用具を使ったことのない人にとってはどうして良いかわからなくなってしまうかもしれないことを言い続けています。私も正直にいえばこんなことを言い続けても福祉用具の普及を促進することにはならないかもしれない、もう少し簡単な表現で多くの人が気軽に使えるような言い方にした方がいいかもしれない、などと考えることはあります。しかし、どうしてもそのような言い方では不安を感じてしまい、細かなことを言ってしまいます。その理由を考えてみました。

電気炊飯器を考えてみましょう。今まで一度もご飯を炊いたことがない人でも簡単なマニュアルを読めばご飯を炊くことができるようになりますし、誰が炊いてもほぼ同じ結果が得られます。炊飯器のやることは決まり切ったことであり、操作の方法も決まり切ったことです。ご飯を炊くためには、お米の量が決まれば加熱のパターンは実験から容易に求められるでしょう。センサーで何を計測し、その結果を加熱条件にどのように反映するかなどを考えればその制御はさほど難しいことではなく、ご飯を炊くプロセスに人が関与する部分をなくすことができます。結果として誰がやってもほぼ同じ結果が得られることになります。

　一方、福祉用具はどうでしょう。福祉用具は人を扱うことになりますから、人の多様性が問題になります。車いすを使う人を考えてみましょう。まず、体格や体重が異なります。大きすぎる車いすは座ったときの姿勢を崩したり、自分で駆動するときには駆動効率に影響を与えます。誰でも同じ車いすでは大きさの点でまずダメだということになります。次に自分で駆動するのか、介助者が押すのかということがあります。自分で駆動する場合には両手でこぐのか、足も使うのか、ということで車いすに要求される仕様が変わってきます。また、家の中だけで使うのか、外だけで使うのか、両方で使いたいのかなどによって利用しやすい車いすが異なります。このように機種を選択する上で、多様な条件の中から選択するための知識が必要になります。また、利用者の身体機能によって座位のバランスが悪ければ安定して座れるように、車いすの各部を調節できる車いすを利用し、最適に調節する必要が生じます。座っている姿勢が崩れたら、修正する必要がありますが、まず、姿勢が崩れているということを認識するための知識が必要になり、介助者も利用者も姿勢を快適に修正する方法を知らなければ、いずれかが大変な目に

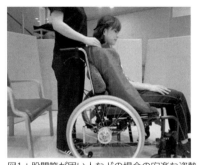

図1：股関節が固い人などの場合の安楽な姿勢修正の方法。利用者・介助者双方が快適。スライディングシートを利用している。

あってしまいます（図1）。

　道具を使うときには、必ず何らかの危険が伴います。動力を利用するものは特に危険が大きくなります。自動車の例を見るまでもなく、人を動かすものは残念ながら危険をゼロにすることはできないといってもよいでしょう。特に福祉用具は障害を有する方を扱うものですから、一般的な道具よりもさらに危険率は高くなります。絶対安全な福祉用具などないといえるでしょう。一方、事故などが生じたときは、身体機能が衰えている人が対象ですから、若い健康な人と比較したら同じことが起きても受けるダメージははるかに大きなものになります。このようなことから危険率をいかに小さくできるかが福祉用具を導入するときにはとても大切なことです。多様な身体機能などに対応し、多様な使い方に対応して危険率を小さくするためには、使い方と用具の選択に細心の注意を払う必要があります。福祉用具の物理的特性だけに危険率を小さくする対応を求めてもおのずから限界があり、最後は使い方で対応するしかない部分がたくさん出てきます。

　ですから、福祉用具は使い方が命なのですが、今まで見たことも使ったこともない用具を自分の条件に合わせて使い方を覚えなければならないということは極めてストレスが大きいことです。福祉用

具を支援する人たちが十分な知識と技術を持って、丁寧に使い方を伝達しないと、福祉用具の効果が発揮されないばかりか、危険を生じかねないことになります。このために、口を酸っぱくして福祉用具の選択と使い方を説明しているのですが、なかなかこの知識と技術を普及していくことは難しいことのようです。

　何はともあれ、福祉用具をいい加減に使うことは効果が発揮されないばかりでなく、お金の無駄にもなりかねませんし、種々の危険を生じかねないということにぜひ気が付いていただきたいと思います。そうすれば、使い方を事細かに説明しなければならないという私の考えも少しはご理解いただけるのかもしれませんし、もし支援者が丁寧な支援ができるならば、もはや私がとやかく言うことはないという幸せな状態になります。そうなれば私の使命は終わったといえるでしょう。私はモノを開発してもきちんと使っていただかなければ意味がないと思い、開発する側から使い方を考える側に転換した身の上ですから。

リフトは難しい？

　先日、ある脳性まひ（15歳男性）の家族からリフトの相談を受けました。寝室にリフトを導入したいというものでした。訪問してみて、まず驚いたのは浴室にリフトが設置されているのですが、まったく使われずに文字通りほこりをかぶっていたことです。

　いろいろきいてみると、父親が息子の介助で腰痛になり、入浴介助が大変になったのでリフトを導入したのだそうです（図1）。しかし、浴室にリフトを設置したものの、入浴のさせ方をきちんと教わらなかったことと、浴室までの動作が大変だったので結局利用することができず、そのまま放置されたそうです。父親がひどい腰痛になったとき、これにぶら下がって入浴できてとても便利だったという笑い話にもならない話を聞きました。

　移乗介助が大変になってリフトを導入するときには、生活すべてを見渡して、すべての移乗場面の解決を図らなければ意味がないということは、リフトなど移乗支援をする場合の原則です。しかし、この入浴用リフトを導入した支援者・事業者は全体の流れはまったく考えておらず、ただただ浴室にリフトを導入しさえすれば問題は

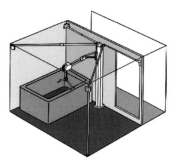

図1：導入したものと同じ浴室用リフト[※1]

 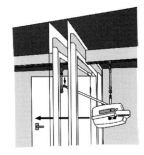

図2：シャワーキャリーとシート型吊り具※3　　図3：掛け替え型ポータブルタイプのリフト

解決すると考えたようです。

　私への依頼事項は寝室のリフトでベッドから車いすへの移乗でしたが、寝室にリフトを導入し、ベッド－車いす間の移乗を解決するとともに、シャワーキャリー（図2）と浴室用リフトのスリングを変更して、ベッドから浴室までのすべての作業の手順を教えました。これによって、ようやく以前に設置したリフトが利用できるようになったのです。

　この男性は姿勢変形や異常筋緊張がさほど強くなかったので、ごくごく一般的なスリング（吊り具）とふつうの使い方で十分対応できました。私たちが普段講習会で教えている知識と技術で十分対応できる範囲です。ほんの少し丁寧に全体の流れを考えてみさえすれば、リフト支援をしている人にとっては特に難しいことはなかったでしょう。

　その翌々日に別の同年代の脳性まひの女性が使用するリフトのスリングに関する相談がありました。このお宅では母親がほぼすべての介助をしていますが、入浴など移乗介助が大変でリフトを導入したそうです。寝室、居室、浴室、玄関などがすべて掛け替え式リフト（図3）のレールで結ばれており、かなり長い距離を吊り上げたま

ま移動するようなシステムになっていました。家の中が櫓を組んだリフトのレールで覆われているかの印象を受けるお宅でした。面レールが寝室、居室、廊下で、玄関、脱衣場などに線レールが設置されています。屋内の移動場面すべてがリフトで行けます。

このお宅の最初の支援者は彼女の変形や異常筋緊張に対応する知識や技術がなくギブアップしたようです。次の支援者は、特注のスリングで対応するつもりだったようで、途中まで対応していたのですが、諸般の事情から支援することができなくなり、私におはちが回ってきました。

訪問して、身体機能の確認や生活の方法を母親から種々聞きました。その上で、市販のスリングによる対応を提案し、試しに吊り上げて移乗場面を回ってみました。もちろん何度か試行錯誤を繰り返した後で、私がたぶんこれでいいかなと思う方法を提案しました。入浴用のシャワーキャリーも提案し、これも試すことにしてその日は帰りました。

1週間後に訪問し、両親とともに実際に使いながら種々議論しました。母親から、娘さんの脊椎が骨盤のすぐ上から側方に変形していること、その屈曲方向に筋緊張が強いことから、脊椎を伸展するように吊り上げたいとの提案がありました。これは普段母親が移乗介助しているときの方法だそうです。それならばということで、スリングのストラップをかける位置を修正し、母親が意図したような姿勢を実現しました。これで、日常の移乗は解決です。

次に実際に入浴で使ってみました。私が提案するいくつかの方法を両親の意見を聞きながら修正して、シャワーキャリーを利用して洗体や浴槽に入る方法を確立しました。母親はこの方法はヘルパーに依頼するときにはこれでいいと言います。しかし、自分が介助するときは違う方法でやりたいと言います。今まで入浴してきた方法

で、娘さんを持ち上げる部分にだけリフトを利用し、シャワーキャリーは使わず、スリングだけで入浴します。スリングで吊り上げた状態で母親の太股の上に下ろし、スリングに張力をかけたまま脊椎を伸展させながら身体を洗うという神業のような方法です。浴槽の中でも今まで母親が介助していた方法と同じやり方で、持ち上げる部分にだけリフトを利用します。実際にやってみると、母親はものすごく楽になったし、この方法でやりたいが、ヘルパーさんには無理だろうと意見が一致しました。このような方法は娘さんの身体のことをよく知っていて、普段介助をしている者にしかできない方法だと思いました。

　この二つの事例を考えてみますと、一般的な、特殊な事情がない場合にはリフト支援はさほど難しいものではありません。丁寧に考えさえすれば、リフトをある程度知っていれば、支援可能でしょう。後者のような特別な事情がある場合にはリフト支援をするには相当に知識がないとできないかもしれません。しかし、本人や家族の話をよく聞くといろいろなヒントがわかってきます。今までの自分の知識や技術に固執することなく、素直に要求を聞きながら対策を考えてみるという態度が大切かもしれませんね。

筋緊張を緩和させる①

　私は、私的な研究会を時々開催します。福祉用具に関心のある仲間とともに、福祉用具の選択や使い方に関して忌憚のない意見交換を行う会です。メンバーはOT／PTや介護職で、10数人程度ですが、ほぼ固定しています。定期的な開催ではなく、福祉用具の選択や使い方がわからなかったり、はっきりしていないとき、疑問を感じたときにその都度課題を決めて開催します。最近は私がコンサルティングをしている高齢者施設にご協力をお願いして、具体的な障害のある利用者をモデルにして、実際に福祉用具を使いながら適応や使い方を議論しています。施設の利用者をモデルにすることによって、私たちは実際の場面での使い方を確認することができます。施設にとっては多くの介護職が参加でき、直接技術や考え方の習得ができます。モデルになる利用者にとっては今までよりも良いケアを受けられる方法を提供されるという、三者それぞれに利点があると思っています。

　さて、先日車いすの適合に関する検討会をある高齢者施設のご協力を得て開催しました。私は高齢者の車いす適合の具体的な知識や技術に関して、あまりまとまっていない印象を持っています。個々人が自分なりの方法で適合を行っているのではないかと思い、参加者が日常的に行っている方法を実際の利用者でやっていただき、皆で議論しようという趣旨です。

　モデルの中で、1人きわめて筋緊張が強い女性がいました。登場したときは標準型の車いすに座っておられましたが、姿勢が崩れており、いろいろな関節が拘縮しているようにも見えます（図1）。こ

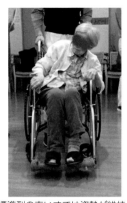 

図1：標準型の車いすでは姿勢が維持できない　　図2：普段はこのような姿勢で寝ている

　の施設の介護職の説明では、ベッド上でも体を丸めるようにしており、絶えず側臥位でいるそうです **(図2)**。上肢も首周辺も下肢もすべて、かなり強い変形と筋緊張が見られます。
　このような場合に、いくつかの方法で筋緊張が緩和される現象を私は見てきています。たとえばリフトで吊り上げると筋緊張が緩むことが観察されたり、座位変換型車いすでもネッティⅢという特定の車いすに座らせると緩和するという経験もたくさんしてきています。しかし、私の場合は残念ながらその理由やどうすれば緩和するのかなどまったくわからずに、ただただやってみるうちに筋緊張が緩和することがあるというだけです。そのため、ひとまずネッティⅢに座らせてみました。座の奥行きを彼女の体形に合わせ、その他調節できる部分はすべて彼女に合わせて調節しました。
　もう一つ面白いと言いますか、よくわからないことにネッティⅢとその姉妹機のネッティemといわれる機種の相違です。価格的には「Ⅲ」が「em」の2.5倍位するのですが、構造的にも機能的にも大きな差があるようには見えません。クッションの素材とそのカバーが異なるくらいにしか見えませんが、今回のような筋緊張が強

い人や変形の強い人を座らせると、この車いすの差が歴然と表れることがあります。ある施設ではこの差があまりにも大きいので、かなり高価な「Ⅲ」しか購入しないという施設もあります。クッションカバーの材質の差が大きいことはわかっているので、カバーは変更してもらうことが多いのですが、それにしてもクッションの差だけでこれだけのパフォーマンスの差があるのかなと信じられないような現象が起きます。私たちが座ってみてもその差はなかなかわかりません。

　ここでモデルとなった女性もネッティⅢに座ってもらったらかなり筋緊張が緩和しました(図3)。ここまではいつも通りの展開です。その後、メンバーの1人であるOTが彼女をベッドに寝かせてポジショニングを始めました。ベッドの背を上げて座骨の下などにクッションを入れて、車いす上の座位の姿勢をベッド上で再現していきます。そうすると少しずつ筋緊張が緩んでいきます。緩むたびにベッドの背を下げていったら、最後は完全に平らになり、彼女は仰臥位で寝息を立てて寝ています(図4)。筋緊張も完全にといえるほど緩和していました。これを見ていて皆びっくりしたのですが、一番驚いたのはこの施設の介護職です。こんな利用者の姿を見たこともなかったそうです。彼らは私のところに来て、「OTやPTは皆こうい

図3：ネッティⅢ

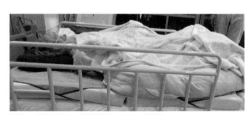

図4：仰臥位で、筋緊張もなく、熟睡

うことができるのでしょうか？」と訊きます。誰でもできることではないことは明らかです。誰でもできていたら、このように筋緊張が強い利用者ばかりが目立つことはなかったでしょう。介護職は、筋緊張が緩和すればケアが楽になるという以前に、利用者の安らかな寝顔に感動していました。あんなに安らかな顔で寝ている姿を見たことがない。いつもしかめっ面だというわけです。

　これまでもポジショニングの重要性はいわれてきましたが、車いす座位で筋緊張を緩和させるということはほとんど議論されてきていなかったと思います。私自身も車いすの適合をしていて、筋緊張が強くどうしても適切な姿勢が作れないとき、OTやPTに向かって、「この筋緊張を緩和させてくれよ。私にはどうしていいかわからない」と言って逃げていました。このようなことをいわれたOT／PTたちは皆、「私にはできない」と正直に認めていました。しかし、今回具体的に緩和させている場面を見てみると、「できない」のではなく、「しなかった」のではないかと思います。あるPTが言っていましたが、「この問題は私たちの領域の問題であり、私たちに解決すべき責任がある」。

　私の望みは、私や介護職、福祉用具専門相談員にもわかるような言葉で、説明できる程度に技術体系を整理していただくことです。

筋緊張を緩和させる②

　私がコンサルティングをしているある施設（特別養護老人ホーム）で、ちょっと感動的な経験をしました。

　施設に入居しているある女性の利用者が対象となる人ですが、原疾患はよくわかりません。アルツハイマーなどの認知症の進んだ状態のようにも見えますし、かすかなまひがあるようにも見えたので多発性脳梗塞のような疾患だったかもしれません。ほぼ寝たきりで、座位の維持も難しく、意識もほとんどないような状態で、声をかけても反応がありません。使用しているマットレスは一番硬いマットレスです。いわゆる標準型の硬さで、体を動かす人が動かしやすいといわれています。残念ながら彼女は自分で体を動かせそうではなく、寝返りも自分ではできそうにありません。なぜこのような身体機能の人がこのようなマットレスを使用しているのかよくわかりませんが、あまりマットレスのことなど考えもせず、褥瘡がないから普通のマットレスでよいというような選択かなと思われました。

　この女性がベッドに寝ている状態は側臥位で肘関節、膝関節、股関節などは屈曲して丸まった状態ですが、さほど強い屈曲のようには見えません（図1）。上肢や下肢に触ってみると多くの筋が緊張し、固まっています。仰臥位にして、軽く上肢をさすりながら声掛けをしていると少しずつ肘関節の緊張が緩んできて、肘が伸びてきます。同じように下肢もさすっていると膝が伸びてきましたが、完全に伸展はしませんでした。上肢、下肢ともに筋の緊張は緩みましたが、触ってみるとまだ硬い感じがします。関節の可動域制限はないようです。いわゆる拘縮の初期状態だと思われました。

 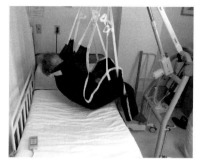

図1：側臥位で屈曲した状態で寝ている　　図2：リフトで吊り上げると筋緊張はなくなる

　この女性をリフトで持ち上げてみました。使用したスリングはシート型です。ローバックだったのですが、彼女が小柄なのでほとんど頭までカバーしています。持ち上げてみたら、あっという間に筋緊張が弛緩していきます（図2）。上肢、下肢ともに触ってみると軟らかく、まったく緊張している様子は見られません。

　以前からリフトで持ち上げると、筋緊張が強い人の一部が弛緩する現象は見ていましたので、さほど驚きはしませんでしたが、周りで見ていた介護職はびっくりしています。最初の質問は「なぜですか？」です。なぜリフトで持ち上げたら筋緊張が弛緩するのか、残念ながら私もこの答えは知りません。現象を経験的に多数知っているだけです。現在この現象の意味を勉強しようと思っているところです。

　さて、この女性を静止型の褥瘡対応のマットレスに変更したベッドに寝かせてみました。リフトで吊り上げた効果が残像していたのか、マットレスのせいかは不明ですが（たぶん両方）、彼女は弛緩したままです（図3）。私自身の経験からいえば体を動かせないときは柔らかなマットレスでなければとても寝ていられるものではあり

図3：マットレスを変更した

図4：強引に持ち上げると棒状に

図5：車いすに着座させるのが難しい

ません。自分自身が入院した時に体を動かせず、苦しい思いをしましたのでよく理解できます。彼女は何もいえないので、ただただ耐えるしかないのでしょう。この不快な刺激が筋緊張を高めていると考えるのは妥当な判断だと思います。

　次に、彼女を車いすに移乗させてみようということで、今まで行っていた方法で車いすへの移乗介助を介護職に依頼しました。現状の方法を確認しておくためです。臥位で寝ている彼女を介護職が端座位にさせ、わきの下に手を入れたころから激しい緊張が起こります。股関節が伸展し、体全体が棒のようです (図4)。この状態で持ち上げ、車いすへ移乗させようとしますが、股関節の伸展緊張が強いのでほとんど座ることができず、極端に腰が浅くなってしまいます (図5)。これを車いす座面に押し込むようにして座らせます。毎日この状態だと言います。

わきの下を持ち上げる移乗介助がどれだけ残酷なものか、この現象が示しています。彼女は不快な刺激を体に加えられることで反射的に筋の緊張を高めているのでしょう。立位を維持できないような人に対して、わきの下に両手を入れて持ち上げながら移乗介助するという方法はどこでも日常的に行われていることです。このことがどれだけ利用者に不快感を与えているかを示す例だと思います。

　筋緊張が強い状態が継続すると、その行き着く先は拘縮による関節可動域制限です。関節を他動的に駆動しようとしてもまったく動かなくなってしまう状態は皆様も見聞きしておられるでしょう。不快な刺激に対する反射が筋緊張を強めることだとしたら、介助の技術がとても大切だということがわかります。また、同様にベッドのマットレスの硬さなども問題になりますし、車いすの適合も大切なことだということが理解されるのではないでしょうか。

　筋緊張が強くなると介助者はすべての介助動作で大変な思いをしなければなりません。この原因が自分たちの介助の技術にあるとしたら、本当に馬鹿げたことだと思いませんか。福祉用具を適切に利用し、介助の技術を再考することで筋緊張を緩和させることができます。私がコンサルティングをしている施設のスタッフが言っていたのですが、「入所当時はそのような人がおられることがあります」。ということはその施設ではその後筋緊張が強くなることは少ないということです。実際にかなり長期にわたってこの施設を見ていますが、前述したような利用者に出会うことはほとんどありません。この施設では移乗介助はリフトやボード・シートを利用した座位移乗など福祉用具を利用するのが当たり前で、抱え上げる移乗介助などまったく見ることはありません。車いすもすべてきちんと適合されています。施設のケアの水準は利用者の筋緊張の程度で判断できるとさえいえるのではないでしょうか。

三人寄れば文殊の知恵？

　福祉用具の使い方は工夫が必要なときがあります。そのようなときには何人かで議論しながら工夫すると適切な新しい方法を見つけることができることがしばしばあります。私は仲間内の研究会でこのような議論をすることが時々ありますが、支援の現場でもできるだけ周りにいる人と議論するようにしています。先日もおもしろい方法を見つけました。

　場所は私がコンサルティングをしている札幌市にある特別養護老人ホームです。この施設では介護職を中心に福祉用具適用に関するチームがあり、このチームと一緒に福祉用具を利用した具体的な支援策を講じるという活動をしています。

　1人の利用者（女性）がいます。彼女は日常的な移動手段は介助による車いすですが、ベッドから転落することやベッドから立ち上がると転倒の危険があり、骨折の履歴もある人です。このようなことから床に寝具を敷いて寝ていますが、車いすに移乗させるために持ち上げなければならないことが問題になりました。この施設では人が人を持ち上げることをやめようとしていますから、何か方法を考えなければなりません。リフトがすぐに考えられます。特にアーチ型の据え置き式リフトがあれば簡単に解決できます。しかし、この施設には床走行リフト以外は個浴に天井走行の面レール型リフトが3カ所に設置されているだけです。年度の途中でもあるし、貴重なお金は、できればきちんとした車いすなど他に使いたいと考えていました。スタッフはリフトの操作には慣れていますので、何とか床走行リフトで床から持ち上げる工夫を試みることになりました。

　床走行リフトはベースの下にキャスターがついており、一般的に

はベッドの下にベースを差し込んで使用します。すなわち、持ち上げる人の下にベースを入れる必要があります。床に寝ている人の下にベースを入れるためには種々の工夫が必要になります。まず、リフトを寝具に近づけるのではなく、寝具をリフトの下に移動させるという方法を考えました。寝具の下にスライディングシートを敷き込み、寝具を滑らせてリフトの下に移動させ、そこからリフトで持ち上げます。シートの敷き込みが少し面倒なのと移動が床面の素材によって滑りにくいなどの問題がありました。床に置かれた寝具を移動させる介護職の姿勢にも問題があり、腰痛を引き起こしかねない姿勢です。

　寝具に降りる場合も同様に降ろしてから寝具を移動させるという方法を行ってみましたが、あるスタッフが床走行リフトを寝る位置に移動させ、ベースの上に寝具を移動させてから降ろせば移動させる必要がなく、楽になると気がつきました(図1)。やってみると、ベースの上にセットした寝具の上に降ろし、リフトのベースを容易に引き抜くことができました。ベースの上に乗せた寝具の上に降ろされた利用者にも不具合はなさそうです。これで、車いすから床の寝具への移乗は容易な方法が見つかりましたが、床の寝具から持ち上げるには容易な方法がありません。スライディングシートとトランス

 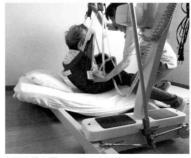

図1：リフトを寝る位置まで移動させ、ベースの上に寝具を置き、その上に降ろす。

ファーボードを利用し、利用者を床に滑らせて移動させるという方法も試みてみました。容易ではありますが、利用者をシート一枚を敷いただけで床の上を滑らせるのは少し問題がありそうです。

　皆でいろいろ議論をしているときに、1人のスタッフが床に寝ている人の頭の下と膝の下にベースが入る隙間を作ればベースを差し込むことができるのではないかと提案しました。早速、頭の部分の寝具の下に枕を入れて隙間を作ります。膝の部分は利用者の膝を曲げて寝具を少し持ち上げてベースを差し込んでみると、容易に差し込むことができました（図2）。ただしこの方法はベッドマットレスで利用できる方法であり、布団ではすこし容易でない部分が出てくるかもしれません。理由は膝の下にベースを通すとき、ベッドマットレスですとたわみますので差し込みやすくなりますが、布団では

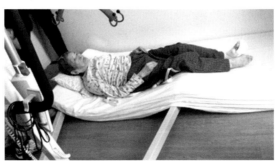

図2：頭の部分を高くして隙間を作り、膝を曲げて寝具の下にベースを差し込む。

たわみが作れないことが予想されるからです。

　さて、この方法を見つけたプロセスは数人の介護職などのスタッフと皆で考えながら適切な方法はないかいろいろ試みている中で、あるスタッフの発想をやってみたらうまくできたということです。もちろん床走行リフトの特性がわかっていて、マットレスのたわみなど、ある程度物理的特性に関する理解もなければこのような発想は出てきません。しかし、このような客観的な特性は普段用具を利用し、いろいろな工夫を考えていれば自然と身に付いているものです。まさか物理の勉強からはじめなければ発想がわかないというものではありません。大切なことは皆で議論し、工夫をしてみようという意志です。この施設では以前にもスライディングシートを使って車いすのずっこけ姿勢を修整する方法で、すばらしい方法を見つけました。仲間内では発想した人の名前を付けて「○○方式」などと言っていますが、この施設では名前が付く方法がこれで二つになりました。

　福祉用具を利用する環境やニーズは多様です。したがって、使用条件に合わせた使い方の工夫が必要になることはしばしばあります。皆様が見つけた工夫は是非多くの人に伝えることを考えましょう。できるだけ多くの人が知恵の恩恵を受けられればそれだけケアの質が高くなります。

福祉用具は最初が大切

　ある女性が歩行器を利用して歩いていました(**図1**)。四脚固定型の歩行器の前輪に小さな車輪をつけたものです。何故この歩行器を利用するようになったのかは不明です。

　この歩行器は直進するときには問題ありませんが、曲がるときに面倒なことが起きます。キャスターではないので、前輪はそのままでは回転しません。全体を持ち上げて回転させるか、前輪の一方を回転中心にして大きく回るかのいずれかです。彼女は持ち上げて回転することはできなかったので、大きく回ることしかできませんでした。

　彼女に、いす付き歩行車（ローレーター）を試しに使ってもらいました(**図2**)。とても上手に歩行できます。前輪が大きなキャスター輪なので、容易にその場で回転ができます。小さな段差なら問題なくクリアです。

　彼女に、いす付き歩行車に換えようかと提案しました。彼女は次

図1：車輪付き歩行器[1]

図2：いす付き歩行車[1]

のように言いました。

「この歩行車はとても便利です。上手に曲がってくれます。だけれど、私は今使っているものに慣れています。だから今のまま使い続けたい。だけど、どうして最初にこの歩行車を教えてくれなかったのだろう。最初に教えてくれたら、きっと便利に使ったものを」

別の利用者が俗に言うシルバーカーを利用して歩いていました (**写真1**)。そのシルバーカーは前輪がキャスターではなく、固定輪でした。したがって、曲がるときには前輪を持ち上げて回転します。曲がるたびに一度立ち止まって、シルバーカーを回転させて歩き始めるという動作でした。いすつき歩行車を試してみました (**写真2**)。曲がりすぎて危険でした。彼女は認知症で、私たちの話はほとんど通じません。いす付き歩行車の使い方を教えてもまったく無関心で、耳を貸してくれません。

人は初めての道具はなかなか上手に使えません。しかし、慣れると器用に使いこなします。

福祉用具は何らかの形で身体機能が低下してきた人たちが使うも

写真1：シルバーカー　曲がるのに苦労する

写真2：慣れていないので曲がりすぎる

のです。したがって、絶えず危険が伴います。歩行補助用具は特に危険が伴う用具の一つです。だからこそ、長い目で見て危険が少ない用具を正しく使う必要があります。そのためには導入当初に適切な選択と正確な使い方を伝えることが大切です。

　歩行補助用具は、多くの場合病院を退院するときや介護老人保健施設（老健）で、OT／PTによって処方されます。だからこそ、病院や老健のOT／PTは用具に関する正確な知識を有するとともに、施設で使用する用具は在宅で使用できる最適な用具を選択する必要があります。古くさい用具や、病院などの施設の環境でしか利用できない用具ではなく、在宅の環境で利用できる、最新の、効果的な用具に限定して処方して欲しいと思います。在宅に帰れば介護保険レンタルで最新の用具が利用できますので、このような用具で訓練や処方をするべきです。したがって、病院や老健には最新の福祉用具が利用できる環境が整っていなければなりません。そのためにはこれらの施設の福祉用具は在宅と同様にレンタルで、必要な用具を必要なときに利用できるシステムを作っておくべきです。

福祉用具のちょっと危険な話

　ある女性の事業者（福祉用具専門相談員・福祉用具プランナー）から相談を受けました。

　いわゆる標準型車いすのレンタル・納入にあたって、唯一調節可能な部分であるフットプレート高さを調節したそうです。「車いすは調節して利用者に合わせるもの、溶接タイプの標準型車いすでもせめてフットプレート高さだけでもきちんと合わせよう」という私の講義を聴いたのを思い出したそうです。

　それから2週間ほどして、利用者の家族から連絡があり、フットプレートが落ちてしまったそうです。すぐに行って、再度調整しましたが、翌日に私の講習会があり、

　「フットプレートが落ちないようにするためには、どうしたらいいでしょうか？」と質問してきました。

　ちょっとばかげた質問のようにも感じられます。「ねじをきちんと締めればいいんだよ」と答えそうになって、待てよと思い直しました。フットプレートが落ちたということを事故だと考えたら、簡単には答えられない。原因を考えなければならない。ネジが緩かったとして、何故緩かったのだろう？力のない女性だから？

　直感的に理由の想像はついたのですが、ちょうど講習会の時だったので受講生に、

　「なぜ、フットプレートは落ちたのだろうか？」と質問してみました。

　これは事故とはいえないようなことですが、受講生には「これは事故として、その原因を考えてみよう」と問いかけました。

　福祉用具は道具ですから、事故は必ず起きるものと考えていなけ

ればなりません。事故が起きたとき、大切なことはその原因を探り、次からの教訓にすることです。この繰り返しによって事故が起きる確率を小さくすることができます。

「締め付けが弱かったのでは？」という受講生の質問に彼女は、

「きちんと締め付けたつもりです」と答えています。フットプレートが落下したということは明らかに締め付け力が十分ではなかったということです。しかし、彼女はきちんと締め付けたとはっきり主張しています。ここからが大切です。では、きちんと締め付けたつもりなのに、なぜフットプレートは落ちたのでしょうか。

私の質問に対する受講生の答えはいろいろありました。

「痙性などによって、フットプレートに強い力が加わった可能性は？」

彼女は「そのようなことはない」と答えました。

「利用中、フットプレートを何かにぶつけたのでは？」

「そのようなこともない」

締め付け力が弱かったとしたら、なぜ、締め付け力が弱かったのかという発想が大切です。この問いかけに対する受講生の意見は、

「不注意だったから」

彼女は「いえ、十分に注意して締めました」

写真1：女性もやれなければ

写真2：皆でやれば早い

「女性だから」という意見もありました。

では、女性は車いすの調整はできないのでしょうか？

ここまでくれば、かなり本質に近づいてきます。私は彼女に、「使った工具は車いすの背中のポケットに入っている工具だったか？」と質問しました。

答えは、「はい」です。

原因はここにありました。ネジなどの締め付け力は「トルク」で表現されます。すなわち、

「力」×「レバー長さ」＝「締め付けトルク」です。

女性のように力が弱い場合には、レバー長さを長くすれば、大きなトルクを発生できます。

多くの車いすの背中に入っている工具を思い出してください。柄が短い、簡易な工具です。握る部分も金属の板で、力を入れると手が痛くなります。力が強い男性ならこのような工具でもきちんと締め付けられるかもしれません。しかし、力が弱い女性では無理です。私が普段使っている工具を使って実際にネジを締めてもらったら、十分に締め付けることができました。

「事故」が起きた場合、きちんと原因を考えることが大切です。とかく事故があると、事故を起こした人がうっかりしていたとか、人的ミスとして簡単に片づけられることが多いといえます。しかし、なぜうっかりしたのか、なぜ人的ミスを起こしたのか、ということまで考えなければ、事故を起こした人だけが責められて、問題の本質的な解決にはなりません。もう一歩踏み込んで、客観的に整理できる原因まで追及する必要があります。事故を起こした人を責めても問題は解決しません。責めるのではなく、次に同じ事故を起こさないために、という基本的な発想が必要です。

もう一つ、小さなことですが、この「事故」でいえることは、工

具はきちんとした工具を利用した方がよいということです。私が口を酸っぱくして言うことは、「安いだけの工具は利用するな！高くてよい工具を安く購入して利用しよう」です。百円ショップで工具を購入するようでは、近い将来「安物買いの銭失い」になりかねません。

高齢者の電動車いす

　先日、あるお年寄りに電動車いすを試乗していただく試みをしました。その方は施設（特別養護老人ホーム）の利用者で、施設内で試乗していただきましたが、電動車いすに乗った時の変化にびっくりしました (図1、2)。その方だけでなく、他の利用者のほとんどの方の顔が激変し、とても楽しそうに、うれしそうな顔になりました。別のある人は手動の車いすでは姿勢が崩れてひどい姿勢になっていたのですが、ジョイスティック操作の電動車いすを動かし始めたら途端にしゃんとして、とてもいい姿勢になったのにはびっくりしました。電動車いすの感想をお伺いすると、「楽だねえ。使いたい」とほとんどの方がおっしゃいます。多くの方が認知症の症状を呈されていましたが、とても楽しそうで、いい雰囲気でした。見ている私たちまでうれしくなる変化でした。

　高齢者の電動車いすはバーハンドルのスクータータイプが一番普及しているようですが、屋内外で使用するジョイスティックコントロールなどのいわゆる電動車いす、あるいは簡易型電動車いすとい

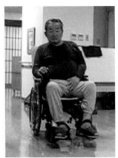

図1：「楽だなあ。欲しいなあ」乗った時のセリフです。

図2：無理なく操作できることは筋緊張を強めず、2次障害を防止してくれるはずです。

われる標準型の車いすを電動化した車いすに関しては、なかなか普及していないようです。

　みなさんは手動車いすを駆動することは、両手こぎでも片手片足こぎでもなかなか大変だということをご存知でしょうか。生活の中で少し使ってみればいかに疲れるか、いかに動きたくなくなるかよくわかると思います。それもどこにでもあるような調節もできない車いすを使ったとしたら、その苦痛はさらに増すでしょう。何しろ座っているだけで苦痛になるのですから。この経験があれば電動車いすに関する認識ももう少し変わるのではないかと感じています。私自身、入院して病院が用意しているひどい車いすを使わなければならなかったときに、あまりの苦痛に悲鳴を上げ、自分に合った車いすを別に用意してもらったくらいですから。退院直後の動き回らなければならない環境では電動車いすをお借りして乗っていました。とても手動車いすをこぐ気にはなりませんでした。しかし、実際には電動車いすを利用する高齢者はほんのわずかです。なぜなのでしょうか。

　高齢者が電動車いすを利用することに関して、否定的な意見は主として次の二つだと思います。その一つは、危険です。他者に対する危険、家屋など環境を破壊することに関する危険、自分自身に対する危険などがあるでしょう。特に認知症と関連して議論されることが多いようです。これは電動車いすが動力で移動することから、車いす本体が持つ質量や利用者の体重による慣性によって、人や建物などを破壊しやすいということに起因します。モーターが発生する出力を小さくすれば危険も小さくなりますが、段差や坂道を超えにくくなったりしますので、使用環境に応じて考える必要がありま

す。もちろん速度も問題になりますので、これも小さいほうがより安全ではあります。このようなことから、最近の電動車いすは速度を制限したり、出力を制限したり、種々の特性を使用条件に応じて調節することができるようになっています。このように電動車いすの特性を変更することによって危険をある程度までは小さくすることができますが、認知症そのものに関しては電動車いす側では対応できません。しかし、進行した認知症は別として、ある程度までは結構安全に操作できるような感じはしています。

　一方、近年の自動車の安全運転に関する技術は目を見張るような進歩があります。あの技術のほんのわずかでも電動車いすに応用したら、相当に安全な電動車いすができるような気がします。まさしく移動用介護ロボットの開発課題としては実現性もあり、よくいわれる高齢者の自立にものすごく役立つと思うのですが。

　別な意味での否定的な意見は身体機能の低下、いわゆる廃用症候に関することでしょう。自走できるのに電動にするのは身体機能の訓練にもならず、廃用症候の可能性があるというものです。40年ほど前でしょうか、電動車いすが我が国に紹介され始めたころ、医療側からいわれたセリフを思い出します。しかし、重度の障害者にとって電動車いすが果たした役割は今ここで記述する必要のないほど明確です。高齢者でも移動の自立が促進され、生活全般により積極的になるような効果が期待されるのではないでしょうか。

　ところで、私たちは日常的に体を動かす方向で生活をしているでしょうか。エスカレータがあるところでわざわざ階段を上りますか？私たち自身が日常生活の中に訓練要素など含めていません。障害により、また、加齢により日常の生活動作に多くの労力を必要としている人たちが、楽にできることをしてはいけないのでしょうか。自走していた車いすを電動にしたら、どのような筋力低下が起

こるのでしょうか。そして、それは他の日常生活動作にどのような影響を与えるのでしょうか。移動手段を楽にして、より活発な生活を送ったほうがよほど心身の健康に良いのではないでしょうか。身体機能を維持するということはとても大切なことですが、私たちは身体機能を高めるために生活しているわけではありません。それぞれ自分のやりたいことがあり、自分の人生があります。自分の生活を楽しむために楽をして悪いわけがありません。日常生活動作の中に訓練要素を含めるという考え方は誰にでも適用できる方法ではありません。

　というわけで、高齢者の電動車いす利用はもっと積極的に考えられてよいのではないでしょうか。ただし、コントローラは個々人の特性に応じて種々のパラメータを調整する必要があり、これをだれが行うかが問題になってしまいます。車いすの適合を行うことはそれ以前に必須のことですから、車いすの適合すらきちんと行われていない現状では電動車いすを利用するということは夢のまた夢なのでしょうか。それにしては電動車いすを試乗したときのあの笑顔はどうなるのでしょうか。

入浴支援は難しい

　福祉用具による支援を行っている者にとっては、浴槽から出ることが困難になってきたらリフトを使う、というのはいわば定番の支援策です。狭く、滑りやすい環境で無理をすることは本人・介助者双方にとって好ましいことではありません。リフトの機種が豊富になってきていますから、多くの浴室環境で住宅改修をすることなく、あるいはわずかな改修でリフトを利用することができるようになってきました。

　一般に在宅の障害者の場合には自宅の浴室を利用して入浴することがいわば当たり前になってきていますので、浴室にリフトを設置することが多くなります。しかし、高齢者の場合には介護力の問題やケアマネージャーを含めて自宅の浴室を利用する知識がほとんどありませんので、多くの場合施設浴が選択されます。

　何故、入浴にリフトが使われないのでしょうか。その理由の一つは数少ない介助方法では対応できず、浴室環境や一人一人の状況に応じていろいろな使い方をしなければならないところにあるのかもしれません。多くの知識と経験が支援者に必要になるにもかかわらず、支援者がその経験を積もうとしないところに問題があるのかもしれません。

　あるケアマネージャーから入浴支援の依頼がありました。脳血管障害の妻を夫が介助しているケースです。頻度高い入浴を実現するために浴室にリフトを導入することが考えられていましたが、その具体的な支援を依頼されました。既にリフトの機種はケアマネージャーや事業者によって決定されていました。後は入浴の手順です。奥様の状態を確認し、浴室環境や夫の考え方をお伺いして、二つほ

ど手順を提案しました。一つはシャワーキャリーのいすの部分を分離して吊り上げ、浴槽に入れる方法で(図1)、もう一つはシャワーキャリーに敷き込んでおいたシート型のスリングに移乗し、その上で洗体し、スリングで浴槽に入る方法です(図2)。口で説明しただけではわかりにくいので、用具を持ち込んで実際の手順を説明します。それでもやはりわかりにくいのは否めません。この概略のデモで、夫はリフトを導入することは同意してくれました。

　次は実際にリフトを設置し、二つの方法で入浴をしてみることです。1日で両方やることはできませんので、2日に分けてそれぞれの方法をやってみます。それぞれに利欠点があります。いすで入浴する方法は吊り上げたときのいすが大きいので、壁などにぶつかりそうになります。洗い場から浴槽に入る手順が不安定になりがちです。一方、シートで浴槽に入る方法は陰部洗浄や浴槽内での浮力の調節に問題が残ります。しかし、いずれも解決できる問題であり、後は介助者がどのように考えるかだけになります。夫から、それぞれの方法でいろいろな疑問を聞きましたが、そのほぼすべてに解決策を提示することができました。もちろん完全に解決できるわけではなく、操作方法に注意が必要になったりしますが、その注意点などはおおむね指摘できたということです。

図1：シャワーチェアの座面を持ち上げる

図2：スリングシートで吊り上げる

私としては最初からこうするのが良いという思いはありましたが、入浴動作というのは生活の中で毎日固有の方法で行われてきた動作であり、それぞれの人にその人固有の当たり前の方法があります。障害によってその当たり前の動作ができなくなることも多く、そのような場合にどのような代替案なら受け入れられるかは人によって異なります。支援する側は多くの提案をしながら、個々の利欠点をきちんと説明し、本人や介助者が納得する方法を探していかなければなりません。これが入浴支援の最大の難しさとなっていると思われます。

　実はこの問題は我が家でも義母の介助で起きました。浴室にリフトを設置した当初はまずリフトで浴槽に入った後、洗い場で身体を洗います。洗体はシャワーチェアで行い、陰部を洗うときは立位で洗っていました。しかしだんだん立位が取れなくなってきました。また、浴槽内での体幹の安定も以前はシート型スリングで浴槽に入った後、浴槽内いすがあれば安定していましたが、それも不安定になりがちになりました。

　このため、入浴手順の変更をしなければならないのですが、私の提案の多くは介助者である妻から批判されました。浴槽内での姿勢の安定を図るためには膝裏を止める突っ張り棒のようなものが効果

図3：アンカーを膝掛けで作った浴槽内いす

図4：浴槽内手すりも利用して安定した座位を維持

があるのですが、浴槽内で身体を洗うように変更したため、じゃまになるといわれます。とうとう妻は自分で浴槽内いすを試作してしまいました (図3)。もちろん機能を確認するためのものですが、いわばアンカーをつけた浴槽内いすです。これが結構いい感じで、浴槽内で浮力の影響を受けずに安定して座っていられます (図4)。次に妻から迫られたのは「これを作ってくれるメーカーを見つけて欲しい」でした。いくつかのメーカーに打診しましたが、すべて断られました。理由は「ニーズがない」でした。

特別養護老人ホームにはお金がない？

　特別養護老人ホームのスタッフと福祉用具の話をしていると、よく出てくる言葉が、「用具を使いたいが、購入するお金がない、買ってもらえない」です。特別養護老人ホームなどで使用する福祉用具は施設側で準備することになっていて、介護保険は利用できません。在宅ですと、ベッド、車いす、リフトなど基本的な用具は原則介護保険を利用できます。この結果、在宅では最適な用具、最新の用具を比較的安価に利用できます。

　しかしながら、施設を訪問してみればすぐにわかりますが、利用している福祉用具は比較的安価なものを、しかも一度購入すると永遠とも思われるほど長期にわたって使用していることが多くあります。ある特別養護老人ホームではベッドのスイッチが経年変化で劣化し、故障しているにもかかわらず使い続けているのを見かけたことがあります。しかも故障しているのは1台ではなく、かなりの数のベッドのスイッチが故障しているにもかかわらず、修理も交換もままならないそうです。

　一方、ある施設ではスタッフが福祉用具の利用を推進しようと考え、施設長にそのメリットや導入の方法を説明したところ、2,000万円くらいなら何とかなるといわれたそうです（これは伝聞ですので正確な話か否かはわかりません）。私がコンサルティングしている施設でも一つの施設は建物の建て替えの時にきわめて高額な用具をまとめて購入してくれました。もちろん高額であればよいというものではありませんが、私が上げたリストの用具をほぼ問題なく導入してくれました (図1、2)。施設長になぜ買えるのか聞いたら、冗談で「おれはベンツに乗っていない」といわれましたが、建物の

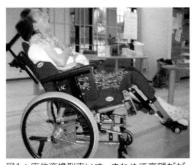

図1：座位変換型車いす。きわめて高額だが、この施設では30台以上保有する。

図2：この施設で最も多く使用している車いす。一人一人に合わせて調節できる。

立て替えの費用と比較すると、何千万円かは ≒ 0 （ほぼゼロに等しい）だということです。工夫次第で何とかなるということのようです。もちろんこの施設ではその後も継続的に福祉用具の購入費用を予算化してくれています。

別の施設ではあらかじめ年間に福祉用具にかけられる費用総額を明示され、不足するときは期間を延長してゆっくり実現して欲しいといわれました。その通りに期間をかけてゆっくりではありますが、用具やその知識・技術の整備を行っています。スタッフが理解する時間も含めれば、ちょうどよいくらいの時間かもしれません。

お金がないのか、あるのか、工夫できるのか、できないのか、施設ごとによって異なるようですが、よく考えてみますと特別養護老人ホームの収入は多少相違があってもほとんどどこでも同じです。収入が同じなのにこの差があるのはどういうことでしょうか。よく施設を見てみると、スタッフの数が施設ごとに相当差があります。スタッフと利用者の数の割合は最低で１：３ですが、私の所にコンサルティングのオファーが来る施設はほとんど１：２以下です。スタッフの数が多いということはそれだけ人件費にお金をかけているということですから、福祉用具にかけられるお金は少なくなると思うのですが、どうも逆のようです。ある施設長からは、介護職の人

343

数を減らせるなら福祉用具を導入するといわれ、それは無理だとお断りいたしました。何度も言っていることですが、福祉用具は介護職の省力化に利用できるものではなく、ケアの質を高めるために利用するものだからです。

　前から思っていることですが、このような施設が施設ごとに何にお金をかけているのか、比較検討するような報告がないかなと思います。利用者側から見ても各施設が何にお金をかけているのかがわかれば、その施設がどのようなケアを提供してくれるのか想像することができます。

　現在は利用者側が施設を選択し、自己主張をできるような環境にないために、施設利用に関しては市場原理が働かず、どのような施設でも経営できる環境にあります。サービスが悪くてもよくても、経営という視点ではあまり影響を受けないようです。

　このような領域に市場原理を導入するには一つには介護職側から考えてみるのもよいかもしれません。よくいわれるように施設の介護職は人数が不足し、人手不足に陥っています。この背景には過酷な労働条件によって離職する人が多く、新しい人からは嫌われて教育現場の経営が危うくなるという現実があります。介護職がやりがいを持って、また十分な給料をもらえて働ける施設に介護職が転職すればよいのです。介護職の数が少なく、したがって介護職の労働条件が悪い施設はますます介護職が集まらないという環境を実現できれば、施設の労働環境も変わってくるかもしれず、ケアの質も変化するかもしれませんね。

プロとしての介護職とは

　先日ある特別養護老人ホームを訪問し、内部を見学させていただいているとき、入浴場面の介助に出会いました。とても悲しい場面だったのですが、男性介護職が利用者の脇の下を持ち上げ、下衣の着と移乗介助をしていました。下衣の着は男性介護職が持ち上げ、女性介護職が着させていました。その時の利用者の顔がひどくゆがんで、苦しそうでしたが、声は出ません。

　一方、男性介護職は見た目が50代後半から60代くらいの人ですが、顔色一つ変えず、淡々と作業をこなしている感じです。声をかけることもなく、無言で、定められた作業をこなすという感じで、雰囲気的には自動車工場などの流れ作業を、黙々と、手際よく、「片づけていく」感じです。一般的な介護職が持っている、人に対応しているときの柔らかな雰囲気がまったくありません。特別養護老人ホームで出会うスタッフとしては極めて異質な感じがしました。

　後から聞いたところでは、パートタイムで、入浴介助のみを担当している介護職だということです。もちろんこの地域でも介護職の不足は顕著で、人を集めるのに苦労しているというお話でした。

　このシーンを見ていて、いくつかのことを考えさせられ、思い出さされました。そのうちの一つは、別の施設ですが、施設長が介護職の腰痛を気にしているという施設を見学させてもらったときのことです。その施設では常勤の介護職の腰痛予防のために、入浴介助に関しては、同じようにそれだけを行うパートタイムの介護職を採用していました。パートタイムとはいえ、毎日入浴介助をしたらすぐ腰痛になりますので、週に何日かだけ働くパートタイムの職員です。

このスタッフは入浴介助しかしませんので、ケアに関する一般的な教育なども不要になります。ある意味では人を集めやすい方法です。また、常勤の介護職はこのことによって入浴介助から解放されます。この施設では機械浴槽ではありましたが、車いすからの移乗や下衣の着脱では抱えあげや持ち上げ移乗が行われていました。この見学経験をもとに、別な特別養護老人ホームの介護職と次のような議論をしました。

　「入浴介助だけを1日こなすということは大変だろうね。特に人を抱えあげたり、持ち上げる作業がなくされていない作業環境だし、シャワーチェアや浴槽内いすなどもきちんと整備されているわけでもない。入浴する人の身体機能などは考慮せず、皆に同じ方法で次から次と入浴介助をするというのはものすごく大変なことだと思う。この環境の入浴介助だったら、常勤の介護職は入浴介助がないことを感謝するだろうね」と言ったのに対し、その介護職は、

　「私がその立場だったら、やはり入浴介助もしたいと思う。自分が担当している利用者のすべてを見ていたいし、生活の一部とはいえ、私が知らない部分があるのは嫌だ」というものでした。

　彼女は極めて恵まれた環境の中で働いている介護職で、持ち上げる介助は一切なく、リフトは寝室や浴室などにきちんと整備されており、必要な福祉用具もほぼ整備されている環境で働いていました。そのような環境にいるからいえたセリフだという見方もできますが、介護職は生活のすべてを見ている職種ですから、プロとして、一部でも自分が知らないことは我慢ができないということだと私は理解しました。

　もう一つ思い出したことは、ある施設で、介護職が利用者の脇の下に手を入れて持ち上げるように行っていた移乗介助をやめさせるときに説明したことです。リフトを利用すると時間がかかるので嫌

がる介護職がいたので、どのように説得するか考えました。

　脇の下を抱えあげられて移乗介助を受けている利用者の中に、ひどく顔をしかめる人がいました。たぶん苦痛を感じているのですが、声が出せない人です。この時の移乗介助をしている介護職は、利用者の顔を見ることができません。ですから利用者が顔をしかめていることには気がつかず、声も聞こえませんから、特に気にすることなく、介助しています。この場面を別の介護職に見学させました。見るときに、「利用者の顔の表情に気をつけて見る」ように言いました。その顔を見た介護職は、脇の下を抱えあげる移乗介助がいかに利用者にとって不快なものであるかを即座に理解しました。心ある介護職なら、自分が良かれと思ってやっている介助が苦痛を与えているかもしれないと思ったら、やはり心苦しいでしょう。他に方法がないのならいざ知らず、利用者に苦痛を与えない方法があると知ったら、きっと躊躇なく、方法を換えることでしょう。

　介護職が不足しているとはいえ、誰でもいいのかということが大きな問題です。人にはそれぞれの適性というものがあり、ケアと工場における流れ作業とはそれぞれに適性が異なって当たり前だと思います。黙々と作業だけを効率よく、正確に行う流れ作業における働き方をそのままケアの現場に持ち込むことはできないでしょう。「もの」を扱うのと、「人」を扱うのではまったく異なる適性が要求されて当然でしょう。どんなに人手不足だとはいえ、人ならだれでもいいというものではないでしょう。ケアの本質を無視した、その場限りにもならないような解決策を採用せざるを得ない現状の介護現場は、あまりにも悲惨です。根本的な解決策のために、費用負担の問題も含め、国民的な議論が必要なのではないでしょうか。保育士や看護師の不足もいわれ続けていますが、その議論を聞いているとやはり場当たり的な解決策ばかりが議論されているように感じま

す。保育や医療と比較して、ケアに関しては国民の理解が不十分であると思われますので、ケアの本質や現状を正確に国民に伝達し、議論していくことが必要なのではないでしょうか。ごまかしではなく、表面的に取り繕うのではない議論が待たれます。

悲喜こもごも

　私がコンサルティングをしている特別養護老人ホームで、感情の変化を直接、強く感じる場面に立て続けに3ケースで遭遇したことがあります。

①入浴がうれしくて仕方なかったケース
　この施設では個浴が各フロアにありますが、そのうちの二つにはリフトが設置されており、残り一つにはリフトが設置されていませんでした。このフロアにリフトが設置され、Rさん（女性、85歳）の入浴介助を確認しました。Rさんはこれまでは特浴を利用しており、この施設の特浴はミスト浴です。ミスト浴はストレッチャー上で身体を洗い、ミストで温まるものです。
　車いすで来られたRさんをリフトでシャワーキャリーに移乗させ、脱衣などをした後、身体を洗い始めました。介護職が背中を洗うと「ああ、気持ちいい！」と何度も言います。座った姿勢で背中を洗われるのは臥位とは異なった感じがするのでしょうか。その後、浴槽にリフトで入れると（図1、2）、「気持ちいいねえ。やはりお風呂はお湯に入らなければ。○○さんもこれで入れるのよね？」などと友人のことまで気にしながら、とても気持ちよさそうです。「気持ちいいねえ！」は何回言ったことか。今まではミスト浴ですから、お湯にはつかっていません。彼女にとっては入浴とはお湯につかることのようでした。本当にうれしそうなRさんでした。

②車いすの適合を喜んだケース
　Sさん（女性、90歳）は最近この施設にやってきました。今ま

図1：スリングで持ち上げて　　図2：ゆっくりお湯につかる

でも姿勢変換型車いすに乗っていましたが、姿勢が崩れていたそうです。私への相談内容には首が前に倒れてしまうという項目もありました。姿勢変換型の車いすで頭がうなだれるというのは脊椎の変形などが強いのかなと思われました。感情失禁があるのか、めそめそ泣くことが多く、いつも暗い表情をしていたそうです。自分が四肢まひになってしまったことが受け入れられないかの様子でした。

　車いすを変更して姿勢を見ることになりました。昼食の直前でしたので、ひとまず何も調節せず、新しい車いすに乗せてみました。一見して座の奥行きが長すぎて、結果として骨盤が後傾しています。しかし、昼食の時間でしたので、ひとまずこのまま食事をしていただくことにしました。座の奥行きを変更するためには一度車いすから降りていただかなければならず、時間もかかります。彼女の表情は以前と大して変わりがありません。

　昼食後すぐに座の奥行きを短くし、リフトで正確に着座させてみました。骨盤がきちんと立ち、とてもきれいな姿勢です (図3)。「とてもきれいな姿勢ですよ」と言うと彼女はとてもうれしそうな笑顔になります。午前中の姿勢は障害者という雰囲気が感じられる姿勢でしたが、この姿勢ではとても健康そうに見えます。彼女も多分自分でそれがわかるのでしょう、ずっと笑顔でとても嬉しそうでし

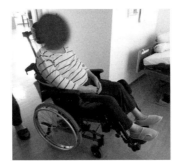
図3：きちんと調整した座位変換型車いすに
座ってごきげんでした

た。車いすを変更し、少し調整しただけで、こんなにも表情が変わるものかとびっくりしました。彼女は「障害者らしい人」から「車いすに座っている人」に変化しました。ここで使用した車いすはかなり高額な車いすです。この施設でもたくさん所有しているわけではありませんが、たまたま空いている1台がありました。車いすは「コスト―パフォーマンス」が理解してもらえれば、価格の問題は障壁とはならないこともあります。彼女の笑顔を見たら、介護職はこの車いすをたくさんほしいと思うことでしょう。

③移乗方法の変更が悲しかったケース

　Tさん（女性、78歳）は脳性まひです。とても積極的な人で、車いすへはターンテーブルを利用した立位移乗をしています。このターンテーブルを利用した立位移乗を試みた時、我々が何度も何度も技術の修正をするのに一生懸命つき合ってくれました。

　その彼女が最近、朝起きた直後は立ち上がりが不安定になってきました。日中は今まで通りターンテーブルを利用した立位移乗ができるのですが、朝は筋緊張が低い（立ち上がれない）ときと高い（後方にそっくり返る）ときのいずれかになってしまいました。朝の移乗方法を、筋緊張が低いときはトランスファーボードでするという

のはすぐに決まり、これは彼女も自分で動く部分があるので納得してくれたようです。しかし、筋緊張が高いときは骨盤が後傾してしまい、トランスファーボードは不適応です。リフト以外に方法はありません。私が、「朝は筋緊張が低いときはトランスファーボードで、高いときはリフトで移乗したい」と伝えるととても悲しそうな顔をします。リフトでは自分でできることは何もなく、すべてを介護職に依存することになるのが嫌なのだろうと直感的に理解しました。でも安全に移乗するためにはこれしか方法がありません。朝だけであること、それも筋緊張が高いときだけであることを説明し、移乗は安全に行いたいということを説明し、何とか了承してもらいました。

　彼女は自分の身体機能が低下していくことがとても悲しいのだと思いました。でもそれは理解し、乗り越えていただくしかありません。そのために、私たちは移乗方法を3種類、その時の調子に合わせて選択するという厄介な道を選びました。当然といえば当然なことですが、すべての介護職に理解してもらわなければならないという簡単ではないことを実現しなければなりません。

　Ｒさんは話せるので喜びを話してくれました。Ｓさんは話せませんでしたが、満面の笑みを継続することで喜びを表現してくれました。Ｔさんは顔の表情ですべてを物語ってくれました。私たちにとっては喜びだけならとても幸せなのですが、残念ながら悲しみも乗り越えていかなければなりません。

福祉用具専門相談員は用具の使い方を教えることはできない？

　福祉用具は選び方と使い方が命です。生活目標に応じて、解決すべき生活上の課題に応じて、使い方が異なります。

　例えば、電動ベッドを利用して離床動作を助けるという課題で考えてみましょう。もし自分で起きあがることが難しくなってきたら、背上げ機能を利用します。本人の状態に応じて、仰臥位のまま背を上げたり、側臥位になってから背を上げたりしますし、背を上げる角度もそれぞれに異なります。本人がスイッチを操作できなかったり、操作することが危険を伴う場合には介助者がスイッチ操作だけをすることもあります。また、全介助で起きあがる場合も、本人の身体機能や介助者との体格差、介助者の能力によって、仰臥位のまま背を上げたり、側臥位になってから背を上げたりします。もちろん背上げ角度も人によって異なります。

　このようなベッドの使い方は家族は教わらなければできません。誰が教えるのでしょうか。事業者（福祉用具専門相談員）であると考えるのが妥当だと思います。

　しかし、事業者によっては「介助は禁止」、すなわち、福祉用具専門相談員が利用者の身体に触って介助をすることはできない、と規定している企業があります。この場合には福祉用具専門相談員が本人の身体に触って起きあがり動作を教えることはできなくなります。口頭だけで使い方を教えられるでしょうか。

　ベッドの使い方程度なら、口頭でも相当教えられることがありそうですが、トランスファーボードを利用した移乗介助やリフトの使い方になったらどうでしょうか。口頭だけで教えることはまずでき

ません。必ずといってよいほど実際に本人の身体に触り、移乗介助動作のポイントを教えなければ家族は使い方をマスターすることはできないでしょう。これを福祉用具専門相談員ができないとしたら、このような用具は誰が使い方を教えるのでしょうか。ヘルパー、訪問看護師やケアマネージャーは福祉用具の使い方に関して十分な教育を受けているとはいえませんし、日常的なケアにおいても用具を利用したケアということはあまり得意としてはいません。OT／PTが在宅に出向いてこの使い方を教えるという話もあまり聞いたことがありません。

このような背景を考えてみると、現在のケアの場面で福祉用具が有効に利用されていないことが多いということも十分に理解できるような気がします。

では解決策としてはどのようなことが考えられるでしょうか。

1.病院で、退院する前にOT／PTが福祉用具の使い方を教える。

適切な解決策のように思えますが、OT／PTへの教育、病院の福祉用具の充実（在宅で利用できる用具をそろえる）が必要になります。

2.福祉用具専門相談員にヘルパー資格など人を介助できる教育をする。

その上で、彼らに福祉用具の使い方の教育をする。一番現実味がありそうですが、そもそも事業者が介助を禁止するのは事故が怖いからだとするとこれは解決策にはなりません。

3.介護福祉士やヘルパーを教育する。

このためには、彼らを教育する教員を教育する必要があります。教員自体がリフトなど要らないと考えている方もたくさんおられる現状を考えると、大変な作業になりそうです。学校の福祉用具も古

いものばかりのようですから、これも最新のものに変更する必要があります。リースやレンタルなどで対応した方が比較的新しい用具を使い続けることができます。

　このように考えてくると、一朝一夕には福祉用具がその能力を十分に発揮して利用される世の中は実現できそうにありません。現状では支援者の個人の能力に依存しているようですから、運のよい人はよいのですが、運が悪いと大変だということです。

介護ロボットとは何でしょうか？

　我が国の方針として、ロボット立国という大きな方向があるそうです。その結果、ケアの領域でも「介護ロボット」の開発と利用が、経済産業省と厚生労働省が中心になって、国の政策として促進されています。主として経済産業省が開発を、厚生労働省が普及に関連した領域を担っているようです。

　ところで、「ロボット」とは何でしょうか？皆さんはどのようなものをロボットだと思いますか？

　人によってとらえ方はいろいろでしょう。鉄腕アトム、鉄人28号、ドラえもんなどは漫画の世界の夢のようなロボットですが、このような自律的に行動できる人型（ドラえもんはネコ型？）をしたものを想定する人が多いかもしれません。しかし、産業用ロボットといわれているものを見ると、人型とは限りません。自動生産機械のようなものもロボットの範疇に入っています。最近はAIやIoTなど技術的な進歩が著しいので、定義をしてもあまり意味がないくらい、どんどんロボットの定義が広がっているようです。

　そのような中で、介護ロボットと福祉機器とは何が違うのでしょうか。経済産業省は「センサーがついているもの」など、いろいろと介護ロボットの条件を挙げていますが、これは今の世の中ではほとんど意味をなさないといってもよいでしょう。実際に介護ロボットといわれているものの中には、どこが「ロボット」なのかと思われるものもあり、いぶかる人がほとんどだと思います。開発予算を取りやすくするために「ロボット」と言っているのでは、と思ってしまうケースも見受けられます。今時、福祉機器の開発なんて言葉ではインパクトがなく、予算ももらえないようです。

357

現在、国が促進している介護ロボットにはいくつかの領域がありますので、その領域ごとに少し議論していきましょう。

A）移乗介助場面
　移乗介助場面で使用するロボットは、主として二つに分けられています。一つは装着型といって、介助者が装着して利用するものです。もう一つは非装着型です。

　介助者に装着するタイプを見てみますと、モーターを利用して股関節の伸展筋群を補完するものと、空気圧によるゴム人工筋を利用して脊椎起立筋と股関節伸展筋を補助するものの二つが中心的に取り上げられています。

　これらの臨床研究（実際に利用してみて評価する研究）では概ね好評なようです。しかし、これらは移乗介助機器といえるのでしょうか。いくつもの疑問が生じます。

　まず第一に、股関節伸展筋を補助するだけでは介助者の椎間板の圧縮力は軽減されないということがあります。ということはこれだけでは腰痛予防には役立たないということです。この装置を利用して腰痛が緩和されたという報告は「眉につば」です。脊椎起立筋を補助するものは原理的には椎間板の圧縮力を軽減化していると考えられます。

　しかし、この二つの装置は介助者が持ち上げた重量はすべて自分の身体にかかってきます。この装置を利用して重いものを持ち上げれば、その重量は介助者の上肢にかかりますから、上肢筋力がなければ重量物を持ち上げることはできません。さらに持ち上げた重量と装置の重量はすべて介助者の膝関節や足関節にかかります。女性の中高年者に多い膝関節変形症の人にとってはたまったものではありませんし、この疾患を増やしかねない装置だといえます。

一方、この装置を利用して介助を受ける側はどうでしょうか。脇の下を強引に持ち上げられるような介助を受けるなら、それは危険な介助方法です。肋骨を骨折したり、肩関節を痛めかねない介助の方法です。私たちはこのような移乗方法をケアの現場からなくすためにいろいろな努力をしているのに、それを増長するような機器はまったく困ったものです。福祉用具は介助者の身体を護るだけでは不十分です。本来の目的はケアの質を向上させることです。すなわち、福祉用具を利用することが利用者にとって利益になるものでなければなりません。このような介護ロボットは介助者のことしか考えておらず、利用者のことをまったく無視しているようにさえ思います。ロボットというにはあまりにも発想が貧弱です。

　非装着型を見てみましょう。その一つが腕ですくい上げるように人を抱き上げるものです。まず、今までの上から吊り上げるリフトと何が異なるのでしょうか。経済産業省によれば、上から吊り上げるタイプはロボットではなく、下から抱き上げればロボットだそうです。この発想にはびっくりするばかりですが、まずは開発された商品の性能を見てみましょう。

　下から抱き上げるために、金属の棒２本の間にスリングシートを張っているものがあります。リフトでいえばシート型スリングのようなものです。この装置の欠点は山ほどあるのですが、最大の欠点は金属の棒がじゃまになって、車いすに深く着座させられないということです。車いすに着座させるときの姿勢はリフトがもっとも適切に管理できますので、リフトを利用する最大の利点といってもよいことなのですが、このロボットでは車いすに着座するときの姿勢は何も考えられていません。持ち上げたあとの姿勢は変えられても、肝心の車いすに着座させるときの姿勢がきちんとできなければ意味がありません。

多くのリフトは多様な使い方（例えば車いすからベッド、床から車いす、便座へ、入浴など）ができ、多様な身体機能に対応できるスリングが準備されていますが、この方式ではスリングは1種類で、移乗も車いすとベッドに限定されます。
　リフトと比較して、吊り上げない、下から抱き上げるということだけが利点ですが、吊り上げてはいけない理由はどこにあるのでしょうか。
　この移乗介助のロボットの開発経過を見ていると、移乗介助に伴うニーズの調査がきわめていい加減だったということがわかりました。今から数十年前に福祉機器の開発がある意味でブームになったことがあるのですが、そのときも開発者は頭で考えただけのニーズに基づいて、開発者自身がこれはいいと感激するようなものを作り、現場から多くの失笑を買い、結果的には消えていきました。今回の介護ロボット騒動は移乗介助の領域に関する限り同じような傾向をたどっていますが、やはり、一つ考えておかなければならないのは「現場のニーズ」です。装着型の評価が悪いばかりでなく、肯定的な評価もあるということは、あのような介助方法が現場で何の問題意識もなく受け入れられているという現状があるということです。我が国のケアの問題は「人不足」ばかりが強調され、ケアの質をいかにして向上させるかという本質の議論がどこかに行ってしまっているようです。
　非装着型には第3章のスタンディングリフトで記述した前傾姿勢を取らせてすくい上げるように持ち上げるマシーンがあります。人のお尻を浮き上がらせる動作としては興味深い動作なのですが、私がこのマシーンを見て感じたことはモデルが健常者だということでした。高齢者特有の身体機能の特徴、例えば体幹を前傾させにくいとか、相対的に小柄な人が多いというようなことがマシーンの設計

からは見られません。例えば体幹を前傾しにくいことが多ければマシーン側が高齢者側に近づいていける構造にしなければならないと思うのですが、それができていません。このマシーンも数年に及ぶ開発研究を経ていると思うのですが、それまでに関与した現場のスタッフがこの高齢者特有の身体機能について指摘しなかったのか、指摘されたのに開発者側が無視したのか、いずれなのでしょうか。

　新たな福祉機器の開発はとても難しいプロセスであり、多分成功するのは5%もないと思います。しかし、報告書では以外と多くの開発計画が成功しているように書かれているのが気になることです。

B）見守りシステム

　いわゆる徘徊検知だけでなく、利用者の状態を遠隔で観察できるようなシステムです。

　実は我が家でもこのシステムを認知症の義母のケアで利用したのですが、それは徘徊検知や動きの検知のためではなく、2世帯住宅で独居している義母の様子を見に行かなければならないか、行かなくともよいか（静かに座っているあるいは寝ているか）を遠隔で確認するための利用でした。夜、見に行かなければならないかをスマホで確認できるのはとても便利でした。また、これから行くというときに、どういう状態でいるのかを事前に知っておくというためにも役に立ちました。義母のケアが始まってまもなく、妻はケアマネージャーから次のようなことをいわれたそうです。

　「家のドアを開けるときは最悪の事態を想定して開けるといい。そうすれば本当に最悪の事態になっていても動揺せずに対応できる」

　これは本当にその通りだと妻は言っていました。うっかり覚悟をしないで家に入ると、びっくりするような状態になっていることがあり、それに動揺してしまうと、その後の対応が不適切になってし

まうと言うのです。こういうことのためには見守りシステムはとても有効だと思います。

　介護ロボットとして開発されている見守りシステムは施設での利用を主として考えているようです。施設での徘徊の検知に関しては種々考え方があるかと思います。まず考えておくべきことは徘徊という現象が生じたとき、それは阻止すべき行動なのかということです。よくいわれるように徘徊するには何らかの原因があることが多く、その原因を考えなくともよいのかという点です。義母の場合は、徘徊行動は決まって便がたまったときに、徐々に興奮状態になり、その後徘徊まで行くことがあるという状態でした。外出する理由を尋ねると決まって「家に帰る」でした。家というのは自分が育った故郷の家です。兄に会いに行きたいようです。それだけお気に入りの兄さんだったのでしょう。我が家ではこの徘徊の契機がわかってからはだいぶ楽になりました。そろそろ気をつけなければいけないというタイミングがわかったからです。このように徘徊するタイミングや契機がわかれば対策は立てやすくなります。

　施設では私の経験だけですが、ケアの質と徘徊とはかなり相関を持っているのではないかと感じています。コンサルティングをしている施設で、エレベーターに鍵をかけていない施設が複数ありました。多くの施設がエレベーターに鍵をかけ、玄関に鍵をかけているのにかけていません。かけなくてもいいのかと聞くと、「必要ない」という答えです。

　日常的に静かなゆったりとした雰囲気の施設で、介護職もしっかりしているように感じる施設です。

　徘徊を検知して阻止することに傾注する前に、ケアそのものをもう一度見直す必要があるのではないでしょうか。徘徊をはじめ、問題行動といわれるような行動をする人が多いということは、やはり

ケアそのものに多くの問題を抱えている可能性があると考えた方がよいように感じます。もちろんどのようによいケアをしたとしても徘徊をし、周辺症状といわれる行動をする人がいることは事実ですが、まずは基本を押さえた上での対策だと思います。

以上私の意見を記述いたしましたが、私はその他の見守りシステムの有効な利用法に関しては知識がないのでここまでにします。

C）その他の介護ロボット

排泄ロボットに関しても私には知見がありません。そもそも給排水管をつなぐポータブルトイレがどのような場合に必要になるのか、私の周辺ではニーズがないので、評価のしようがありません。また、大便の自動処理システムも同様です。

ベッドが半分に分かれて車いすになるというベッドがありますが、既に数十年前に同様の製品があり、まったく売れなかったという記憶があります。そもそも車いすは人に合わせるものであり、ただベッドの半分が座面と背もたれになるというようなものは車いすとしての条件を有しているとは考えられません。このようなニーズがどこにあったのでしょうか。ニーズがあるとおっしゃった方は相当に責任が重いと思われます。

コミュニケーションロボットもその効果がよくわからない用具です。コミュニケーションとは非常に個人的なことですから、最近流行りのAIで過去の履歴を確認し、お年寄りの昔話につきあえるようになったら多少は役に立つのかなとは思います。

認知症に対して多くの人は誤解しているのではないかと感じるのは、実際に認知症のケアをしてみればすぐわかると思うのですが、認知症の人は多くのことを理解しており、ただ表現の仕方がわからないだけなのではないかと感じられるということです。また、認知

症のケアで大切なのは絶えず会話をする、すなわちコミュニケーションを取るということだと経験的には感じています。いつも会話をすることで会話ができる時期を延ばせるのではないかと思いました。義母は亡くなるまで一応、わずかな会話ですができました。「おいしい？」と訊けば、機嫌がよければ「おいしい」と答え、何かいやなことがあるのか機嫌が悪いときは「まずい」といったような返答がある程度でしたが、それでもきちんといつも同じ答えではありませんでしたし、訊かれたことは理解していました。

　ロボットで何かを実現したければ、まずは今のケアで何が問題になっているかをきちんと把握することだと思います。人手が足りないからその代替をするということはコミュニケーションという領域では相当に難しいことを目指していると思います。形がロボットの形で、片言をしゃべればコミュニケーションロボットというのでは少しお粗末なのではないでしょうか。人は皆同じ、ワンパターンの対応でよいと思われているように感じます。

　私は本当に良いケアを行っている施設で、介護ロボットを使おうとしているところを知りません。移乗関連に関してはリフトなどの各種福祉用具を利用したほうが、現状の介護ロボットよりは圧倒的に効果があることをわかっているからだと思います。見守りシステムもその必要性を認めていないと思います。その他のロボットも同じことがいえるのではないでしょうか。私はこのような良い施設が、現在の介護ロボットの評価を積極的に引き受けるといいと思うのですが、施設と話しをすると、日常的な業務の中にそのようなことをする余裕はないといつもいわれます。近い将来有効に利用できそうなものなら試しに使ってみたいが、今のロボットを見てみると、おもちゃとしか見えない、というような酷評が聞かれることもあります。

介護ロボットの開発は元に戻ってどのようなケアを目指すべきなのかという点から議論をし直さないといけないのではないでしょうか。

もしかしたら本当に怖い話

　ある福祉用具専門相談員から、緊急に相談を受けました。
　「利用者が車いすから落車して死亡してしまった。原因は私にあるかもしれない」というものです。少し細かく話を聞くと、ヘルパーが女性の利用者をベッドからリクライニング車いすに移乗介助したときに落車させてしまったそうです。何もなさそうだったので、そのまま車いすに何とか乗せて、デイケアに行ったら、脳梗塞を起こして死亡してしまったと言います。医師から、直近に骨折していると指摘されたそうです。
　このリクライニング車いすをレンタルしたのが相談してきた事業者の福祉用具専門相談員です。車いすの他に、トランスファーボードもレンタルしていました。トランスファーボードはレンタルするときに、家族に使い方を教えたそうです。話を聞くとその使い方は一番安全な方法でした。ただし、ヘルパーには教えていないそうです。
　この他に、ベッド上で身体を動かすために、スライディングシートも販売したそうです。この福祉用具専門相談員は確認していませんが、リクライニング車いすにこのシートを敷いて座っているという話が伝わってきていました。リクライニング車いすで姿勢が崩れるので、それを容易に修正するためだそうです。スライディングシートを敷きこんだままにするのは危ないのでやめるように言おうと思っていた矢先の事故だそうです。
　これだけの情報ではまったく内容がわかりませんので、もう少し詳細な事故の当時の話をケアマネージャーやヘルパーから聞くようにお願いしました。脳梗塞の原因と落車・骨折の因果関係があると

はいえませんが、ないともいえないのではないでしょうか。もしかしたら、落車・骨折などが血栓の原因になったかもというのが福祉用具専門相談員の恐怖でした。医学的なことはよくわかりませんが、素人判断ではどちらも証明できないかもしれないと感じました。

ところが、ケアマネージャーもヘルパーもまったく話をしてくれません。福祉用具とは関係ないからあなたとは関係ないといわれたそうです。

事故の原因はいくつか考えられます。

① **トランスファーボードからの落下**

この福祉用具専門相談員が教えた方法は介助者が利用者の前方に膝をつく方法で、落下の心配が一番少ない方法です **(図1)**。利用者の座位バランスが悪かったので、この方法を教えたそうです。家族はきちんとできていたと言っていますが、ヘルパーはどうだったのでしょうか。ヘルパーはトランスファーボードの使い方に関して教育を受けているとは限りません。知っていたとしても限られた方法しか知らず、ここで採用された方法を知らなかったかもしれません。福祉用具専門相談員から見ると、誰が来るかわからないヘルパー

図1：介助者が身体で利用者を支える方法。

に教えることはとても難しいことです。家族がきちんと伝えてくれることに期待するしかなさそうです。

　トランスファーボードは利用者の状態に応じて、環境などに応じていくつかの方法の中から最適な方法を選択します。一つだけ知っていてもボードは使えません。

② **リクライニングの車いす**
　体幹バランスが悪い人にとって、リクライニングの車いすは決して適しているとはいえません。座骨が前に滑りやすく、いわゆるずっこけ姿勢になりやすいといえます。一度座骨が前に滑ると、バックサポートがあるので腰を深くなるようにするにも簡単に修正することもできません。
　バックサポートが倒れることより、座面角度を大きくする方が遙かに姿勢の崩れを防げます。座面角度が大きければ、座骨が前に滑る、いわゆるずっこけ姿勢にもならなかったでしょう。
　リクライニング車いすを使ったことによって、座骨が前に滑って落下した可能性も十分に考えられます。

③ **スライディングシート**
　販売したスライディングシートはよく滑るシートです。これを座面に敷いたのでは、おもしろいようにお尻は滑ることでしょう。よほど頻度高くお尻が前に滑り、介助者が大変だったのではないでしょうか。苦肉の策がスライディングシートをお尻の下に敷くだったのでしょうか。

　福祉用具は使い方が命です。個々の状況に応じて適切な使い方をする必要があります。もちろん、その前に適切な用具を選択すると

いうことも大切ですが。

　この事故に関して原因は不明です。あまりにも微妙な問題が含まれているようです。福祉用具専門相談員は原因を確認できませんでした。とても残念です。

　事故が起きたとき、原則として隠すことは最悪です。いろいろな責任問題にもなりかねず、やっかいではありますが、隠してもいいことは何もないでしょう。かえって隠したことが後で発覚すると、問題はさらに複雑になります。事故が起きたときは、皆でその原因を考え、同じことを二度と起こさないための対策を講じることが大切です。

　福祉用具を有効に利用するケアの知識や技術はほとんど一般化していません。このことからケアの質が低いままに利用者も介助者も大きな犠牲を払わされています。今までのケアの概念を変える必要があり、利用者・介助者双方にとって快適なケアの実現を目指すために、福祉用具を有効に利用していただきたいものです。

　ケアが一人一人に向き合い、一人一人の個性を尊重するものであるならば、そこで利用される福祉用具も一人一人に応じて適切な用具が選ばれ、適切に使われるべきです。

　このことが本書のタイトルを「ひとりひとりの福祉用具」とした理由です。一人一人に合わせた福祉用具の使い方がなされるということはケア自体が一人一人を大切にするケアでなければならないということを意味しています。

　誰にでも同じようなケアを一律にするのではなく、一人一人にまさしく寄り添うケアを福祉用具によって実現していきたいものです。そのために本書が少しでも役立ってくれれば本当にうれしい限りです。

図出典

※1：福祉用具支援論　自分らしい生活を作るために、2006年、公益財団法人テクノエイド協会
※2：市川 洌監修 高齢者・障害者の生活を支える福祉機器Ⅱ、2007年、財団法人東京都高齢者研究・福祉振興財団（現：公益財団法人東京都福祉保健財団）
※3：福祉用具・介護ロボット支援技術テキスト移乗技術編、2015年、厚生労働省、公益財団法人テクノエイド協会
※4：福祉用具選定支援書、2013年、公益財団法人テクノエイド協会
※5：製作：園尾義之、株式会社FID

　この本は日本工業出版㈱からの発案で始まりました。私は同社の月刊誌「福祉介護テクノプラス」の編集に関与していることから、いくつかの連載原稿やエッセイなどを執筆していました。もちろんこの領域の話題には鮮度が必要であり、古いものをそのまま本に使えることはありませんが、以前まとめた内容に新しい考えを追加したり、修正して使えるものはありました。

　また、私は日々講習会や講演で話をする機会が多いので、自分のいろいろな考えや技術を絶えず整理し続けています。古い考えや技術をその時々の新しいものに変えていくことは日常の作業だといえます。講演でいつまでも同じ話をしたり、同じ技術を教えていては進歩がありません。いつもいつも同じ話をするようになったらリタイアの時だと考えています。このような背景から本書は比較的短時間で容易に書き上げることができました。

　福祉用具の領域はいわば日進月歩であり、私自身の考えや技術もすぐに変わっていきますので、今回書いた内容がいつまでも通用するとは考えていません。知識も技術も絶えず変化していきます。しかし、基本的な考え方だけはさほどは変わらず、表現の仕方が変わることはあっても、時代の趨勢に流されそうになっても、最後は同じところに戻ってくると信じています。本書では、知識や技術の必要性は各論で記述し、私の考えは総論やコラムで記述しています。

　その基本的な考えの多くには、妻、岩波君代の考察が大きな影響を与えています。長年同じ職場で働いていますので、日々いろいろな思いや意見を聞いてきました。また、母のケアを通じて、彼女の経験に基づいたアルツハイマー症のケアに対する考えも頻度高く相談されていました。なかなか個性に富んだ表現で話してくるので、

あとがき

わからないこともあるのですが、私がわからないと見てとると、訊きもしないのに繰り返し同じ内容を、表現を変えて話しかけてきます。それらの内容は「福祉介護テクノプラス」にエッセイとして書いたことも多々ありました。このような意味で本書の基本的な考えの部分は彼女の寄与なくしては成り立たなかったといえるでしょう。

また、私は気の合う仲間たちと福祉用具の個人的な検討会を時々開催しています。私自身がある福祉用具の使い方を考え、整理し始めた時や、よくわからないときに、皆で議論する場を設けています。最近は主として特別養護老人ホームのご協力をいただいて、具体的な高齢者をモデルにして議論することが多くなっています。この仲間たちとの議論なくして私の知識や技術はあり得ないでしょう。本書の内容のほとんどが彼らとの議論の結果だと言ってもよいほどです。感謝以外の何物でもありません。

さらには私がこの領域にかかわるようになってから、多くの障害者や高齢者の方々からたくさんのことを教えていただきました。本書ではその一部分を事例やコラムで紹介しています。この方々のほんの一言が私の方向を決めたということも多々あります。十分な結果をお示しできないこともしょっちゅうでしたが、どこまでもお付き合いいただいた方々に感謝です。

最後に、日本工業出版㈱の山口康さんのご尽力なしでは本書は完成しなかったでしょう。彼が福祉介護テクノプラスの担当者になったことがおつきあいの始まりですが、遠慮しがちな表現をなさりながら、ご自分の考えをはっきりおっしゃるので、執筆者としては安心して自分の思いを記述することができました。感謝いたします。

            2019 年 6 月 3 日　市川 洌

≪著者紹介≫
市川　洌（いちかわ　きよし）
福祉技術研究所株式会社
代表取締役

　早稲田大学理工学部卒業。東京都補装具研究所にて重度障害者を中心とした各種福祉機器の研究・開発を行う。特に天井走行式リフトなどの研究・開発において先駆的な役割を果たす。その後東京都福祉機器総合センターにおいて福祉機器に関する研究等に従事したのち、2001年福祉技術研究所株式会社設立。高齢者・障害者に対する各種福祉用具支援やコンサルティング、福祉関連従事者に対する福祉用具支援を中心とした講習会・講演等を積極的に行っている。
　日本リハビリテーション工学協会の設立に参加、バイオメカニズム学会の設立・運営に協力するなど学協会活動も積極的に行った。
　公益財団法人テクノエイド協会「福祉用具プランナー養成研修」、「福祉用具プランナー管理指導者養成研修」などの講師をはじめ、各種研修会・講習会の講師を歴任。
　月刊「福祉介護テクノプラス」編集委員長。

＜主な著書＞
『ホイストを活かす吊具の選び方・使い方』　三輪書店　1996年
『ケアマネジメントのための福祉用具アセスメント・マニュアル』　中央法規出版　1998年
『最良の介護用品137 (毎日ムック―介護の基本)』　毎日新聞社　2003年
『It's a 福祉用具―社会参加のための』監修　東京都高齢者研究福祉振興財団　2004年
『福祉用具支援論』著者代表　公益財団法人テクノエイド協会　2006年
『高齢者・障害者の生活をささえる福祉機器』新版改訂版　監修・著　東京都高齢者研究福祉振興財団　2007年
『滑らせる介助の技術―スライディングシート・トランスファーボードの使い方』　監修・著
　中央法規出版　2014年　など

ひとりひとりの福祉用具 －福祉用具支援概論－

定　　価：3,850円(本体3,500円+税10%)
2019年6月28日　第1刷発行
2021年6月28日　第2刷発行
筆　　者　市川　洌
発 行 人　小林大作
発 行 所　日本工業出版株式会社
　　　　　本　　社　〒113-8610　東京都文京区本駒込6-3-26
　　　　　　　　　　TEL：03-3944-1181　FAX：03-3944-6826
　　　　　大阪営業所　TEL：06-6202-8218　FAX：06-6202-8287
　　　　　販売専用　TEL：03-3944-8001　FAX：03-3944-0389
　　　　　振　　替　00110-6-14874
　　　　　https://www.nikko-pb.co.jp　E-mail:info@nikko-pb.co.jp
　■ 落丁本はお取替いたします。

ISBN978-4-8190-3112-7　C2036　¥3500E